実況中継
CD-ROMブックスってなに？

西川先生から、慶大を目指す君へのメッセージ。

力とも
講師陣。

「い授業」のカリスマ
どこでも あなたと

3 覚えやすくて忘れない。

耳から入ってくる知識は，らくらく脳に定着します。音楽感覚で何度も聞けば，試験会場でも先生の声が聞こえてくる，と評判です。

な〜んか頭に入っちゃうんだよね〜

5 マイペースでできる。

レベル・進度にあった学習ができます。先生といつも一緒だから，迷いや孤独感とも無縁です。

ふだん音楽を聞きなれている皆さんなら，**耳からの学習はとても能率的**です。「音」だから可能なこの反復学習で，ぜひ志望校合格を果たしてください。

■ 大学別「実況中継 CD-ROM ブックス」へようこそ

「出題者の狙いをはずさない」「さまざまな角度からの豊富な」アプローチと，明快な解説。テーマごとに，時間内で「キッチリ仕上げる」洗練されたトークは，まさに，カリスマ講師の実力の証です。体験者からは，「音声で説明してもらえるので，どこが本当に大切なのかわかりやすい」「生きた言葉だから，イメージがわきやすいし，記憶に残りやすい」という圧倒的な高評価を獲得。志望大学の入試でどんな問題が出ても「柔軟に対処できる，自在な応用力」が，確実に身につく講義です。

トークで攻略!! スーパー指導の特色と工夫

1 予備校講義の缶詰です。

演習問題を解いて，先生の解説トークを繰り返し聞きましょう。知識の定着には，これが一番です。

2 人気・実力屈指の

「いま，一番受けたい講師が，いつでも，一緒です。

4 場所を選ばない。

携帯音楽プレーヤーにおとして通学中に，防滴スピーカーを使ってお風呂で，といつでもどこでも学習できます。

"実況中継CD-ROMブックス" について

■ 「勉強の本当の面白さ」「レベルアップしたときの快感」，そして「志望校合格の喜び」など，学力向上に伴う**「幸福感」「充実感」「達成感」**を共有するチャンスを受験生に幅広く提供する——このコンセプトに基づき，講師スタッフの全面協力を得て，**"実況中継 CD-ROM ブックス"** は実現しました。

■ 短期間で，膨大な量の知識を覚えなくてはならない受験勉強。受験生の負担は計り知れません。CD-ROM で**「講義を反復して聞くことができる」**耳からの学習なら，文字だけに頼る学習に比べ，その**負担を大幅に軽減する**ことができるばかりか，**効率よくスピーディーな目標達成**が実現可能!
受験の必勝法は，**「反復学習」**です。同じ映画を二度三度観ることはなくても，音楽なら何度でも聞けるもの。お気に入りの曲をリピート再生するように，先生の言葉を覚えてしまうまで，くり返し講義を聞いてみましょう。

特別なことでなく，あたりまえのことを
あたりまえにやればいい！

　言わずと知れた最難関私立大学のひとつである慶應大学ですが，だからといって特別な能力を必要とするわけではありません。難関といわれる他の大学と同様に，その入試で問われるのは一貫して「確かな知識に裏打ちされた思考力」です。これは一朝一夕に築き上げることはできません。月並みですが"日々の積み重ね"こそが大切です。

　受験勉強のみならず，勉強とは，たいていの場合単調さを伴うものです。この単調な作業を日々繰り返すなかで自らが知的に成長し，合格へと着実に近づいていくのですが，受験生の多くがこの単調さに耐えられず，より安易な方法に飛びついたり志望校を変更するなどして逃げ出してしまうのです。

　少なくとも本書を手にしたみなさんには，逃げ出さずにあたりまえの勉強を続けてほしい。知らない単語や熟語に数多く出会いそれを覚える。構造がわからない英文に出会ったら，それを徹底的に理解した上で改めて復習する。論理展開を読み誤って設問で不正解になっても，腐らずにそれを正しく理解し直してからもう一度英文を読み返す。そんなあたりまえのことを日々あたりまえに続けてください。こうして昨日までの自分より確実に成長した自分を日々黙々と作り上げていくことこそが"塾生"になる唯一確実な道なのです。

　私の「タテヨコで読む」英文読解法は，そんなみなさんの日々の着実な努力に勇気を与え，さらなる前進に大きな力になるものと信じます。

2012年6月

西川　彰一

実況中継 **CD-ROM**ブックス
高校英語

西川彰一の
トークで攻略

慶大への英語塾

GOGAKU SHUNJUSHA

はじめにお読みください

音声CD-ROMの使い方

★付属のCD-ROM内の解説音声はMP3形式で保存されていますので、ご利用には**MP3データが再生できるパソコン環境が必要**です。

★このCD-ROMは**CD-ROMドライブにセットしただけでは自動的に起動しません**。下記の手順を踏んでください。

操作はカンタンです。

Windows でご利用の場合

① CD-ROM をパソコンの CD-ROM ドライブにセットします。
② コンピュータ(もしくはマイコンピュータ)を表示し、**[NISHIKAWA_KDAI]** という表示の CD-ROM のアイコンを右クリックして**[開く]**を選択します。

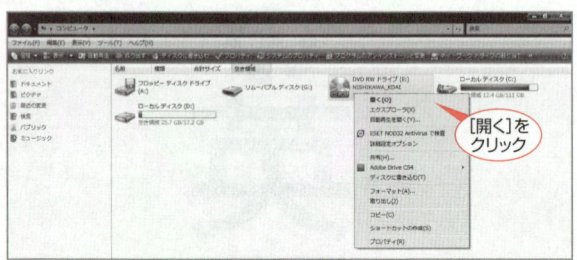

③ 音声ファイルが表示されますので、その中からお聞きになりたいファイルを開いてご利用ください。

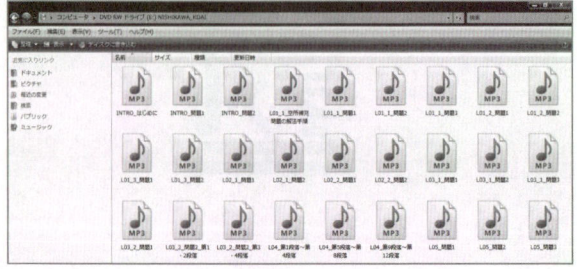

※上記のサンプル画像は一例です。お使いのパソコン環境に応じて、表示画像が多少異なることがございます。あらかじめご了承ください。

Mac でご利用の場合

① CD-ROM をパソコンの CD-ROM ドライブにセットします。
② [NISHIKAWA_KDAI] という CD-ROM のアイコンが表示されたら，そのアイコンをダブルクリックして内容を表示します。
③ 音声ファイルが表示されます。その中からお聞きになりたいファイルを開くと，講義の音声が流れます。

> 本書添付のCD-ROMはWindows仕様のため，Macでご使用の場合，お使いのパソコン環境によって，フォルダ名・ファイル名が文字化けして表示されてしまう場合があります。ただし，"iTunes"等で再生いただく際には，正しく表示されますのでご安心ください。

⚠ 注意事項

❶ この CD-ROM はパソコン専用です。**オーディオ用プレーヤーでは絶対に再生しないでください**。大音量によって耳に傷害を負ったり，スピーカーを破損するおそれがあります。

❷ この CD-ROM の一部または全部を，バックアップ以外の目的でいかなる方法においても無断で複製することは法律で禁じられています。

❸ この CD-ROM を使用し，どのようなトラブルが発生しても，当社は一切責任を負いません。ご利用は個人の責任において行ってください。

❹ 携帯音楽プレーヤーに音声データを転送される場合は，必ずプレーヤーの取扱説明書をお読みになった上でご使用ください。また，その際の転送ソフトの動作環境は，ソフトウェアによって異なりますので，ご不明の点については，各ソフトウェアの商品サポートにお問い合わせください。

本書の特色及び構成と活用法

本書の仕様

本書は，本冊と別冊，および添付のCD-ROM 1枚で構成されています。

別冊は「問題編・ヨコPoint集」（"ヨコ""タテ"については，本冊2ページのIntroductionをご覧ください），本冊は音声解説のための「指導解説ノート」となります。

CD-ROMにはIntroductionを含むすべてのレッスンについて，解説講義が音声収録されております。

> 注　添付のCD‐ROMをご利用の前に，「**はじめにお読みください**」に記載されている「注意事項」をご確認ください。

本書の特色

本書の執筆にあたっては，特に以下の点を配慮しました。

私の「ヨコ・タテで読む」英文読解法を着実に身につけると同時に，ここでしっかりと慶應大対策を立ててください。

(1) 英文の構造論（ヨコ）や語彙など，かなり**基礎的なものから扱っている**ので，「現時点での力は不十分だが，慶應大を志望している」という高校生・受験生にも対応した内容になっている。

(2) 選択式の問題以外に，**記述問題を数多く扱う**ことで，「なんとなく**読める**」から**「正確に（丁寧に）読める」**よう鍛え上げられるようになっている。

(3) "学部独自の問題"から**"空所・下線部同義・内容一致などオーソドックスな問題"**の増加という**慶應大の近年の出題傾向**の変化に内容を合わせ，後者を数多く扱っている。

(4) **新傾向の英作文**（経済学部）を素材として，その攻略法を示した。

(5) 全国から寄せられる質問の中で圧倒的に多い，法学部のクセのある**「会話問題」の攻略ポイント**を扱っている。

各レッスンの内容

Lesson1～3：この部分でほぼ全学部に共通して必要な「空所補充」「下線部同義」「内容一致」といった出題形式別の解法を確認するとともに、"タテの論理展開"の基本事項を学習します。

Lesson4：Lesson1～3の総まとめの問題です。Lesson1～3で学習したことが、どの程度理解できているかを確認するとともに、長文読解に必要な段落構成もここで学習します。

Lesson5～7：文学部や医学部などに必要な記述の和訳・説明問題の解法を確認します。

Lesson8：会話問題を扱います。法学部の過去問題を素材として、その解法を確認します。

Lesson9：文法問題を扱います。正誤問題を中心に、これまでどういったところが狙われているかを確認します。

Lesson10：英作文を扱います。和文英訳と自由英作の2種類の基本的な書き方を学習します。

■ Lesson5～10は、出題形式自体は一部の学部でしかこれまでに出題されていませんが、今後起こりうる出題傾向の変化に備えるために、そして何より他学部の受験生にも必要な考え方が数多く詰まっているので、本書を手にしたすべての受験生がこの部分も積極的に取り組んでくれることを期待します。

本書の活用法

❶ 別冊問題を自力で解く

事前に必ず問題を解いてください。このとき、語彙力が明らかに不足している生徒は基本的な単語集を辞書代わりに用いてもかまいませんが、極力、辞書は使わず、知らない単語は前後の文脈から類推などして解いてください。

問題を解くための時間はいくらかけてもかまいません（時間内で解く練習をしたい受験生は、Lesson4を30分、Lesson7を120分で解くのがひとつ

の目安となります）。設問に関係していない英文でも，「文構造（文法や構文など）がわからない，または曖昧な箇所」，あるいは文構造はわかっても「何が言いたいのかわからない箇所」をチェックしながら解いておくことで，より的を絞った答え合わせが可能となるのでお勧めです。

❷「読んで」ヨコの構造理解をチェック！

"ヨコの構造理解"については Introduction で詳しく説明します。

自力で問題を解き終えたら，まずは本冊各レッスンでのヨコの構造解説，さらに別冊ヨコ Point 集を活用して，自分の知識不足や構造理解力の欠如がないかをチェックします。ヨコの構造理解を完璧にしてから音声解説を聞くと，より学習効率が高まります。

❸「聞いて」タテの流れをつかんでいこう

"タテの流れ"については Introduction で詳しく説明します。

音声講義を聞きながら，慶應大入試の要である英文の論理展開を確認します。とりわけ正答率の低かった問題に関しては，繰り返し解説を聞くことで，その英文の論理展開を頭に叩き込んでください。本冊では"タテの流れ"としてセンテンスが果たす英文全体の中での役割をわかりやすくまとめています。

❹ もう一度英文を読み返そう

ヨコとタテを意識しながら，もう一度英文を読み返して復習します。このとき，事前に，Word Check に掲載されている単語・熟語も覚えたうえで読み返すと，語彙力アップにもつながり効果的です。

CONTENTS...

※目次に掲載のTRACKは，パソコン上でCD-ROMを開いたときに表示される，音声データの内容です。

* 学部別対策 ………………………………………………… x

Introduction 慶應大合格には何が必要か
ヨコ・タテ構造で読む「英語の読解法」………………………… 1
- **TRACK 1** はじめに
- **TRACK 2** 問題1
- **TRACK 3** 問題2

Lesson1-(1) 空所補充問題（思考系）【全学部共通】…… 23
- **TRACK 4** 空所補充問題の解法手順
- **TRACK 5** 問題1
- **TRACK 6** 問題2
- **TRACK 7** 問題3

Lesson1-(2) 空所補充問題（接続系）【全学部共通】…… 41
- **TRACK 8** 問題1
- **TRACK 9** 問題2

Lesson1-(3) 空所補充問題（知識系）【全学部共通】…… 54
- **TRACK 10** 問題1
- **TRACK 11** 問題2

Lesson2-(1)
下線部同義問題（語義類推等）【全学部共通】……………… 66
- **TRACK 12** 問題1
- **TRACK 13** 問題2

Lesson2-(2)
下線部同義問題（文の含意）【全学部共通】⋯⋯⋯⋯⋯⋯⋯ 79
- **TRACK 14** 問題1
- **TRACK 15** 問題2

Lesson3-(1)
内容一致問題（記述解答可）【全学部共通】⋯⋯⋯⋯⋯⋯⋯ 92
- **TRACK 16** 問題1
- **TRACK 17** 問題2
- **TRACK 18** 問題3

Lesson3-(2)
内容一致問題（記述解答不可）【全学部共通】⋯⋯⋯⋯⋯ 112
- **TRACK 19** 問題1
- **TRACK 20** 問題2　第1・2段落
- **TRACK 21** 問題2　第3・4段落

Lesson4　L1〜L3の総合問題 ⋯⋯⋯⋯⋯⋯⋯⋯⋯⋯ 130
- **TRACK 22** 第1段落〜第4段落
- **TRACK 23** 第5段落〜第8段落
- **TRACK 24** 第9段落〜第12段落

Lesson5　記述（英文和訳問題）【文・医・看護・薬】⋯⋯ 168
- **TRACK 25** 問題1
- **TRACK 26** 問題2
- **TRACK 27** 問題3
- **TRACK 28** 問題4

Lesson6　記述（説明問題等）【文・医・看護・薬】⋯⋯ 182
- **TRACK 29** 問題1
- **TRACK 30** 問題2

Lesson7　L5～L6の総合問題 ･････････････････ 194
- **TRACK 31** 第1段落～第4段落
- **TRACK 32** 第5段落～第8段落

Lesson8　会話問題 ････････････････････････････ 224
- **TRACK 33** 会話問題の攻略ポイント
- **TRACK 34** 問題〔A〕
- **TRACK 35** 問題〔B〕
- **TRACK 36** 問題〔C〕

Lesson9
文法問題　【全学部共通】････････････････････････ 231
- **TRACK 37** 正誤問題の攻略ポイント
- **TRACK 38** 問題1
- **TRACK 39** 問題2
- **TRACK 40** 問題3
- **TRACK 41** 問題4

Lesson10　英作文　【経済・文・医・看護】 ････････ 246
- **TRACK 42** 問題1
- **TRACK 43** 問題2

■ 別冊：問題編・ヨコ Point 集

学部別出題傾向と対策

薬学部

- 空所補充問題
- 整序英作問題
- 記述(英文和訳)問題
- 記述(説明)問題
- 下線部同義問題

ひとこと

記述での出題も目立つが，問われることは抽象⇔具体，対比，指示語絡みなど基本的なことがほとんど。ただし，指定語数が少なめな設問も多く，普段から"簡潔にまとめる"練習を心がけてほしい。

理工学部

- 空所補充問題
- 段落構成(論理展開)問題
- 内容一致問題
- 語彙問題
- 下線部同義問題
- アクセント問題
- 会話問題
- 文法正誤問題
- 派生語問題

ひとこと

出題形式が多岐に渡るが，どの問題でも基本的な語彙力が必須（単純に知識としてそれを問う問題も多い）なので，まずは語彙力の完成を心がけてほしい。いわゆる難問も見られるが，そこで時間を無駄にロスすることなく「皆ができる問題を自分もできるようにする」というスタンスで臨んでほしい。

看護学部

- 空所補充問題
- 脱落文補充問題
- 文整序問題
- 記述(英文和訳)問題
- 記述(空所補充)問題
- 自由英作文問題

ひとこと

空所補充問題で時間をロスしすぎて，比較的点をとりやすい記述問題が雑になってしまうことがないようにする。脱落文補充はタテの論理展開とともに指示語をヒントにして解答を導けることも多いので，そのあたりを意識しながら練習を重ねるとよい。センター試験・第2問Cの過去問題も，練習材料としてお勧めです。

学部別 出題傾向と対策

医学部

整序英作文問題
空所補充問題
記述(英文和訳)問題
記述(説明)問題
自由英作文問題

ひとこと

とにかく記述の解答作成力が合格の鍵。普段から，選択肢付きの問題でも常に記述で解答を考える癖をつける，いわゆる"国公立型"の勉強が必要。ちなみに知識問題としては前置詞を問う問題も目立つので，前置詞の絡むイディオムや基本的な前置詞の用法は早めにマスターしておく必要がある。

商学部

空所補充問題
内容一致問題
下線部同義問題
文法・語彙問題
派生語問題

ひとこと

問題数が多いので，「時間が足りない」という受験生の声をよく耳にする学部だが，1つの長文を15〜20分程度で解答できるかが鍵。そのためにもヨコの構造に気をとられすぎてタテの流れを見失うことのないよう，流れが"読める"箇所に関してはスピードをあげるなどして"箇所によって温度差をつけた読み"を練習する。

経済学部

空所補充問題
内容一致問題
下線部同義問題
和文英訳問題
自由英作文問題

ひとこと

読解問題は経済，政治，社会問題など時事的なネタも目立つので，普段からニュースに耳を傾けるなど，少なくともそういった英文にアレルギー反応を示さずに済む程度の背景知識は身に付けておくことが望ましい。この読解問題は，論理的にはしっかりと筋の通ったものがほとんど。「論理的思考」ができる受験生には組みしやすいものなので，必然的に英作文での差がつきやすい。「英作を捨てて読解にかける」など安易な考えは捨てて，覚悟を決めて作文にもしっかりと取り組むことが大切。

● xi

文 学 部

記述(和文英訳)問題
記述(説明)問題
整序英作文問題
空所補充問題
和文英訳問題

ひとこと

辞書の持ち込みが可能な学部だが，そもそも辞書がないと読解に自信がないというレベルの受験生では合格は難しい。普段から辞書を使わずに読解する練習をして（知らない単語はいい意味で誤魔化すなど），あくまで辞書は"確認"程度で使うべきだろう。考えを日本語で表現する際の豊かさも必要になるので，「日本語の語彙力」を向上させることも忘れないようにしてほしい。

総合政策・環境情報学部

空所補充問題
内容一致問題

ひとこと

空所問題を多く誤ると，その分正確な読解が妨げられて，必然的に内容一致問題でも正答率が下がることになるので，まずは空所補充問題の正答率を高める練習をすることが必要。慶應大学の中では最も高い語彙力を求められるので，日々の学習で出会った難単語も積極的に覚える姿勢が必要。

法 学 部

文法正誤問題
語彙問題
会話問題
下線部同義問題
空所補充問題
内容一致問題

ひとこと

前半の文法・語彙・会話問題には時に難問も見られるが，ここはいわゆる「合格者平均でよし」という気持ちでできる問題を確実に得点し，この部分で時間をロスしないようにする。読解は比較的長めのものが出題される傾向にあるが，問い自体は段落を指定してあることも多いので，段落ごとにその趣旨をつかんだ上で該当箇所の問題を処理しながら読み進めるとよいだろう。

Introduction

慶應大合格には何が必要か

ヨコ・タテ構造で読む「英語の読解法」

はじめまして，西川彰一です（^^）

慶應大学の英語について，これから解説講義に入っていくわけだけど，慶應大学っていえば，言わずと知れた私立の最難関大学。「どうなんだろう自分の英語力，これで通用するのかな」って不安でいっぱいの生徒も多いと思うけど，まず最初に言っておきたいのは，**慶應大学の英語といっても，英語は英語！**慶應大学に合格するために魔法のようなものがあるんじゃないかって？ そんなことはないよ（>_<）

あたりまえの英語をしっかりと勉強していくっていうことが，間違いなく合格に向けての最大の武器になるから，このテキストではそういうことを念頭に置きながら，みんなと学習を進めていきたいと思います。

■ 過去問の分析と対策

難関私立大学っていうと，難問がたくさん出るんじゃないかって思っているかもしれない。もちろん難問も若干ある。でもね，満点をとる必要はないってこと。わかるかな。合格点をとればいいわけ。

合格者の最大多数の生徒が点をとれるような問題を，自分もその1人として，しっかりととっていく。これが大事なこと。まわりのみんなができない問題を自分だけできたら，それは気持ちがいいかもしれないけど，極端な話，その問題を落としたからといって，合否を左右するわけじゃない。

だから，**まずはしっかりと基礎を確認したうえで，これまでの慶應大学の英語でいったい何が問われてきたのかをしっかり分析し，今後どういった勉強を合格に向けてやっていけばよいのかを**"トークで攻略"していきます。

Introduction

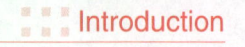

■ 講義の3本柱

慶應大学の英語っていうのは，その大半が読解問題だよね。したがってこのテキストでも，その大部分を読解問題に割いて講義を進めていくことになるわけですが，その際，3つの大きな柱を設けてあります。

ズバリ！「**ヨコ**」，「**タテ**」，「**アプローチ補足**」，この3つ。

？ ヨコ Point ってなに？

まず，「ヨコ」っていうのはね，"語彙力・文法力をベースにした，センテンス（文）での構造理解"のことで，ひと言でいえば**文構造理解**のこと。

英文を読み進めていく中で，人の目線っていうのは，基本的に左から右へと文を追っていくわけだよね。当然ながらそこでみんなは，文構造を丁寧にとらえて，「どれがSで，どれがVで…」なんていう学習をした経験があるんじゃないかな。そうやって，ヨコ方向に文を追いながら，**一文ごとに，文法や構文，単語・熟語を押さえたうえで，文の構造を理解していく**。これを僕は「ヨコ」の理解って言ってるんだけど，**まずはこの文構造（ヨコ軸）理解がスラスラできるようになってはじめて，慶應大英語受験の土俵に上がれる**んだ，ということをわかってください。

？ タテの流れ ってなに？

じゃあ，ヨコの構造理解だけできたら，それで点数になるか？ もちろん，そんなことはないよね。文章のヨコ軸，すなわち文構造理解ができて，頭の中で日本語訳が浮かんだとしよう。次に何が必要になるかっていうと，その頭の中で作った日本語訳の，「真意」だ。

文章全体の中で，いま訳した一文を見つめた時に，果たしてその一文がどういう意味を持つのか？ 一つのセンテンスが果たす，英文全体の中での役割（僕はそれを"存在意義"と呼んでいるんだが），を正確にとらえながら，文と文とのつながり，タテ方向の流れを追っていくこと。この流れを僕は「タテ軸」っていうふうに呼んでいる。わかりやすく言えば，文脈だ。いいかな。

その文章の存在意義（なぜこの文章がここにおさまっているのか，必要なのか）を考えるということ。詳しくはこれから講義の中で語っていくことになるんだけど，**"論理展開を意識して読む（タテの流れを理解すること）"こと。この作業を，これから徹底して身につけるように講義していきます。ここを鍛えないと，慶應大学の合格は絶対にない**，と言っておこう。

❓💬 アプローチ補足 ってなに？

　「じゃあヨコ軸もとらえた，タテ軸もつかまえた，さぁ設問だ！」ってなったときに，当然，そこに多くの学部では，問題の"選択肢"が存在するわけだよね。その**選択肢を眺めたとき，注意すべきポイントってのがやっぱりあるんだ。実はここに，慶應大学の特徴が顕著に現れてくる！**

　この部分を僕は，選択肢へのアプローチとして，その都度「アプローチ補足」っていう言葉を使って，触れていきます（＾o＾）

■ タテ軸とヨコ軸の交点が正解！　≫

　今の「ヨコ」と「タテ」って話だけど，ちょっとピンとこない生徒もいると思うので，もう少し具体的に話をするね。例えば文章を読んだときに，He could sell the magazine. っていう1文があったとしよう。

　He could sell the magazine.「彼はその雑誌を売ることができた」

　この文，もし仮定法だったら，「できた」じゃなくて「できるだろう」って訳すよね。当然 He が S（主語）で，could sell が V（動詞），the magazine が O（目的語）っていうようにヨコの文構造理解をするわけだよね。ここで**ヨコの構造理解はいちおう終わった**ってことになるんだけど，果たしてその文の意味は一体どういうことなのか？　それはさぁ，タテ軸（文脈）を見てみないと最終的に判断できないでしょ？「彼がその雑誌を売ることができた」って一体どういうこと？　彼は本屋の店員さん？　わからないよね。そもそも，彼って誰？

　では**仮の文脈を入れてみようか**。たとえば，

　ある出版社で，この頃，雑誌の販売部数が伸び悩んでいる。そこで雑誌の編集担当者がこう考えるとする。「よし，最近ものすごく世間から注目を集めている，あのスターの特集記事を，今月号に掲載してみよう」と。そこで彼の頭の中にぱっと浮んだのが，He could sell the magazine.
　この一文でのHeっていうのは？ 当然これはスターだ。すると，

　　「あのスターだったら，この雑誌は売れるだろうなあ」

　もっと突っ込めばさ，このHeっていうのは，「彼」という人物そのものよりも，"スターの名前"って考えてもいいよね。今ものすごく売れているスターなんだから，

　　「彼の名前があったら，雑誌を売ることができるだろうなあ」

　could sell the magazine「雑誌を売ることができた」っていう事実ではなく，「雑誌を売ることができるだろうなあ」ってならない？ そう，**この文脈では，couldは仮定法過去で処理する**わけだ。どうかな？ 文脈って非常に大切だっていうことがわかっただろうか？

　もう1回言うよ。**「文章を読む」ってことは，ヨコ方向に，文法的な文構造理解をしっかり踏まえながら，一文一文の意味をとっていくっていうこと。ただし最終的にその文章の意味を決定するのは，タテ軸，文脈なのだ**，ということ。いいかな。

　文学部の和訳問題，あるいは経済学部で，単純にヨコの文構造理解ができているのかどうかを試した問題ってのも，これまで確かに出題されました。しかしながら，実際に**慶應大学が君たちに問うてくるのは，「論理展開を意識して，文章を読んでいるのか」**ということ。文章全体を読んだときに，その文がタテ軸の中でどういった意味合いを持っているのかっていうところを，慶應は徹底して突いてきます。

　では本格的に**Lesson 1**に入る前に，君たちが現時点でどの程度"ヨコの構造"を理解できているのか，ウォーミングアップも兼ねて，問題1・2をやってみよう！

このテキストは，音声 CD・ROM に収録された僕の解説講義を聞きながら，効率よく学習を進めていけるように制作されていますが，Introduction の問題 1・2 については，僕がどんなふうに講義しているか，目で見てすぐわかるように，その音声解説を文字化しました。ごらんください。

問題 1

つぎの英文(1)〜(4)を和訳せよ。[(4)は下線部のみ]

(1) Only after they had learnt to count and do simple arithmetic, and after many nights of careful observation of the heavens, did the calendar begin to take shape.　　　　［文学部］

(2) Standing armies were needed if only for protection from marauding barbarians.　　　　［文学部］

(3) Beauty is generally and most simply defined as that which gives pleasure.　　　　［文学部］

(4) With basic words, there is no such separation of sound and content. <u>Sound and content always go together as a set, neither one preceding the other</u>.　　　　［看護学部］

✓ Word Check

- ☐ learn to do「① 〜することを学ぶ，② 〜できるようになる」
- ☐ arithmetic「算数，計算」　　　☐ observation「観察」
- ☐ heaven「天国，天空」　　　☐ take shape「形になる，具現化する」
- ☐ standing army「常備軍」　　　☐ maraud「略奪する」

- □ barbarian「野蛮人」
- □ pleasure「喜び，楽しみ」
- □ content(名)「中身」(形)「満足して」
- □ define「定義する」
- □ separation「分割」
- □ precede「先行する」

英文(1)解説

(1) <u>Only after</u> <u>they had learnt to count and do simple arithmetic</u>, `and` <u>after</u> <u>many nights of careful observation of the heavens</u>, did the calendar begin to take shape.

> Only after …, and after … heavens でカンマ (,) があって, did the calendar …
> 　まず文構造として大事なのは，and のバランスです。いい？ 次の解説のヨコ1っていうところに，簡単な文構造理解が示してあるでしょう。

ヨコ 1　<u>Only after</u> … <u>and after</u> …, did the calendar
　　　　　　　(M1)　　　　　(M2)　　　 V'　　　　 S
　　　　　begin to take shape.
　　　　　　V

■ 否定の副詞(句・節)＋V'S の倒置　　☞ ヨコ Point ① ②（別冊 p.67, 70）

等位接続詞のはたらきとは？

　and，but，or がきたら，まずこの and とか but は，「何と何を並べているのか？」を考える。これが一番大事なの！ この3つを**等位接続詞**と呼ぶんだけど，注意点が1つある。**and，but，or** っていうのは，常に**文法的に対等なもの**を並べるってこと。だから，何と何を並べているのかを考えなきゃいけない。

　例えば，"リンゴ and 走る"…これじゃわけわかんないでしょ！「リンゴ」って名詞だよね。「走る」って動詞だよね。ここは，いくら声を大にしても大き

すぎることはないくらい。**働きの違うものを，and でつなぐことはできないんです！**

　この英文(1)では **after** っていう単語が，**副詞のカタマリをそれぞれつくって，and がその 2 つを並べている**んだ。最初に Only after they had learnt to count and do simple arithmetic「彼らは数を数えてそして単純な計算ができるようになった後」。only，これは次の**ヨコ 2** を見て。

> **ヨコ 2** only＋時の副詞（句・節）
>
> 　only＋時の副詞（句・節）のパターンでは，only が**「はじめて，ようやく」**といったニュアンスで用いられることが多い。

「はじめて，ようやく」。この only はよく使うよ。only「だけ」っていう意味ではなくって，ここは「はじめて」とか「ようやく」っていう言い方。特に **only のあとに時の副詞が入ってきたときには，「はじめて」とかそれから「ようやく」っていうようなニュアンスになる**んだ。そうすると，「彼らは，数を数えてそして単純な計算ができるようになって，はじめてようやく」となる。

　and「さらには」，after many nights of careful observation of the heavens，直訳してみるよ。「空の注意深い観察の多くの夜の後で」。

ちょっとわかりづらいなって思うときには，**ヨコ 3**，それから**ヨコ 4** に書いてあるコメントをしっかりと読んで，確認してもらいたい。この解説講義の中でたびたび出てくるんだけれど，これも非常に大切なルール！

「動詞の名詞形」の訳し方のコツ

ヨコ 3 many nights of careful observation

→「注意深い観察の多くの夜」
➡「何日にも渡って注意深く観察した」

■ 期間(X) of 行為「X期間に及ぶ[渡る]行為」

例 Five years of studying English enabled him to read a wide variety of writings.
「5年間英語を勉強したおかげで，彼は実に多くの書物を読むことが可能となった」
☞ ヨコ Point 3（別冊 p.72）

ヨコ 4 careful observation of the heavens

→「注意深い空の観察」
➡「注意深く空を観察した(こと)」
☞ ヨコ Point 4（別冊 p.73）

　動詞の名詞形の訳し方は**ヨコ Point 3**として，別冊72ページにコメントしてあるんだけど，こういう**動詞の名詞形が出てきたときには，まず，その名詞の動詞形の訳を活用してかまわない**の。この設問では observation っていう単語があるでしょ。「観察」っていう名詞だよね。動詞 observe の名詞形でしょ。これを「観察」ってそのまま訳すんじゃなくて，「観察する」ってとらえればいいわけ。

　その際，時制と態が開放的なんです。どういうことかというと，君自身が，**文章の前後関係の中から，その時制(過去なのか，現在なのか，あるいは未来なのか)を好きに与えてかまわない**ってこと。つまり，「観察する」でも，「観察した」でも，それはすべて，文脈によって訳し分けてよいということなんです。

　さらに，態も開放的。つまり，態も決まってないんだ。これも同様に**最終的に訳を決定するのは文脈**であって，「観察する」って能動態で訳しても，場合によっては「観察される」っていうふうに受身で訳してもかまわないってこと。

　そうやって，動詞の意味を活用して，さらに時制と態っていうところまで考

慮すると,「観察すること」だったり,「観察したこと」だったり,「観察されること」,さらには「観察されたこと」とか,ものすごく幅が広がるよね。

では,戻って,after many nights of careful observation。「注意深く観察する」ってとらえれば,後ろの of the heavens っていうのも,すっと「空を」って続いていくよね。「空の注意深い観察」って訳すよりは,**「空を注意深く観察する」**って訳してあげたほうが日本語がすごくスムーズでしょう。これが many nights,何日も夜続くわけだ。つまり,「何日も,夜に注意深く空を観察」…過去だよね,「した後で」っていうのが after から heaven までの訳。

of をどう訳す？

ちなみに of careful observation,この **of の処理の仕方**については,別冊 **ヨコ Point 4** (p.73)で,扱ってるよ。「は」って主格で訳してみたり,あるいは「持っている」って所有格で訳してみたり,「を」とか「に」って目的格で訳したり,場合によっては同格の「という」で訳したりする。of ってきて何でもかんでも「の」って訳すところから,ぜひ解放されてほしい。

「空を注意深く何日にもわたって,夜,観察した後」。さあ今2つの"後(after)"が出てきたよ。after… and after… 。この2つの副詞のカタマリが,did the calendar にかかってくるわけ。calendar が begin to take shape「形をとり始めた」んです。つまり,形としてでき上がり始めたんだって書いてあるんだよね。

「倒置形」は頻出！

did the calendar begin,疑問文でもないのに疑問文の語順のようになっているよね。これは倒置って言われる表現の中で,非常に人気のある大事なルール！ **これは慶應大学の入試問題の中でも,これまで何回も問われてきた。**解説のヨコ1にあるように,**否定の副詞,もしくは副詞のカタマリが文頭に出た場合は,**疑問文ではないのに,疑問文の語順が発生するっていう倒置。

Introduction

　これは別冊 **ヨコ Point ❷**（p.70）の中でも，倒置として英語に欠かせない，通常とは異なる語順っていったら，どういうのがあるのかを一覧リストに入れてあるから，**否定の副詞が文頭に出て，疑問文みたいな語順になるっていう形**を覚えてください。いいかな。

英文（2）解説

(2) Standing armies were needed <u>if only for</u> protection from marauding barbarians.

　同じく文学部の問題。Standing armies…，ちょっと単語が難しいかな。「永続的な軍隊」，つまり常備軍のことね。永続的な軍隊がwere needed，必要とされたんだ。さあこの後がポイント！

　…if only for protection from marauding barbarians.

　ifって，いわゆる接続詞でしょう。ifとかbecauseとか，whenとかasとか。文法的には従属接続詞っていうけど，従属接続詞の後って，どうなるんだった？ ふつうは文が続くでしょう。つまりS+V…。ところが今回は，only for，ときて，右側をずっと見ていってもどこにもS, Vが存在しないよね。これをしっかりと処理できたか？ っていうのを試す問題です。

従属接続詞 if の扱い

ヨコ 5　if only for … 「たとえ〜のためだけにせよ」

if は「従属接続詞」といって，元来，後に S+V を従えるが，ここは S+V が後につづいていないのをどう処理するかがポイント。

例1　She talks as if she were my mother.
→ She talks as <u>she would</u> if she were my mother.

例2　I like her if only because she is honest.
→ I like her if <u>I like her</u> only because she is honest.

例3　I study hard if only to live up to the expectation of my parents.
→ I study hard if <u>I study hard</u> only to live up to the expectation of my parents.

ズバリ，ここにあげた例でのポイントは何かっていうと，実は **if の後に文（S+V…）が省略されている**ってこと。[例1]をちょっと見てみようか。

例1　She talks as if she were my mother.
→ She talks as <u>she would</u> if she were my mother.

どう訳す？「彼女はあたかも私の母親であるかのような口調（talk）だ」…。as if は熟語じゃないかって？ そうなんだけど，よく考えてごらん。as っていうのは「ように」っていう接続詞。if は「もし…なら」っていう接続詞。接続詞が2つあるってことは，文はいくつ必要？ そう，3つ必要なの。

ところがここは文が2つしかないでしょう。She talks，ここに1つ文があって she were，ここにもう1つ。文が1つ足りない。じゃあ何が足りない？ 何で足りない？

…そう，省略なの。実はこれ，**she would talk** っていう文が，**as と if の間に隠れている**んだ。as <u>she would</u> if … 以降を訳してみようか。<u>she</u>

Introduction

would，の後に talk 省略だよ。if she were my mother．「もし彼女が僕の母親だったら」，she would talk「彼女は話をするだろうなあ」。頭の中で思い浮かべてるわけ。まさにその頭の中で思い浮かべた映像の，as，ように，she talks「彼女は実際に話をしている」ってこと。それをコンパクトにまとめて「あたかも…のように」っていう熟語的に済ましちゃっているわけだ。**文法的にはこれは文が丸ごと省略されている**って理解しておいてね。

> 例2　I like her if only because she is honest.
> → I like her if <u>I like her</u> only because she is honest.

これも if と because って接続詞が2つあるのに文が2つしかない。これも，**if の後に，先に出てきた文，I like her がまるごと省略されている**の。if I like her only because she is honest.「彼女は誠実だからっていう理由だけで，私は彼女のことが好き」。**if には「もし…なら」っていう意味以外に「たとえ…にせよ」ともう1つ意味がある**のを知ってるかな？**「譲歩」**っていうんだけど，**even if** の意味があるんだな。そうすると，「彼女が正直だからっていう理由だけで私が彼女のことを好きであるにせよ」，I like her「とにかく私は彼女が好きなんだ」。意味が見えてくるでしょう。「たとえそうだったとしても，私は彼女のことがともかく好きなんだ」っていうのが [例2] の文意ね。

[例3] もまったく同様だ。

> 例3　I study hard if only to live up to the expectation of my parents.
> → I study hard if <u>I study hard</u> only to live up to the expectation of my parents.

if っていう接続詞があるのに，後ろに SV がない。わかるかな。反復を避けて省略されているわけ。したがって I study hard っていうのを if の右側に放り込めば，「親の期待に応えるためだけにせよ，応えるためだけに私が勉強する。たとえそうだったにせよ，ともかく私は勉強するんだ」。そんな意味ができ上がるよね。

さあ、今例1～例3でやったことを踏まえて、設問(2)にもう1回目線を戻してほしいんだけど、これはどうなっているのか？

(2) Standing armies were needed if only for protection from marauding barbarians.

そう、これは **if** と **only** の間に左側の **standing armies were needed** っていう文がまるごと消えているの。そうすると、only for protection from marauding barbarians「侵略してくる野蛮なものたちから」…protection、protection は「保護」なんだけど、設問(1)でやったのを思い出して。

protection は動詞 protect の名詞形。動詞の名詞形は動詞の訳を活かしてあげてもいいんだ。時制と態が開放的だったよね！ protect「保護」っていくよりはさ、「守る、身を守る」って動詞目線で眺めると、日本語として紡ぎやすいじゃない。「侵入してくる野蛮人から身を守るためだけに(only)常備軍が必要とされたにせよ(if)、ともかくも常備軍が必要とされたんだ」。いいかな。

英文(3)解説

(3) Beauty is generally and most simply defined as that which gives pleasure.

ここはズバリ、that which っていうところの処理ができたかどうか。もうこれがすべて。これはヨコ6に、2種類の処理の仕方を①②として紹介してある。

ヨコ 6　that which

① **that which** ＝ **the＋既出の名詞＋関係代名詞 which**

The book seems to be more interesting than that which I read last month. (that which ＝ the book which)
「この本は先月私が読んだ本よりも面白そうだ」

> ② **that which** = **what**「~こと・もの」
> You must do <u>that which</u> you think is right.（that which = what）
> 「あなたは自分が正しいと思うことをしなければならない」

that which の2用法

　この設問(3)は解説**ヨコ6**の②のほうね。**that which = what**,「こと」とか「もの」っていう関係代名詞とイコールの等式で使われる場合があるんだ。これを知らないとできない。逆にこれ, 知ってればすごく簡単。Beauty is generally **and** most simply defined…, この **and** は **generally** と **simply** を並べているよね。美というのは一般に, そしてごく単純に定義されている (defined)。as ~ は「~として」っていう前置詞。**what** gives pleasure, いま僕は that which のところを what って言ったよ。「喜びを与えてくれるもの」として定義されているんだ。これはズバリ, 関係代名詞っていう分野をどのくらい理解しているのかを問われる, 基本的な問題だ。

英文(4)解説

(4) With basic words, there is no such separation of sound and content. <u>Sound and content always go together as a set, neither (one) preceding (the other).</u>

> ここはズバリ, one と the other をしっかりつかめたかってことと, preceding の部分を分詞構文として処理できたかどうか。

　どんどんいくよ。With basic words「基本的な単語に関しては」, there is no such separation of sound and content「音声と中身の区別, こういったものがない」。いま separation を「区別」って訳したけど, これも動詞 separate「分ける」の名詞形。ほんとに多いんだ, **動詞の名詞形**。「区別」って訳してもいいんだけど, 動詞を活かせば, 音と中身を「分ける」, あるいは「分

けられる」。**態を変えても良かった**でしょ。「分けられる」、何が？ sound and content「音や中身が」。どっちでもいいんだよ。「音や中身を分ける」「音や中身が分けられる」。「そんな音と中身の区別なんていったものは、基本的言葉に関しては存在しない」。

> **ヨコ 7** **one / the other**
> 　2者に対して「一方と他方」は one と the other を用いる。
>
> **ヨコ 8** <u>**neither one preceding**</u> …
> 　　　　　　　 S　　　　　　V
>
> ■ 独立分詞構文で、neither one と preceding との間に"主語+述語"の関係を見出す。
> ■ 分詞構文の訳出は「〜して、〜すると、〜しながら、そして〜」など。
>
> ☞ ヨコ Point **5**（別冊 p.73）

いろいろある分詞構文の訳

　じゃあ下線部訳。Sound and content always go together「音と中身は常に相伴うものなんだ」。go together っていうのは、一緒に手を組んで進んでいく感じで「相伴う」。as a set は「1つのセットとして」だから、「常に1つの組み合わせとして相伴っていて」、あるいは「共存していて」。neither one …。

　解説**ヨコ7**を見て。one と the other、これは母集団が2つのときに、「一方」、「他方」ってこと。ここは sound and content っていうふうに母集団が2つで、「音」と「中身」だよね。ここを称して one と the other と言ってるわけだ。neither は「どちらも…ない」っていう否定語だから、「どちらの1つも(neither one)、他方より(the other)、先行する(preceding)、ってことはない」。つまり、2つが分れてしまう(separate)ってことはないんだよというふうに訳せばいいよね。

　解説**ヨコ8**。この preceding は分詞構文で、neither one と preceding が S、

Introduction

Vの関係になっているんだ。分詞構文っていうのは準動詞っていうジャンルの中の1つ。別冊ヨコ **Point 5**（p.73）に基本的な動名詞，不定詞，さらには分詞，分詞構文の基礎が書かれているので，そこで分詞構文の処理を確認しておいてね。

> Introduction 問題1をやってみてどう？「えー，結構難しいじゃん，全然できない！」っていう人に，もう1回言うよ。
> 慶應大学はタテ（文脈）を聞いてくる。でもね，それ以前に，ヨコの構造がわかって，まずは土俵に乗らないと，タテの勉強に進んでいけないんだ。別冊の「ヨコ Point 集」を徹底的に活用して，まずはヨコの構造理解に強くなろうね！

問題1 解答例

(1) 彼らが数を数えることや簡単な計算ができるようになり，また何日にも渡って夜空を注意深く観測してようやく，暦が形となってでき上がり始めた。

(2) 略奪にやってくる野蛮な者たちから身を守るためだけとはいえ，常備軍が必要とされた。

(3) 美とは，一般に，またごく単純に，喜びを与えてくれるものとして定義される。

(4) 基本的な単語に関しては，そのような音と内容の分離はない。音と内容は常にひとつの組み合わせとして共に存在していて，どちらか一方が他方より先行することはない。

問題2

以下の英文の意味を最も正確に捉えているものを，選択肢から1つ選びなさい。ただし，選択肢はどれも文の直訳ではない。

TRACK 03

Of all the young people in dead-end part-time jobs with no chance of promotion, those that chose to put themselves in that position because they wanted to follow their dreams are only a small minority.

1. すべての若者の中で，夢を追いかけるフリーターはわずかな部分を占めているにすぎない。
2. フリーターとなっている若者は，少数派でありながら，夢を追いかける道を選んだ。
3. フリーターとなっている若者のほとんどは，夢を追いかけるためにフリーターになったわけではない。
4. すべてのフリーターの中で，現在のアルバイトや職こそが夢であると考える者はいない。
5. ほとんどのフリーターとなっている若者は，夢を追いかける少数派に属する。

[経済学部]

✓ Word Check

- □ dead-end「行き止まりの，先のない」 □ part-time job「アルバイト」
- □ chance「① 機会 ② 可能性，見込み ③ 偶然」
- □ promotion「促進，昇進」　　　　　□ minority「少数（派）」⇔ majority

問題解説

選択肢を一つずつ吟味しなくとも，単なる「和訳問題」として丁寧に構造理解ができれば，十分正解にたどり着ける問題だということがわかるはずです。

Introduction

> **ヨコ 1** <u>Of all ... promotion,</u> those [that chose ···
>   M   S   形容詞節
> dreams] are only a small minority.
>   V   C
>
> **ヨコ 2** Of all the young people 「すべての若い人の中で」
> 文頭 of ～　ここは「～の中で」の意味　　　☞ **ヨコ Point 6**（別冊 p.75）

文頭の of の処理の仕方は？

　文の頭に of って出てきたときの処理の仕方は大丈夫かな？　別冊 **ヨコ Point 6**（p.75）で，文頭 of の処理の仕方で代表的なものを 2 つ挙げています。

　そのうちの 1 つ。He is the tallest of the three.「彼はその 3 人の中で一番背が高い」って中学の英語でやったよね。of the three「3 人の中で」は，the tallest にかかってくる副詞のカタマリなわけ。**副詞って，"位置の拘束性"といったものがない場合がほとんど**なんだ。したがって，この He is the tallest of the three の of the three を文頭に移して，Of the three, he is the tallest. にすると，結果的に of が文頭に出てくる形ができ上がる。

　「先生，of っていったら"の"ですよね？」って感じで，必死になって"文頭の of"を「の」と訳そうとする生徒がけっこういるんだけど，覚えておいて。"文頭の of"は，「～の中で」が一番代表的な用法。

「選択肢はどれも文の直訳ではない」って書いてあるけど，まずは文意をしっかりとらえる意味で，直訳からやってみよう。

「ヨコの文構造理解」がポイント

　Of all the young people「すべての若い人の中で」, in dead-end part-time jobs，もうこれから先行き場がないよな，っていうのが dead end。そこで行き止まり，って感じ。「それ以上先がない，そんなアルバイト，これに従事しているすべての若者の中で」。さらに with 以下に，no chance of promotion ってあるよ。promotion は「促進」という意味だよね。でも，アルバイトって文脈の中で「促進」はかみ合わないでしょ。ここは「促進」ではなく「出世」。**「仕事」，ってきて promotion がきたら，「出世」って意味で押さえて**あげて。

　with no chance of promotion「出世のチャンスなんて全然ない」，「そんな先の見えないようなアルバイトに従事している，すべての若者の中で」。

　文頭の of から promotion までが副詞のカタマリとして，さあここから，メインの文章，those…にかかってくるよ。人々（those），どんな？ that chose to put themselves in that position だ。in that position「そのポジション」，もちろんアルバイトね。そんなアルバイトっていう立場に, put themselves「自分自身を置く」，つまり「身を置く」わけだ。ということを「選択した人々（those）」は，because they wanted to follow their dreams，that の中身はまだ続いてるよ。「自分自身の夢を追いかけたいからといって，アルバイトに身を置くことを選択した」んです。そんな人々（those），若者は，only a small minority「ごく少数派にすぎない」んだ。

　通して訳すと，

　　「出世の見込みもない，先が見えない，アルバイトなんてものに身を置いている若者の全部の中で，夢を追いかけるためなんだっていう若者は，ごくごく少数派なんだ」。

　さあ選択肢は5つ。何にも難しくないよね。ズバリ，正解は **3**。「フリーターとなっている若者のほとんどは，夢を追いかけるためにフリーターになったわけではない」。本文にはどう書いてあった？ すべてのフリーターの若者の中で，夢を追いかけているのは少数派だよってあったね。逆はどう？ 夢を追いかけているのが少数派だとしたら，「夢なんか追いかけてないけど，とりあえずフリー

Introduction

ター」っていうのが多数派を占めるってことだよね。それを言い当てているのは選択肢の3だけ。

　純粋にヨコに文構造理解ができてれば，十分に答えにたどり着ける問題になっているんだ。選択肢の2なんかを選んじゃった生徒もいるかもしれないけど，「フリーターとなっている若者は，少数派でありながら」，この時点でバツでしょ。フリーターとなっている若者が少数派なんじゃないよ。夢を追いかけてフリーターの道を選んだ若者，これが少数派なわけ。

　きちんと文構造通りにしっかりとヨコの構造理解ができていれば，決して難しくない問題が，実際に経済学部で出題されている。

　この問題で注意しておきたいことは，次の解説，**ヨコ 3**。生徒の答案採点をしていて本当に間違いが多いのが，この no の処理の仕方。とりわけ，前置詞＋no＋名詞っていう形が出てきたときだ。

ヨコ 3　with no chance of promotion「昇進の可能性がない」

■ 前置詞＋no＋名詞の処理

① **no が持つ否定的要素を前置詞句内で処理。**

　He teased me for no reason.（**not** が **for any reason** を否定）

　「彼はこれといった理由も**なく**私をからかった」

② **no が持つ否定的要素を述語動詞にぶつける。**

　Belief in yourself should be shadowed by no fear of failure.

　「失敗を恐れることで自分に対する信念が揺らいでは**ならない**」

　＝ Belief in yourself should **not** be shadowed by **any** fear of failure.

　＝ By no fear of failure should belief in yourself be shadowed.

「前置詞＋no＋名詞」の形に注意

　with no chance．"前置詞＋no＋名詞"っていう形が出てきたんだけど，この部分に関してちょっと注意しておこう。

　①に **no が持つ否定的要素を前置詞句内で処理**ってあるでしょ。何か難しく聞こえるかもしれないけど，**no ＝ not any** って中学校で習っていたの，覚えてないかな？

　I have no money. ＝ I do not have any money.

　ヨコの構造理解は，基本を徹底してやるんだよ！　例文でいうと，He teased me for no reason. ってあるじゃない。no reason というのは，この no が not＋any なの。では，この **not をどこにぶつけるのか**っていうのが問題になってくるんだ。for no reason は no ＝ not any で，**まず any だけ reason にかかる**わけ。すると any は「どんな…も」という意味だから，any reason どんな理由でも，ない(not)んだってことになるでしょ。だから「理由（わけ）もなく」っていうのが for no reason の訳になる。**no が持っている not を，for any reason っていうこの前置詞句にぶつけて**，つまり，前置詞句を否定して，「理由がない」って処理する。with no chance はまさにこの形。「チャンスなんて全然ない」となるんだ。

　ところで，②の **no が持つ否定的要素を述語動詞にぶつける**，つまり not any の not が述語動詞を否定するパターンをわかっていない受験生がすごく多い。

　例文の Belief in yourself should be shadowed by no fear of failure. ここに by no fear of failure ってあるでしょう。今やった①の考えで，no fear of failure だから「失敗を恐れない」，と前置詞句内で処理してしまうと「失敗を恐れないことによって，あなた自身の信念ってのは曇るべきですよ」ってなっちゃわない？　失敗を恐れないことで信念が曇ったほうがいい？　わけわかんなくない？　実はこれ，no の処理を間違っているわけ。

　この②の例に関しては，**no が持っている any**，何度も言うけど "**no ＝ not＋any**" だから，**no が持っている any** だけを，まず **fear** に預けてあげる。

Introduction

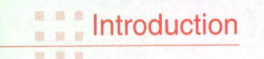

そうすると，by any fear of failure。any は「どんな…も」だから，「失敗をどんな形であれ恐れることによって」。まだ not は訳してないでしょ，わかる？ ここがポイント！ **should be** のところに，**no** が持っていた **not** をぶつけてあげるの。つまり前置詞 by の中から，否定的要素の not だけ飛び出してきて，should <u>not</u> be。そうすると，「自分を信じるってことが曇らされてはいけない」っていう訳になるわけ。どう？ 文意がすっと通っていくでしょう。

> 今回の問題での with no chance は，①の no を前置詞の中で処理するパターンだったけど，②のように no が持っている否定的要素の not が述語動詞の部分にぶつかるパターンもあるんだ，って，ぜひ知っておいてもらいたい！ 意外とこの②の no の処理の仕方っていうのがわかってない受験生が目立つ。

ウォーミングアップとして，問題を 2 題ほど解説してきました。**音声を文字化**しましたが，講義の進め方がつかめたでしょうか。この調子で，これから，読解を中心に，**Lesson 1** 以降の問題を解説していきます。

問題2 解答例

3

問題1全文訳

昇進の見込みもなく，先の見えないアルバイトに従事するすべての若者の中で，夢を追いかけたいからという理由でアルバイトに身を置いている若者というのは，ごく少数派である。

Lesson1-(1)
空所補充問題（思考系）

選択肢に頼らず，まずは記述の解答を！

空所補充問題の解法手順

（空所補充）➡ **選択肢の種類**（思考系？知識系？など）を確認。
➡ 記述で解答が可能な場合には，論理展開（タテの流れ）に注意しながら，**選択肢に頼らず記述で解答を考える。**
➡ 自分の**記述での解答に最も近い**（同じベクトルの）**選択肢**を選ぶ。

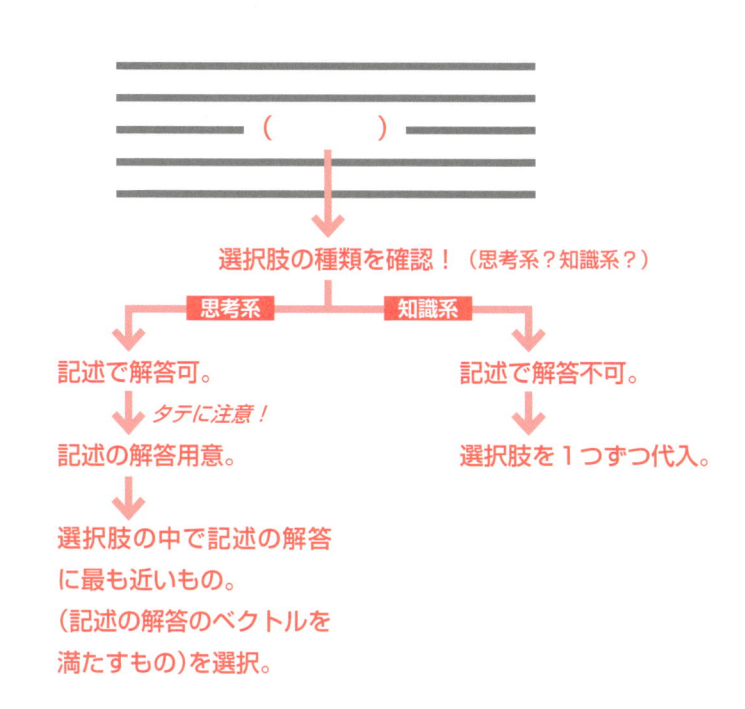

```
―――――――
――（　）――
―――――――
―――――――
       ↓
選択肢の種類を確認！（思考系？知識系？）
   ┌──思考系──┐   ┌──知識系──┐
   ↓                    ↓
記述で解答可。        記述で解答不可。
   ↓ タテに注意！        ↓
記述の解答用意。      選択肢を1つずつ代入。
   ↓
選択肢の中で記述の解答
に最も近いもの。
（記述の解答のベクトルを
満たすもの）を選択。
```

Lesson1-(1)

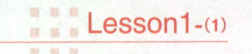

問題1 解説
(別冊p.4参照)

第1段落

TRACK 05

When information and communication technology(ICT), in particular the Internet, arrived on the scene in the 1990s, genuine excitement arose about <u>the positive benefits it could bring to people all over the world</u>. （中略）

> 1990年代に情報通信技術（ICT），とりわけインターネットが世に台頭したとき，それが世界中の人々にもたらす可能性のあるプラスの恩恵について純粋な興奮が沸き起こった。（中略）

☑ Word Check
- □ in particular「とりわけ」
- □ genuine「本物の」
- □ benefit「恩恵，利益」
- □ arrive on the scene「姿を現す」
- □ positive「積極的な，前向きな，プラスの」

タテの流れ

1990年代，情報技術の台頭によるプラスの恩恵を予測する空気。

> **Point ▶** ICTの台頭で「プラスの恩恵について純粋な興奮が沸き起こった」とあるので，それに対して読者は**「どんな恩恵？」**と聞きたくなるはずです。つまり，この後には「恩恵」の中身が**具体化される**だろうと**予感を抱きながら読み進め**，それを確認したり，時には修正することになります。この**"予感 ⇨ 確認 or 修正"**を積極的に行って，**読まされるのではなく，読む**というスタンスが大切です（ここは割愛しましたが，実際に中略部分にはその「プラスの恩恵」が具体化されています）。

ヨコ 1 the positive benefits it could bring …

- benefits の後に関係代名詞 that[which] が省略。
- 助動詞 can には「できる」という "能力" 以外に，「あり得る，起こりうる」という "可能性" の意味があり，ここは後者。

第2段落

①Indeed, since those early predictions were made, <u>access to and use of the Internet</u> has spread widely in a relatively short period of time. ②Globally, the number of Internet users stood at around 4.4 million in 1991. ③By 1995, the number of users had (　1　) 40 million. ④By 1999, the number of Internet users was <u>as many as</u> 502 million, and that number increased steadily to 600 million by 2002. （中略）

> ①実際，そうした初期の予測がなされて以降，インターネットへのアクセスやその利用は比較的短期間に広がった。②1991年には，全世界で，インターネット利用者の数は約440万人であった。③1995年までには，利用者の数は4000万人（　1　）。④1999年までには，インターネット利用者は5億200万人にも達し，その数は2002年の6億人まで着実に増加していった。（中略）

✓ Word Check

- ☐ prediction「予測」
- ☐ spread「広がる」
- ☐ stand at「(数値が)～を示す」
- ☐ access to ～「～への接近，～を利用できること」
- ☐ relatively「相対的，比較的」
- ☐ steadily「着実に」

タテの流れ

①インターネットのアクセス・利用の拡大

②〜④ [①の 具体化（数字による裏づけ）]

Lesson1-(1)

> **Point** 数字は具体化（裏づけ）の典型なので，その**数字で作者が何を具体化しているのか（裏づけているのか）**に意識を向けることが大切。

ヨコ 2 access to and use of the Internet…

➡ access to (the Internet) and use of the Internet
「インターネットへのアクセスとインターネットの利用」
the Internet が**前置詞 to と of の目的語**として共有されている。

☞ ヨコ **Point 1**
（別冊 p.67）

ヨコ 3 as many as … 「～もの」

この as ～ as は後に続く 502 million という数字に対する作者の**"評価・強調"**を表すもの。

例 The research has shown that children can distinguish jokes from mistakes **as early as** 19 months old.
「子供は生後 19 か月**という早い段階で**冗談と間違いを区別することができるということをその研究は示した」

設問(1)解説

By 1995, the number of users had (　1　) 40 million.
「インターネットへのアクセスや利用の拡大(spread　widely)」というこの段落の冒頭での主張を，**数字で裏づけ(具体化)**した部分であることをつかんで「ユーザーの数が 4 千万人にまで**膨らんだ**」とする。

　　1. dropped by　　　②. grown to　　　3. moved on
　　4. remained as　　 5. stopped at

空所補充問題（思考系）

第3段落

①But while the raw number of users has increased dramatically, there is reason to believe that the ICT 'revolution' has not (2) many of the changes that were expected early on. ②Of particular concern is the fact that not everyone has been able to gain access to the Internet and its benefits, a situation that has been labeled the 'digital divide'.

①しかし，利用者の数が劇的に増えた一方で，情報通信技術「革命」は初期に予想されていた変化の多く（ 2 ）してはいないと考えるのが妥当である。②とりわけ懸念されるのは，すべての人々がインターネットとその恩恵を手にすることができているわけではないという事実であり，これが「デジタル・ディバイド」と呼ばれてきた状況である。

✓ Word Check
- raw「生の，加工されていない」
- dramatically「劇的に」
- concern「関係，関心，心配，懸念」
- label「ラベル（を貼る），呼ぶ」

タテの流れ

① 情報技術革命は予測された変化（＝プラスの恩恵）の多くをもたらさなかった。［第2段落に対して 逆接の新展開 ］
② デジタル・ディバイド［①の 具体化 ］

> **Point ▶** 空所(1)では抽象→具体の具体部分が，(2)では抽象→具体の抽象部分が空所になっている。つまり，この問題は単なるヨコの構造理解ではなく，**文と文の関係性を意識できているか**を問う問題と言える。慶応大学の英語では，この関係性に関わる問題が非常に多いので，普段から英文を読むときに，ただダラダラと頭の中で全訳をしておしまいというのではなく，抽象⇔具体など今自分が読んでいる文が持つ他の文との関係性，つまり**文の存在意義（文脈）を意識しながら読む**ように心がけることが大切。

Lesson1-(1)

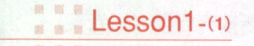

> 文の存在意義(文脈上,果たしている役割)の例
> ①導入,新展開　②抽象⇔具体化(具体例)
> ③言い換え,反復　④因果
> ⑤対比　　　　　⑥譲歩　　などがあります。

ヨコ 4 there is reason to believe that ...

→ 「…だと信じる理由[根拠]がある」

➡ 「〜だと信じるのはもっともである[妥当である]」

ヨコ 5 Of particularly concern is the fact that ...

■ **of ＋抽象名詞＝形容詞**の働きをすることがある。

　例 This book is of great use.「この本は大いに役立つ」

■ Of 〜 concern is the fact that …
　　　　C　　　V　　S　　同格 that 節
　「とりわけ懸念されるのは〜という事実である」

☞ ヨコ **Point 6**
（別冊 p.75）

ヨコ 6 not everyone has been able to ~, a situation ...

■ **not every は部分否定**→「〜というわけではない[〜とは限らない]」

　not ＋ "every, both, all, always, necessarily" など not ＋強意語では一般に**部分否定**が発生する。

　例 I'm not 100% happy with the reults.
　　「私はその結果に 100%満足しているわけではない」

■ situation は前文の内容全体 not everyone ... to 〜 を言い換えたもの。

☞ ヨコ **Point 8**
（別冊 p.78）

設問(2)解説

…the ICT 'revolution' has not (2) many of the changes that were expected early on.

Of particular concern is …以下の記述から，ここは第1段落で語られたプラス予測が裏切られていることがわかるので，「初期に予測されていた変化の多くを**もたらす**ことはなかった」とする。

選択肢の意味は以下の通り。

①. bring about「引き起こす」　　2. call out「叫ぶ」
3. spread out「広がる，拡大する」　4. turn to「〜に目をむける，頼る」
5. weigh up「比較検討する，評価する」

アプローチ補足

記述での解答ができても，選択肢にアプローチしたときに結局は語彙力がなければ解答を選び出せない（＝正しい思考はできているのに，それを得点化できない）。慶応大学は選択肢に**熟語もしばしば登場**するので，これを含めた幅広い語彙力 Up を心がけてほしい。

問題1 解答

(1) 2　　(2) 1

問題1全文訳

1990年代に情報通信技術（ICT），とりわけインターネットが世に台頭したとき，それが世界中の人々にもたらす可能性のあるプラスの恩恵について純粋な興奮が沸き起こった。（中略）

実際，そうした初期の予測がなされて以降，インターネットへのアクセスやその利用は比較的短期間に広がった。1991年には，全世界で，インターネット利用者の数は約440万人であった。1995年までには，利用者の数は4000万人にまで増加した。

Lesson1-(1)

　1999年までには，インターネット利用者は5億200万人にも達し，その数は2002年の6億人まで着実に増加していった。（中略）
　しかし，利用者の数が劇的に増えた一方で，情報通信技術「革命」は初期に予想されていた変化の多くをもたらしてはいないと考えるのが妥当である。とりわけ懸念されるのは，すべての人々がインターネットとその恩恵を手にすることができているわけではないという事実であり，これが「デジタル・ディバイド」と呼ばれてきた状況である。

問題 2 解説
(別冊p.5参照)

TRACK*06

①Brands don't just fail. ②There are no examples of successful brands that one day suddenly became unsuccessful. ③Rather, (   ). ④And as with murder, a brand is most likely to be killed by someone close. ⑤It is true that competitors are always trying to undermine their rivals and consumers are constantly changing their minds, but a brand almost never dies without its own management pushing the knife.

　①ブランドは単に失敗に終わるということはない。②成功しているブランドがある日突然失敗に終わるといった例はない。③むしろ，(   )。④そして殺人事件の場合と同様，ブランドは身近な者によって殺される可能性が最も高い。⑤確かに競争相手は常にライバル企業を打ち負かそうと必死だし，消費者は絶えず心変わりをする。しかしブランドが死ぬ際にはほとんど決まって経営者自身がそのナイフを突き刺しているのだ。

✓ Word Check

- □ one day「ある日，いつか」
- □ murder「殺人」
- □ be likely to do「おそらく〜だろう，〜する可能性が高い」
- □ competitor「競争相手」
- □ undermine「破壊する」
- □ rival「競争相手」
- □ consumer「消費者」

タテの流れ

① ブランドはただ失敗することはない。

[抽象 ＝具体化される予感]

Point 〉 今回は冒頭から「ブランドはただ失敗することはない」という抽象的な表現（曖昧な表現）がきている。頭の中が???となるような抽象的な表現が先にある場合にはその時点で「**そのこころは？**」と具体化を待ちながら，その先を読み進める。

31

Lesson1-(1)

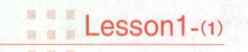

② 成功したブランドがある日突然失敗することはない。
　　　　　　　　　　　　　　　[①の 具体化 ・ 言い換え]
③ むしろ(　　　　)。[①②の 対比]

> **Point** 語（句）のレベルで**言い換え**や**対比**などが意識できれば，文の存在意義（文脈）をつかみやすい。

④ ブランドは身近な者によって殺される。[③の 具体化]
⑤ 経営者がブランドを殺す。
　　　　　　　　　　[④の 反復]（ 譲歩 →[逆接]→ 主張 ）

> **Point** ⑤にみられる It is true ～ but... は，"譲歩→逆接→主張"の典型的なかたち。**譲歩は作者の主張とは異なるベクトル**を示すので，これに惑わされて主張を見失わないよう注意が必要。

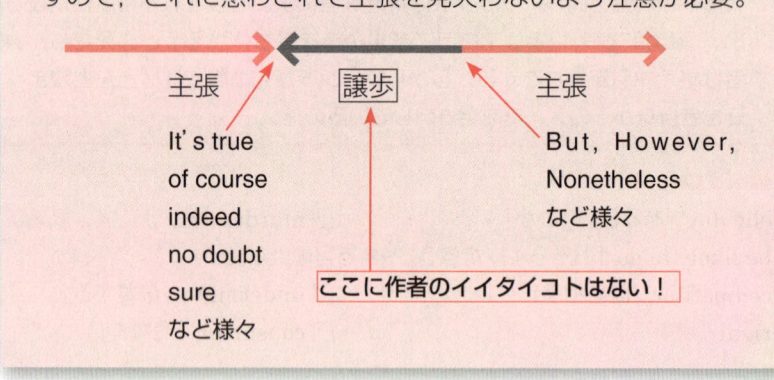

```
   主張          譲歩          主張

It's true                    But, However,
of course                    Nonetheless
indeed                       など様々
no doubt      ここに作者のイイタイコトはない！
sure
など様々
```

ヨコ 1 <u>brands that (one day)(suddenly) become unsuccessful</u>
　　　　　　　S　　　　M　　　　M　　　　V

　that は brands を先行詞とする関係代名詞で，この brands は become の主語として機能。

→ one day suddenly they(＝ brands) become unsuccessful one day, suddenly はともに副詞。

☞ ヨコ Point 9
（別冊 p.80）

空所補充問題（思考系）

ヨコ 2 as with murder

この as は「〜のように」の意味の接続詞で，with は「〜に関して」の意味。
→「殺人に関してそうであるように」

☞ ヨコ Point 10
（別冊 p.80）

ヨコ 3 never dies without its own management pushing the knife
　　　　　　　　　　　　　　　　　　　　　S'
　V'

- pushing は動名詞で，この意味上の主語が its own management
  → 「経営者自身がナイフを突き刺さずして死ぬことはない」
- 「〜せずして…することはない」というのは「…すればいつも [きまって] 〜する」としても OK。
➡ 「死ぬ場合にはいつも経営者自身がナイフを突き刺しているのだ」

例 I **never** see this picture **without** remember**ing** my father.
→ 「父親を思い出さずして，この写真を見ることはない」
➡ 「この写真を見るといつも父を思い出す」

ちなみに，この部分の its own management が前出 someone close の正体であることを意識できていれば，④と⑤の but 以下はまったく同じ事を言っているのがわかる。

設問解説

Rather, (　　).

選択肢が語→句→節（または文）の順に，"長さ"が膨らむので，その分記述での解答も難しくなるが，やはり思考力を鍛える意味でも"記述の解答"にこだわりたい。

ブランド＝ある日突然失敗に終わるということはない。
→むしろ，(　　) → 身内に殺される可能性

「ブランドは時間をかけて，失敗へと追い込まれる」など類推してから選択肢にアプローチ。選択肢の中で，ブランドの"失敗"というベクトルになるのは

Lesson1-(1)

2と3(記述の解答から，決定はできなくとも絞り込みは可能)。

2と3の違いは死が naturally であるかどうかであるが，後続の内容からしてブランドは"自然死"ではく，"他殺"であるから，選択肢2は不適切ということになる。

1. they always survive　　2. they die naturally
3. someone kills them　　4. something restores them

> 💬 **アプローチ補足**
>
> 　この問題のように，複数の選択肢でベクトルの向きが同じであっても，**その選択肢同士には必ず"違い"がある**はずである。この場合，まずはその違いを見つけ出し(特に，**形容詞や副詞部分に違いが生じていることが多い**)，**そこに的を絞って改めて本文とのすり合わせを行う**。

問題2 解答

3

問題2全文訳

　ブランドは単に失敗に終わるということはない。成功しているブランドがある日突然失敗に終わるといった例はない。むしろ，誰かがブランドを殺すのだ。そして殺人事件の場合と同様，ブランドは身近な者によって殺される可能性が最も高い。確かに競争相手は常にライバル企業を打ち負かそうと必死だし，消費者は絶えず心変わりをする。しかしブランドが死ぬ際にはほとんど決まって経営者自身がそのナイフを突き刺しているのだ。

空所補充問題（思考系）

問題3 解説
（別冊p.6参照）

第1段落

TRACK 07

①Companies must review their successes and failures, assess them systematically, and record the lessons <u>in a form that employees find open and fully (　a　)</u>. ②Unfortunately, too many managers today are <u>indifferent, even (　b　), to the past,</u> and by failing to reflect on it, they let valuable knowledge escape.

①企業は自らの成功と失敗を見つめ直し，それらを体系的に評価し，社員がオープンで十分（　a　）だと考えるかたちでその教訓を記録に残す必要がある。②残念なことに，今日あまりに多くの経営者が過去に無関心であり，ときに（　b　）。そして過去を振り返ることができないことで，貴重な知識が失われてしまっている。

✓ Word Check

- □ review「見つめ直す，論評する」
- □ systematically「体系的に」
- □ employee「従業員」
- □ unfortunately「不幸[不運]にも」
- □ indifferent「無関心な」
- □ fail to do「～しそこなう，～することができない」
- □ reflect on ～「～を省みる，～について熟考する」
- □ valuable「価値ある」

タテの流れ

① 企業→成功と失敗の検証・記録・開示が必要。
② ①が行われていない現状→貴重な知識の損失。[逆接]

> **Point** この段落は最初にmust review「見直さねばならない」とある。「～すべき，～しなければならない，～する必要がある」という**提案・指示・命令系の表現が先にある場合には**，当然のことだが，それに対して**"なぜ？"** を追い求めながら読解する（こ

35

Lesson1-(1)

> こでは「貴重な知識の損失が起こるから」というのがなぜ？の答えだということを読み取る）。

空所(a)解説

in a form that…の that は関係代名詞で，この that(= a form) が find の目的語として機能している。

…in a form that employees find open and fully (a).

→ employees find the form open and fully (a).
　　　　S　　　V　　　O　　　　　C

「そのかたちを開かれていて，十分（　a　）だと従業員が考える，そんなかたちで」

→ and の左側の open と意味的に矛盾しない語を空所に類推する。

(a) access → **accessible**

空所(b)解説

ここはズバリ，even がポイント。

…**indifferent, even (b), to the past.**

X, even Y は「X，いやむしろ［あるいは］Y でさえ［Y ですら］ある」と，前出の語句 (X) を**"強めて言い直す"**といった用法がある。

例 I found it difficult, **even impossible**, to understand what he said.
　「私は彼の言うことを理解するのは困難，**いや不可能とさえ**思った」

They put restrictions, **even a ban**, on the use of those words.
　「彼らはそういった言葉を使うことを制限，**いや禁止することさえ**あった」

以上を踏まえて，「過去に対して無関心，いや過去を**忌み嫌っている**」など無関心をさらに強めた記述の解答を考える。

(b) hostility → **hostile**

空所補充問題（思考系）

第2段落

①A study of more than 150 new products concluded that "the knowledge gained from failures is often instrumental in achieving subsequent successes. ②In (c) terms, failure is the ultimate teacher." ③IBM's 360 computer series, for example, one of the most popular and profitable ever built, was based on the technology of the failed "Stretch" computer that preceded it. ④IBM's (d) founder, Thomas Watson apparently understood the distinction between a productive failure and an unproductive success well. ⑤Company lore has it that a young manager, after losing $10 million in a (e) venture, was called into Watson's office. ⑥The young man, thoroughly intimidated, began by saying, "I guess you want my resignation." ⑦Watson replied, "You can't be serious. We just spent $10 million educating you."

　①150以上の新製品に関するある調査は、「失敗から得られた知識は、しばしばその後の成功を勝ち取る上で役に立つ。②（ c ）言葉では、失敗は究極の教師である」と結論づけた。③例えば、これまで製造された中で最も人気があり多くの利益をもたらしたIBMの360コンピュータシリーズは、その前の失敗に終わった「ストレッチ」コンピュータの技術を土台にしていた。④IBMの（ d ）創始者であるトマス・ワトソンは、実りある成功と実りなき失敗との違いをよく理解していたようである。⑤ある若いマネージャーが、リスクを伴う事業で1000万ドルの損失を出した後、ワトソンのオフィスに呼ばれたという企業内で伝説となっている話がある。⑥その若者は完全に怯えながら、こう切り出した。「辞表を出せというのは覚悟しています」と。⑦するとワトソンは答えた。「冗談だろ。君の教育に1000万ドル使っただけのことだよ」と。

✓ Word Check

☐ conclude「結論づける」　　☐ instrumental「道具の，役立つ」
☐ achieve「達成する，獲得する」　☐ subsequent「その後の」

Lesson1-(1)

- □ ultimate「究極の，最終的な」
- □ in ~ terms「~の言葉で，~の観点からすると，~によって」
- □ profitable「儲かる」
- □ be based on ~「~に基づいている」
- □ precede「先行する」
- □ apparently「明らかに，一見すると」
- □ distinction「違い，区別」
- □ productive「生産性の高い，実りある」
- □ lore「言い伝え，伝説」
- □ thoroughly「徹底的に，完全に」
- □ intimidate「怯えさせる」
- □ resignation「辞職」
- □ reply「答える」
- □ hostility「敵意」

タテの流れ

① 失敗から得た知識＝成功の道具
② 失敗＝究極の教師 [①の 言い換え]
③ IBMの360コンピュータシリーズ [①②の 具体例]
④〜⑦ トマス・ワトソンに関するあるエピソード [①②の 具体例]

ヨコ 1 Company lore has it that …

「企業には…という言い伝え（伝説）がある」の意味。
it が仮目的語で**直後の that 以下を指す**という珍しい例。

例 Rumor has it that he is leaving office. 「彼は辞職するという噂だ」
　See to it that everyone is happy with your presentation.
　「皆が君の発表に満足ゆくようにしなさい」

ヨコ 2 You can't be serious.

「まさか，冗談だろ」という口語表現。

空所補充問題（思考系）

空所(c)解説

In (c) terms,

failure is the ultimate teacher「失敗は究極の教師」とあり，これが前の内容を端的に言い換えた表現であることを自覚できていれば，空所には**「簡単な（簡潔な）言葉で言えば」**と入ることがわかる。

(c) simplicity → **simple**

空所(d)解説

IBM's (d) founder,

空所がなくとも「IBMの創始者であるトマス・ワトソン」と，意味が通るので，ここは記述の解答は難しい。選択肢からアプローチするが，後に紹介されているエピソードから，少なくともここはプラスの形容が入るのでは？くらいは予感して選択肢を眺めたい。

(d) legend → **legendary**

空所(e)解説

…in a (e) venture,

1000万ドルも失う事業 (venture) がどのような事業かを考えればよい。

(e) risk → **risky**

💬 アプローチ補足

今回は空所に形容詞を入れる問題。**形容詞**は大きく2つに分けると，**"評価(プラス，マイナス)形容詞"** と **"描写(中立)"形容詞**がある。各形容詞がもつその特徴が**評価なのか，描写なのか**をヒントにすることで，ある程度絞り込むことも可能。ただし，描写(中立)形容詞も文脈によってはプラス・マイナスの様相を帯びる場合があるので注意が必要。

問題3 解答

(a) accessible (b) hostile (c) simple (d) legendary (e) risky

問題3全文訳

　企業は自らの成功と失敗を見つめ直し，それらを体系的に評価し，社員がオープンで十分利用可能だと考えるかたちでその教訓を記録に残す必要がある。残念なことに，今日あまりに多くの経営者が過去に無関心であり，ときに過去を忌み嫌ってさえいる。そして過去を振り返ることができないことで，貴重な知識が失われてしまっている。

　150以上の新製品に関するある調査は，「失敗から得られた知識は，しばしばその後の成功を勝ち取る上で役に立つ。単純に言えば，失敗は究極の教師である」と結論づけた。例えば，これまで製造された中で最も人気があり多くの利益をもたらしたIBMの360コンピュータシリーズは，その前の失敗に終わった「ストレッチ」コンピュータの技術を土台にしていた。IBMの伝説的な創始者であるトマス・ワトソンは，実りある成功と実りなき失敗との違いをよく理解していたようである。ある若いマネージャーが，リスクを伴う事業で1000万ドルの損失を出した後，ワトソンのオフィスに呼ばれた，という企業内で伝説となっている話がある。その若者は完全に怯えながら，こう切り出した。「辞表を出せというのは覚悟しています」と。するとワトソンは答えた。「冗談だろ。君の教育に1000万ドル使っただけのことだよ」と。

Lesson 1-(2)

空所補充問題(接続系)

接続語句の機能を押さえた上で、タテをとらえる

問題 1 解説
(別冊p.7参照)

①It is curious that children are usually satisfied with a rough approximation to what an adult would say and do not try to perfect any single utterance before moving on to the next. ②One might expect children to practice a few phrases (1) they could say them as well as most adults, and then move to mastery of a few more phrases. ③(2) it is fairly obvious why this does not happen. ④If children concentrated on only a few utterances, they would be limited in the topics they could talk about. ⑤As it is, parents soon become fairly expert in interpreting what it is that their child has said, (3) they may not always get it right. ⑥Children do differ, (4), in the accuracy with which they produce the sounds of the language they are learning. ⑦Some children seem happy with very rough approximations to the sounds in the adult language, (5) others come much closer to the adult model.

①興味深いことに，子供は大人が口にするような言葉におよそ近づければ，たいていそれで満足であって，1つの言葉を完璧なものにしてから次の言葉に移ろうとするものではない。②子供はたいていの大人と同じくらい上手に言

Lesson1-(2)

えるようになる（　1　）わずかな数の言葉を練習してから，その後さらに次のわずかな言葉をものにしようとするものだと，あなたは考えるかもしれない。③（　2　），そういったことが実際には起こらない理由は実に明白である。④もし子供たちがわずかな言葉にだけ集中すれば，彼らが話せる話題は限られたものになるだろう。⑤実際には，子供が一体何を言っているのかを，常に正しいというわけではない（　3　），親はすぐにかなりうまく理解できるようになる。⑥（　4　），学習中の言葉の音声をいかに正確に作り出すかは子供によって確かに違いがある。⑦大人の話す言葉の音声にかなり大雑把に近いかたちで満足している様子の子供もいれば，（　5　）大人の手本にずっと近づく子供もいる。

✓ Word Check

- □ curious「興味深い，好奇心のある」
- □ utterance「発言，発声」
- □ obvious「明らかな」
- □ get O right「Oを正しくやる，Oをはっきりさせる」
- □ differ in ～「～において異なる」
- □ happy with ～「～に満足して」
- □ approximation「近いもの，近似」
- □ fairly「かなり，公平に」
- □ concentrate on ～「～に集中する」
- □ accuracy「正確さ」

テの流れ

① 子供→大人の言葉におよそ近づければ満足し,次の言葉の習得へ。
② 子供は今の言葉を完璧にしてから次の言葉に移る。(一般的な考え)
③ ②は起こらない。[逆接 →①の 反復]
④ ②だと話せる話題が限られてくる。[③の 理由]
⑤ 言葉が完璧でなくとも，大人のほうがうまく理解してあげられる。[③の 理由]
⑥ 子供により正確さは異なる。
⑦ ⑥の具体化。

空所補充問題（接続系）

> **Point** 本文②で作者は一般論に言及しているが，多くの場合，**大切なのは一般論ではなく作者の自論**なので，その一般論に対して**作者はどう考えているのか**（賛成なのか反対なのか，もしくは中立なのか）を意識しながら読むよう心がける。

ヨコ 1 approximation to what an adult would say

- approximation to ～「～に近いもの」
- what an adult would say「大人が言うであろう**こと**」→「大人が口にするような**言葉**」

関係代名詞の what は「こと，もの」の意味だが，文脈からそれをより具体的に絞り込んだ訳出をしても OK。　　　　　☞ ヨコ Point 11
（別冊 p.82）

例1 She entered **what appeared to be** a teachers' room.
→「彼女は私には教員室**に思えるようなもの**へと入った」
➡「彼女は教員室**とおぼしき部屋**へと入った」

例2 Their body language is quite different from **what we are used to**.
→「彼らのボディランゲージは**私たちが慣れているもの**とはまったく異なる」
➡「彼らのボディランゲージは**我々に馴染みのボディーランゲージ**とはまったく別物である」

ヨコ 2 perfect ~ before moving on to the next.

- この on は副詞で「そのまま，続けて」の意味。
- A before B は「B の前に A，B しないうちに A」の意味だが，前から **「A してから（ようやく）B」** と訳出するとスムーズなことも多い。

→「次に進む前に 1 つの言葉を完璧にしようとする」
➡「1 つの言葉を完璧にしてから次に進む」

Lesson1-(2)

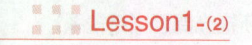

ヨコ 3 one might expect…

この one は「(一般的に)人」の意味で we, you, people などと同じ。

☞ ヨコ **Point 12**
(別冊 p.83)

ヨコ 4 they could say them as well as …

as well as …は「①…と同じくらい上手に　②…と同様，…だけでなく」。ここは①の意味。

ヨコ 5 If children concentrated on …, they would be …

「子供たちがごくわずかな言葉にだけ集中したら…」ここは事実に反する仮定なので仮定法が用いられている。※仮定法

☞ ヨコ **Point 13**
(別冊 p.83)

ヨコ 6 As it is, parents soon became fairly expert in …

as it is が文頭で用いられると**「(ところが)実際には」**の意味。なお，文中で用いられると**「あるがまま，そのまま」**の意味。

例 Leave the matter as it is.「その問題はそのままにしておきなさい」

ヨコ 7 what it is that their child has said,

この it is ~ that は**疑問詞 what を強調した**かたちの強調構文。

☞ ヨコ **Point 14**
(別冊 p.86)

their child has said X
→ **It** is X **that** their child has said
→ what(X) **it is that** their child has said
「子供たちが一体何を言っているのか」

ヨコ 8 Children do differ, (4), in the accuracy with which …

■ do(また does, did) ＋原形動詞は，**動詞を強調**したかたち。
  例 I love Kaori. → I do love Kaori.
    She cares a lot about me. → She does care a lot about me.
    I felt lonely. → I did feel lonely.
  ちなみに be 動詞に関しては，命令文においてのみこの強調が可能。
  例 Do be quiet.「静かに！」

■ the accuracy with which they produce the sounds of …
  前置詞＋関係代名詞の連結　　　　　　　　　　☞ ヨコ Point 15
  　　　　　　　　　　　　　　　　　　　　　　　　（別冊 p.86）

  「正確さ」（**どんな？** →）「その正確さをもって彼らは言語の音声を作り出す」
  　　　　　　　→ 「彼らが言語の音声を作り出す正確さ」
  　　　　　　　➡ 「彼がいかに正確に音声を作り出すか」

設問解説

選択肢に接続語句（☞ ヨコ Point 16 別冊 p.87）が並んでいるので，まずはこれらの機能を確認する。

1. however →接続副詞　　　　2. if →従位接続詞
3. until →従位接続詞，前置詞　 4. though →従位接続詞，接続副詞
5. whereas →従位接続詞　　　 6. therefore →接続副詞
7. but →等位接続詞，前置詞

(however は接続副詞以外に，however ＋形容詞〔または副詞〕SV のかたちで副詞節をつくることもできるが，この問題の空所はすべてこのかたちにはなっていないので，ここでは接続副詞として処理)

以上を踏まえて，文法的に選択肢に入る可能性のあるものを以下列挙する。

空所(1)→ 2, 3, 4, 5, 7　　　空所(2)→ 6, 7
空所(3)→ 2, 3, 4, 5, 7　　　空所(4)→ 1, 4, 6
空所(5)→ 2, 3, 4, 5, 7

Lesson1-(2)

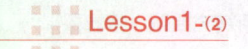

選択肢を絞り込んだ上で，最終的には意味から判断。
空所(1)

One might expect children to practice a few phrases (1) they could say them as well as most adults, and then move to mastery of a few more phrases.

* 「大人と同じくらい言える(＝言葉が完璧になる)**まで**，わずかな数の言葉を練習する」→ ③until

空所(2)

(2) it is fairly obvious why this does not happen.

* 前文の One might expect …という一般的な考えを，この空所以下で「**しかし**…」と否定している。→ ⑦but

空所(3)

As it is, parents soon become fairly expert in interpreting what it is that their child has said, (3) they may not always get it right.

* parents soon .. expert in interpreting「親が上手に解釈」に対して，「**もちろん**それがいつも正しいとはかぎらない**が**」と**譲歩**している。
  → ④though

空所(4)

Children do differ, (4), in the accuracy with which they produce the sounds of the language they are learning.

* 「大人の言葉におよそ近づければ満足し，次の言葉の習得へ移る子供」というここまでの流れに対して，「**しかしながら**，皆がそうであるというわけではない」と新たに展開している。→ ①however

空所(5)

Some children seem happy with very rough approximations to the sounds in the adult language, (5) others come much closer to the adult model.

* Some と others が呼応し，「〜もいれば，**一方で**…もいる」となる。
  → ⑤whereas

> 💬 **アプローチ補足**
>
> 　選択肢に文法的機能が異なるものが並んでいる場合には，**意味以前に文法的な選択肢の絞込み**をしっかりと行う。

問題1 解答

(1) 3　　(2) 7　　(3) 4　　(4) 1　　(5) 5

問題1全文訳

　興味深いことに，子供は大人が口にするような言葉におよそ近づければ，たいていそれで満足であって，1つの言葉を完璧なものにしてから次の言葉に移ろうとするものではない。子供はたいていの大人と同じくらい上手に言えるようになるまでわずかな数の言葉を練習してから，その後さらに次のわずかな言葉をものにしようとするものだと，あなたは考えるかもしれない。しかし，そういったことが実際には起こらない理由は実に明白である。もし子供たちがわずかな言葉にだけ集中すれば，彼らが話せる話題は限られたものになるだろう。実際には，子供が果たして何を言っているのかを，常に正しいというわけではないにせよ，親がすぐにかなりうまく理解できるようになる。しかしながら，学習中の言葉の音声をいかに正確に作り出すかは子供によって確かに違いがある。大人の話す言葉の音声にかなり大雑把に近いかたちで満足している様子の子供もいれば，一方では大人の手本にずっと近づく子供もいる。

Lesson1-(2)

問題2 解説
(別冊p.8参照)

第1段落

TRACK'09

①My friend in Britain was recently asked by lawyers working for an American company to be <u>a witness for a case</u>. ②They wanted to fly the lead attorney and two assistants to London. ③"<u>Wouldn't it be cheaper if I flew to New York?</u>" he suggested. ④"Yes," he was told without hesitation, "but we can bill the client for the cost."

> ①最近,イギリスにいる私の友人が,あるアメリカ企業の顧問弁護士たちに,ある訴訟の証人になってくれないかと頼まれた。②彼らは,主任弁護士と2人の助手をロンドンに派遣することを望んでいた。③「こちらがニューヨークへ飛んだほうが安く済むのではないですか」と友人は提案した。④すると,「ごもっともです。しかし,費用は依頼人に請求できますから」という躊躇ない返事が返ってきた。

✓ Word Check

- company「会社,仲間,同伴」
- witness「証人,証言,証拠」
- attorney「弁護士」
- suggest「提案する,示唆する」
- hesitation「ためらい,躊躇」
- bill「請求する,請求書」
- client「依頼人,客」

タテの流れ

①〜④ 私の友人への弁護士からの依頼証言［エピソード］

> **Point ▶** 第1段落にエピソードが描かれている場合,次段落以降でそのエピソード内のどこに焦点が当てられていくのか(どこにテーマがあるのか)を"待つ"。

48

ヨコ 1 a witness for a case

case は多義語で，「①箱　②場合，事例　③実情，事実　④訴訟，事件　⑤症例，患者」ここは lawyer や witness から④の意味と判断できる。

ヨコ 2 Wouldn't it be cheaper if ….

it が仮主語で if 以下を指している。　　　　　　　☞ ヨコ Point 17
（別冊 p.90）

「私がニューヨークへ飛んだほうが安上がりなのではないか」

第2段落

①And there you have the American legal mind at work. ②I have no doubt that a large number of American lawyers do wonderfully worthwhile things that fully justify charging their clients $150 an hour. ③(　a　) the trouble is that there are too many of them. ④(　b　), the United States has more lawyers than all the rest of the world put together: almost 800,000 of them.

①このエピソードには，アメリカの法律家らしい考え方が働いている。②非常に多くのアメリカの弁護士たちが，1時間につき150ドルを依頼人に請求するのもうなずけるような実に価値ある仕事をしていることに，私は何ら疑いを持っていない。③(　a　)，問題なのは，弁護士の数があまりに多すぎることである。④(　b　)，アメリカには，世界中の残りの弁護士を合わせた数を上回る弁護士がいて，その数は約80万人にも及ぶ。

✓ Word Check

- □ a large number of ～「非常に多くの～」
- □ worthwhile「価値ある」　□ justify「正当化する」
- □ charge「請求する」
- □ the trouble is that ～「困ったことに～，問題なことに～」
- □ the rest「残り」　　　　□ put together「ひとつにまとめる，組み立てる」

Lesson1-(2)

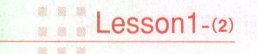

タテの流れ

① アメリカの法律家らしい考え。(エピソードの焦点化: 抽象)
② 多くの弁護士は価値ある仕事をしている。(譲歩)
③ 数が多すぎるのが問題。(主張:①の 具体化)
④ (③を数字で裏づけ・ 具体化)

ヨコ 3 And there you have the American legal mind at work.

「そして,そこに(前段落のエピソードに)アメリカの法律家らしい考え方が働いている」

■ there は物理的(空間的)に「そこで(へ)」というだけではなく,本文のように**話の内容を指して「その点で(に)」**という意味で使う場合もある。

■ at work は「職場で,働いて,機能して」の意味。

■ have(V) the American legal mind(O) at work(C)
　have が作る第5文型は have がほとんど意味を持たない場合がある。この場合 S + have を訳出上は無視して,**「O が(は)C」**と訳出するとよい。

　例 I had my purse stolen 「財布が盗まれた」
　We have never had such a terrible disaster happen to us.
　「そのような悲惨な災害がかつて私たちに起こったことはない」

空所(a)(b)解説

選択肢の意味は以下の通り。

1. eventually 「最終的に,結局」　　2. of course 「もちろん」
3. meanwhile 「(場面変わって)一方では」　4. threfore 「それゆえ」
5. in fact 「実際」　　　　　　　　6. for example 「例えば」
7. but 「しかし」
(7のみ等位接続詞で,後はすべて副詞)

空所 **(a)** は，譲歩(②)→**逆接 (a)** →主張(③)という流れをつくる。
→ ⑦ but

空所 **(b)** は③の「弁護士の数が多すぎる」という主張を，④で数字的に**裏づ**けているのがわかれば，「そして実際…」としたい。
→ ⑤ in fact

in fact は「(1) **(そして)実際に** (2) **(しかし)実際には**」の意味で，**順接にも逆接にも用いる**ことが可能(本文では順接)だが，逆説で用いる際の多くは，「理論上は〜」「〜だと思われている(言われている)」「〜のように外見上は見える」など**理論・思考・見聞・外見などが先行した後で，その内容を「しかし[ところが]実際には」と修正する**場合である。

例 Many people thought that he was guilty. **In fact**, he wasn't.
「多くの人は彼が有罪だと考えていた。(しかし)実際には違った」

第3段落

①(c), lawyers need work. ②Most states allow lawyers to advertise, and many of them enthusiastically do. ③You cannot watch TV without encountering a commercial showing a lawyer who might say: "Hi, I'm Vinny Slick of Bent and Oily Law Associates. If you've suffered an injury at work, or been in a traffic accident, or just feel like having some extra money, come to me and we'll find someone to sue."

①(c)．弁護士は仕事を必要とする。②大部分の州が弁護士の広告宣伝活動を認めていて，実際彼らの多くが熱心にそれに励んでいる。③テレビをつけるときまって，こう語りかける弁護士の登場するコマーシャルに遭遇する。「やあ，ベント・アンド・オイリィ法律事務所のヴィニー・スリックです。仕事中に怪我をしたり，交通事故にあったり，あるいは何か臨時の収入が欲しいと感じただけでも，私に相談してください。訴える相手をお探ししますよ」

Lesson1-(2)

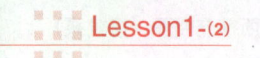

✓ Word Check
- advertise「広告[宣伝]する」
- encounter「遭遇する」
- sue「訴える」
- enthusiastically「熱狂的に」
- feel like ～ ing「～したい気がする」

タテの流れ

① 弁護士には仕事が必要。
② 広告宣伝活動が認められている。[①の 結果]
③ [②の 具体例]

ヨコ 4 many of them enthusiastically do.

このdoは = advertiseで，このように動詞の反復を避けて用いられるdo(does, did)を代動詞と言う。

ヨコ 5 You cannot watch TV without encountering …

→「…に遭遇せずしてテレビを見ることはできない」
➡「テレビを見ればいつも(きまって) …に遭遇する」

空所(c)解説

(c), lawyers need work.

空所のあとには「弁護士には仕事が必要」とある。前段落では"弁護士の数の多さ"を問題視していたのだから，一見するとこの部分は新情報に思えるが，英文の中で語られていなかっただけで，常識(1 + 1 = 2のレベル)としてすでに私たちの頭の中にあるという意味では旧情報(既知の情報)である。

よって，「弁護士たちにも**当然のことながら(いまさらだが)**仕事が必要である」とすればよい。→ ②of course

問題2 解答

(a) 7　(b) 5　(c) 2

問題2全文訳

　最近，イギリスにいる私の友人が，あるアメリカ企業の顧問弁護士たちに，ある訴訟の証人になってくれないかと頼まれた。彼らは，主任弁護士と2人の助手をロンドンに派遣することを望んでいた。「こちらがニューヨークへ飛んだほうが安く済むのではないですか」と友人は提案した。すると，「ごもっともです。しかし，費用は依頼人に請求できますから」という躊躇ない返事が返ってきた。

　このエピソードには，アメリカの法律家らしい考え方が働いている。非常に多くのアメリカの弁護士たちが，1時間につき150ドルを依頼人に請求するのもうなずけるような実に価値ある仕事をしていることに，私は何ら疑いを持っていない。しかし，問題なのは，弁護士の数があまりに多すぎることである。実際，アメリカには，世界中の残りの弁護士を合わせた数を上回る弁護士がいて，その数は約80万人にも及ぶ。

　もちろん，弁護士は仕事を必要とする。大部分の州が弁護士の広告宣伝活動を認めていて，実際彼らの多くが熱心にそれに励んでいる。テレビをつけるときまって，こう語りかける弁護士の登場するコマーシャルに遭遇する。「やあ，ベント・アンド・オイリィ法律事務所のヴィニー・スリックです。仕事中に怪我をしたり，交通事故にあったり，あるいは何か臨時の収入がほしいと感じただけでも，私に相談してください。訴える相手をお探ししますよ」

Lesson1-(3)

空所補充問題(知識系)

狙われているのは，思考だけじゃない

問題 1 解説
(別冊p.9参照)

第1段落

①Lucky people appreciate the value of their knowledge and their network, and <u>tap into these gold mines as needed.</u> ②Here's a powerful example from 2005 commencement address that Steve Jobs (あ) at Stanford. ③In short, he'd dropped out of college after six months because he wasn't sure why he was there, and the (い) <u>was much more than his parents could afford.</u> ④Here's how Steve tells it:

①幸運な人間は自分のもつ知識とネットワークの価値を理解し，そういった金脈を必要なときに利用する。②ここに2005年にスティーブ・ジョブズがスタンフォード大学の学位授与式で（ あ ）演説からの力強い一例がある。③要約すれば，彼は半年で大学を中退したのだが，それはなぜ自分が大学に通うのかわからなかったのと，（ い ）がとても彼の両親が支払っていけるものではなかったからであった。④以下がスティーブの演説である。

✓ Word Check

- □ appreciate「(正しく)評価する，感謝する」　□ tap into ～「～を利用する」
- □ gold mine「金鉱，金脈」　□ commencement「始まり，学位授与式」
- □ address「住所，演説，語りかける，(問題などに)取り組む」
- □ in short「手短に言うと，要するに」　□ drop out「中退する」
- □ afford「(持つ，与える)余裕がある」

タテの流れ

① 幸運な人は知識とネットワークという金脈を正しく理解し利用する。
② スティーブ・ジョブズ［①の 具体例 ］
③ 演説の要約［②の 具体化 ］
④ （次段落への導入）

ヨコ 1 …tap into these gold mines as needed

as は「〜とき」の意味の**接続詞**で，後に they (gold mines) are が省略。

☞ ヨコ Point 18
（別冊 p.91）

ヨコ 2 … was much more than his parents could afford.

more than his parentes could afford の than は擬似関係代名詞。
→「彼の両親が与えられる以上のもの」
➡「彼の両親が与えられないほどのもの」

《than が擬似関係代名詞》→比較級を伴う名詞を than 以下が修飾（説明）。

例 Don't spend more money than is necessary.
「必要以上のお金を使うな」→「必要でないお金を使うな」

She gave me more books than I could read.
→「彼女は私が読める以上の本をくれた」
➡「読み切れない数の本をくれた」

Lesson1-(3)

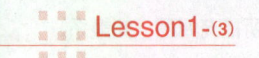

空所(あ)解説

Here's a powerful example from 2005 commencement **address** that Steve Jobs (あ) at Stanford.
　　S

この adress は「演説」の意味で，that は adress を先行詞とする目的格の関係代名詞。

→ Steve Jobs (**V**) address と考える。選択肢の中で「演説をする」という場合の動詞を選ぶ。

1. entered　　2. changed　　③ delivered　　4. registered

空所(い)解説

…because he wasn't sure why he was there, and the (い) was much more than his parents could afford.

ここは記述での解答が難しいかもしれないが，"大学を中退する理由となった要因"で"両親が与える余裕がないもの"はどれかを考える。

選択肢の意味は，それぞれ以下のとおり。

1. diploma「卒業証書」　　2. income「収入」
③ tuition「授業料」　　　4. wage「賃金」

第2段落

①After six months, I couldn't see the value in college. ②I had no idea (う) I wanted to do with my life and no idea how college was going to help me figure it out. ③And here I was spending all of the money my parents had saved their entire life. ④So I decided to drop out and trust that it would all work out OK. ⑤It was pretty scary at the time, <u>but looking back it was</u> one of the best decisions I ever made. ⑥The (え) I dropped out I could stop taking the required classes that didn't interest me, and begin dropping in on the ones that looked interesting.

①半年も経つと，私は大学に価値を見出すことができなかった。②私は自分の人生(う)したいかわからなかったし，またその答えを出すのに大学がどう役立つのかもわからなかった。③そして大学にいれば，親がそれまでずっと蓄えてくれたお金をすべてを使い果たすのは目に見えていた。④だから私は中退し，それでも大丈夫だと考えることにした。⑤そのときはかなり不安だったが，今振り返れば，それは私がそれまでにした中でも最良の決断だった。⑥退学する(え)，私は興味のない必修の授業を受講するのをやめ，興味深く思われる授業に気楽に顔を出すようになった。

✓ Word Check

- □ value「価値」
- □ entire「全体の」
- □ scary「怖い」
- □ drop in on ~「~をふと訪れる，ちょっと立ち寄る」
- □ figure out「理解する，考え出す」
- □ work out OK「(結局)うまくいく」
- □ required「必修[必須]の」

タテの流れ

① 大学に価値を見出せない。
② [①の 具体化]
③ お金の無駄。
④ 退学を決心。[①~③の 結果]

Lesson1-(3)

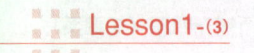

⑤ ④の選択は間違っていなかった。
⑥ 興味ある学問だけを学ぶ。

ヨコ 3 but looking back it was …

この looking back は分詞構文→「振り返って見ると，それは…
本来，分詞構文（☞ ヨコ Point 5 別冊 p.73 ）の意味上の主語は主節（it was…）の主語（ここでは it ）に一致するが，ここは例外的に不一致（looking の意味上の主語は明らかに I）。

空所(う)解説

I had no idea (う) I wanted to do with my life and no idea how college was going to help me figure it out.

have no idea は「〜を知らない，わからない」の意味。後に続くかたちは以下の3パターン。

(1) I have no idea of his personality. (of 名詞)
(2) I have no idea that he stole the ring. (that 節)
(3) I have no idea (of) what he went there for. (wh-)

選択肢はすべて上記 (2) または (3) のかたちを満たすので had no idea 自体は解答の決め手にはならないため，空所の後に注目する。

I wanted to do with …と **do の目的語がないことに注目**→選択肢の中で do の目的語になれるのは what また which のいずれか。あとは意味から判断する。

☞ ヨコ Point 19
（別冊 p.91）

1. that ②.what 3. whether 4. which

💬 アプローチ補足

（う）に見られるように接続詞，関係詞，疑問詞が混在した選択肢は頻出なので，とりわけこの分野は文法的に深めておきたい。

空所（え）解説

The （　え　） I dropped out I could stop … and begin …
　　　　S'　　V'　　　　S　　V1　　　　　V2

上記の構造から，the ＋名詞で接続詞の働きをするものを選ぶ。

1. instance　②minute　3. reason　4. way

問題1 解答

（あ）3　（い）3　（う）2　（え）2

問題1全文訳

　幸運な人間は自分のもつ知識とネットワークの価値を理解し，そういった金脈を必要なときに利用する。ここに2005年にスティーブ・ジョブズがスタンフォード大学の学位授与式で行った演説からの力強い一例がある。要約すれば，彼は半年で大学を中退したのだが，それはなぜ自分が大学に通うのかわからなかったのと，授業料がとても彼の両親が支払っていけるものではなかったからであった。以下がスティーブの演説である。

　半年も経つと，私は大学に価値を見出すことができなかった。私は自分の人生をどうしたいかわからなかったし，またその答えを出すのに大学がどう役立つのかもわからなかった。そして大学にいれば，親がそれまでずっと蓄えてくれたお金をすべてを使い果たすのは目に見えていた。だから私は中退し，それでも大丈夫だと考えることにした。そのときはかなり不安だったが，今振り返れば，それは私がそれまでにした中でも最良の決断だった。退学するとすぐに，私は興味のない必修の授業を受講するのをやめ，興味深く思われる授業に気楽に顔を出すようになった。

Lesson1-(3)

問題2 解説
(別冊p.10参照)

TRACK*11

(1) Art museums, in short, will be able to survive as mission-driven educational institutions <u>only if</u> they can continue to (1. provoke 2. convince 3. question) the public that they discharge their responsibilities with integrity and diligence.

　要するに，美術館は誠実に，かつ努力を怠らずに自らの責任を果たしているということを大衆に納得させることができてはじめて，使命感によって突き動かされる教育機関として存続していくことが可能となるだろう。

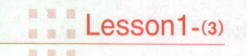

☑ Word Check
- □ mission「使命，任務」
- □ institution「制度，機関」
- □ convince「確信[納得]させる」
- □ question「尋ねる，疑問を抱く，異議を唱える」
- □ discharge「放つ，（責任など）果たす」
- □ X-driven「Xによって動かされる」
- □ provoke「立腹させる，刺激する」
- □ integrity「誠実さ，高潔さ」

ヨコ 1 only if …「…の場合にのみ，～してはじめて[ようやく]」

空所解説

　空所にはＶ Ｏ that 節 (O) という**第4文型**をとる動詞を選ぶ。
…they can continue to
(1.provoke ②.convince 3.question) the public that they discharge…
　　　　　　　Ｖ　　　　　　　　　　Ｏ　　　that 節(O)

空所補充問題（知識系）

(2) HIV/AIDS has (1. robbed 2. attacked 3. downgraded) many developing countries of valuable labor, leading to poverty and hunger.

　　HIVまたエイズは発展途上国から貴重な労働力を奪い，これが結果として貧困や飢えにつながる。

☑ Word Check
- □ rob A of B「AからBを奪う」
- □ downgrade「評価を下げる」
- □ valuable「価値ある」
- □ labor「労働」
- □ lead to 〜「〜に通じる，〜を引き起こす」

ヨコ 2 **HIV/AIDS** このスラッシュは「**または**」の意味。

ヨコ 3 **, leading to…**「そしてこのことが…に通じる[…を引き起こす]」

☞ ヨコ Point [20]
（別冊 p.92）

空所解説

前置詞 of がヒント。V A of B で「A から B を奪う」という意味になるものを選ぶ（"分離"の of）。

☞ ヨコ Point [21]
（別冊 p.93）

HIV/AIDS has (①. robbed　　2. attacked　　3. downgraded)
　　　　　　　　　V
many developing countries of valuable labor
　　　　　A　　　　　　　　of　　　　B

• 61

Lesson1-(3)

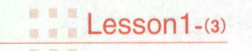

> (3) Latin Americans, for example, <u>are among</u> the happiest people in the world, according to <u>study after study</u>. (中略) To those who (1. evaluate 2. count 3. equate) happiness with digital cable and ice-cube-dispensing refrigerator doors, these results may be surprising.
>
> 相次ぐ研究によると，例えばラテンアメリカの人々は，世界で最も幸福な人々の部類に入る。幸福をデジタルケーブルや氷専用の取り出し口のある冷蔵庫に等しいと考える人々にとっては，こういった結果は驚くべきものかもしれない。

✓ Word Check
□ count「数える，数えられる，重要である」
□ equate A with B「AはBに等しいと考える」　□ refrigerator「冷蔵庫」

ヨコ 4 be among ~「~のひとつである，~の部類に入る」

例 She is among the most famous writers in Japan.
「彼女は日本で最も有名な作家のひとりである」

ヨコ 5 study after study「相次ぐ研究」

→ A after A と同一の名詞を２つ重ねて**"連続，反復"**を表している。

空所解説

前置詞 with がヒント。V A with B で「AをBと同一視する，AをBと結びつける」という意味になるものを選ぶ。　　　☞ ヨコ Point 2
　　　　　　　　　　　　　　　　　　　　　　　　　　　　　（別冊 p.93）

To those who (1. evaluate　　2. count　　3. equate) happiness with
　　　　　　　　　　　　　　　　　　　　V　　　　A　　　with
<u>digital cable and ice-cube-dispensing refrigerator doors</u>,…
　　　　　　　　　　　　B

(4) Villages adjoining thick mangrove forests were saved from the fury of the tsunami because of the wave-breaking (1. impact 2. role 3. force) played by the mangroves.

> マングローブの森に隣接する村は津波の猛威を逃れた。それはマングローブが波を打ち砕く役割［防波堤の役割］を果たしてくれたからである。

✓ Word Check
- adjoin「隣接する」　　□ fury「激怒，猛威」
- play (a) role「役割を果たす」

空所解説

played が過去分詞で直前の空所に入る名詞を修飾。文意をとらえた上で，この play と相性の良い名詞を考える（**コロケーションの問題**）。

　…because of the wave-breaking (1. impact ②. role 3. force) played by the mangroves.

(5) The use of hypothesis in scientific investigation is similar to playing a game of chance. The rules of the game are [1] (1. held forth 2. set up 3. taken over), and bets are made, in advance. One cannot change the rules after an outcome, [2] (1. seldom 2. never 3. nor) can one change one's bet after making it.

> 科学の研究に仮説を用いることは，運試しのゲームをするのに似ている。このゲームはあらかじめルールが決められ，それから賭けが行われる。結果が出た後にルールを変更することはできないし，また賭けた後になってそれを変更することもできない。

✓ Word Check
- hypothesis「仮説」　　□ similar to ~「~に似ている」
- chance「機会，可能性，偶然」　□ set up「決める，定める」　□ bet「賭け」
- in advance「前もって」　　□ outcome「結果」

Lesson1-(3)

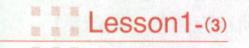

空所[1]解説

「ゲームのルールが**作られる**」という意味になるのはどれかという単なる熟語の問題。

The rules of the game are [1](1. held forth ②. set up 3. taken over),

空所[2]解説

空所はいずれも否定語で，この後に V' S という倒置が見られる（☞ヨコ **Point 2**別冊 p.70）が，空所の前後で **2 つの文が存在**することに注目する。副詞は 2 つの文をつなぐことはできない。**文をつなぐ機能をもつのは接続詞，関係詞，疑問詞のみ。**ここでは，nor のみが接続詞で他は副詞。

文① <u>One cannot change the rules after an outcome,</u> [2](1.seldom 2.never ③.nor) 文② <u>can one change one's bet after making it.</u>
　　　　　　　　　　　　　　　　　　　　　　　　　　　　　V'　S

---

(6) At the beginning of his career, Erasmus had been a teacher at Cambridge and some of his most popular writings were textbooks concerned (1. for 2. about 3. with) using classical knowledge to train students to act correctly – with modesty, kindness and wisdom towards all in society, high and low.

> 職歴に関して言えば，エラスムスは最初にケンブリッジで教職に就いていたが，彼の最も人気のある著書のいくつかは，正しい振る舞いをするように，つまり，貴賤を問わず社会のあらゆる人々に対して，誠実に，親切に，そして英知をもって振る舞うように学生を躾けるのに古典的な知識を用いることに関する教科書であった。

✓ Word Check

☐ concerned with ～「～に関(係)して，～を心配[懸念]して」
☐ classical「古典的な」
☐ train O to do「Oに～するよう訓練する[教える，躾ける]」
☐ correctly「正しく」　　　　　　　☐ modesty「謙遜，慎み」

空所解説

concernedは選択肢にあるいずれの前置詞もとることができるが,「(物事)が～に関(係)するものである」という場合の前置詞はどれか？

…textbooks concerned (1. for　2. about　③ with) using classical knowledge to train students to act correctly…

問題2 解答

(1) 2　(2) 1　(3) 3　(4) 2　(5) [1] 2　[2] 3　(6) 3

Lesson2-(1)

下線部同義問題（語義類推等）

知らない単語をタテから推測する！

問題 1 解説
(別冊p.12参照)

第1段落

TRACK*12

①The growth in telecommunications is having a profound effect on the developing world struggling with poor infrastructure. ②A mobile phone can't pave a dirt road but it can help decide whether you need to travel down it in the first place. ③The rapid expansion in the use of mobile phones is even helping developing countries (1)leapfrog industrialized countries in the adoption and use of newer mobile technologies. ④Mobile banking, for example, represents a tiny fraction of usage in the US and the UK, where people are generally cautious about using their phones to access their bank accounts and prefer conventional methods of payment. ⑤In the Philippines, however, more than 4 million people use their mobile phones as virtual wallets to buy goods or transfer cash.

　①テレコミュニケーション分野の成長は不備なインフラに苦しむ発展途上国に大きな影響を与えている。②携帯電話があっても，それで砂利道が舗装できるわけではないが，そもそもその道を通る必要があるかどうかの判断を下す上では役に立つ。③携帯電話利用の急速な拡大は，新たなモバイル・テクノロジーの採用と使用という点で，発展途上国が先進国を（　1　）手助けさ

えしている。④例えば，アメリカやイギリスではモバイルバンキングの利用者はごくわずかである。そこでは，一般的に銀行口座にアクセスするのに携帯電話を使うことには人々は慎重であり，従来の支払い方法をより好むからである。⑤しかしながら，フィリピンでは，400万人以上の人が携帯電話を財布代わりに用いて商品を購入したり，送金を行ったりしている。

☑ Word Check

- □ have an effect on ～「～に影響を与える」
- □ struggle with ～「～と格闘する，～にもがく」
- □ infrastructure「インフラ，(道路・電気・水道などの)基幹設備」
- □ in the first place「第一に，そもそも」　□ leapfrog「飛び越える」
- □ adoption「採用」　□ banking「銀行業務」
- □ represent「表す，代表する」　□ tiny「わずかな」
- □ fraction「断片」　□ cautious「用心して，警戒して」
- □ bank account「銀行口座」　□ conventional「従来の，習慣的な」
- □ virtual「事実上の」　□ transfer「移動させる」
- □ cash「現金」

タテの流れ

① テレコミュニケーション分野の成長→発展途上国に影響。
② 舗装されていない道路を通るべきかどうかの決定に役立つ。[①の 具体例]
③ 発展途上国はモバイルテクノロジーの利用において先進国を(1)。
④ 米英＝モバイルバンキングに後ろ向き。[③の 具体例]
⑤ フィリピン＝モバイルバンキングに前向き。[③の 具体例]

Lesson2-(1)

ヨコ 1 …struggling with poor infrastructure.

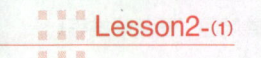

- struggle with ~で「~と格闘する，~にもがく」の意味。
- poor は「貧しい」以外に，「下手な，不適切な，不十分な」など**マイナスな意味**で幅広く使われる。

ヨコ 2 it can help decide whether you need to …

help の後に **to** が省略。→ help (to) do「~するのを助ける，~にするのに役立つ」

ヨコ 3 helping developing countries leapfrog

counries の後に **to** が省略。→ help O (to) do「O が~するのを助ける，O が~するのに役立つ」

ヨコ 4 the UK, where people are …

この where は関係副詞。非制限用法（カンマあり）で **and there** の意味。

設問(1)解説

What does (1)"leapfrog" mean?
③(抽象)→④⑤(具体)というタテの流れをヒントに「モバイルバンキングの利用において，発展途上国が先進国**を上回る**」と類推が可能。
①.to surpass　2. to exclude　3. to prevent　4. to compensate

第2段落

①Another example of innovation involves buying railway tickets. ②In India, trains are for many the only economical way to travel. ③But before 2002, ticketing clerks used to keep long-distance tickets back and sell them at a profit to those who knew how to get them. ④Then the system was put online. ⑤The India Center for Media Studies reported in 2005 that "computerization of tickets issued for rail journeys has ensured that the ordinary citizen does not have to offer bribes for rail tickets." ⑥So while people in industrialized countries may curse automated online systems, they are proving to be (2)a boon for India.

①さらなる革新の例は、鉄道の切符購入に関するものである。②インドでは、鉄道は多くの人々にとって唯一手頃な移動手段である。③しかし、2002年以前は発券担当者が長距離切符を隠し持ち、その入手方法を知っている人々に売って私腹を肥やしていた。④その後発券システムはオンライン化された。⑤2005年、インドメディア研究センターは、「鉄道利用のために発行されるチケットのコンピュータ化によって、一般市民が乗車券を手に入れるために賄賂を贈る必要は確実になくなっている」と報告した。⑥このように、先進国の人々は自動化されたオンラインシステムを大いに嫌うかもしれないが、インドの人々にとってはそれが恩恵となることがわかりつつある。

☑ Word Check

- □ innovation「革新」
- □ computerization「コンピュータ化」
- □ ensure「確実にする、保証する」
- □ bribe「賄賂」
- □ boon「利益」
- □ at a profit「利益を得て」
- □ issue「発行する」
- □ citizen「市民」
- □ curse「のろう」

Lesson2-(1)

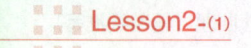

タテの流れ

① 革新のもう1つの例＝鉄道の切符購入。［第1段落①の 具体例 ］
② インドでは鉄道＝唯一の手頃な移動手段。
③ 私腹を肥やす発券担当者の存在。
④ 発券のオンライン化。
⑤ ③が解消。　　　　　　　　　　　［②〜⑤が①の 具体化 ］
⑥ オンラインシステム＝インドの人にとって(2)。［ 抽象 ・ まとめ ］

ヨコ 5 trains are for many the only economical way…

■ trains are (for many) the only economical way
　　　S　　V　　　M　　　　　C

■ many は many people の意味。many, few, much, some などの数量表現は漠然と「〜の人々，もの，こと」という名詞で使われることがある。

　例 Much has been said about the effect of television on small children.
　　「テレビの幼い子供に対する影響については**多く(のこと)**が語られてきた」

ヨコ 6 …sell them at a profit to those who …

■ at a profit で「利益を得て」の意味。
■ those = people

設問(2)解説

What does (2) "a boon" mean?

②〜⑤(具体)→⑥(抽象)というタテの流れをヒントに，オンラインシステムがインドの人にとってどのような存在かを考える。

　1. an inflation　　2. an obstacle　　③. a benefit　　4. a challenge

問題1 解答

(1) 1　　(2) 3

問題1全文訳

　テレコミュニケーション分野の成長は不備なインフラに苦しむ発展途上国に大きな影響を与えている。携帯電話があっても，それで砂利道が舗装できるわけではないが，そもそもその道を通る必要があるかどうかの判断を下す上では役に立つ。携帯電話利用の急速な拡大は，新たなモバイル・テクノロジーの採用と使用という点で，発展途上国が先進国を追い抜くのを手助けさえしている。例えば，アメリカやイギリスではモバイルバンキングの利用者はごくわずかである。そこでは，一般的に銀行口座にアクセスするのに携帯電話を使うことには人々は慎重であり，従来の支払い方法をより好むからである。しかしながら，フィリピンでは，400万人以上の人が携帯電話を財布代わりに用いて商品を購入したり，送金を行ったりしている。

（中略）

　さらなる革新の例は，鉄道の切符購入に関するものである。インドでは，鉄道は多くの人々にとって唯一手頃な移動手段である。しかし，2002年以前は発券担当者が長距離切符を隠し持ち，その入手方法を知っている人々に売って私腹を肥やしていた。その後発券システムはオンライン化された。2005年，インドメディア研究センターは，「鉄道利用のために発行されるチケットのコンピュータ化によって，一般市民が乗車券を手に入れるために賄賂を贈る必要は確実になくなっている」と報告した。このように，先進国の人々は自動化されたオンラインシステムを大いに嫌うかもしれないが，インドの人々にとってはそれが恩恵となることがわかりつつある。

Lesson2-(1)

問題2 解説
(別冊p.13参照)

第1段落

TRACK 13

①Many journalists prominent today were high school or college students during the Watergate investigations and were inspired to enter the profession by following these investigations. ②They, too, would fight to expose government lies. ③One famous reporter, (1), recalls (2)<u>being glued to</u> the radio during the Watergate hearings while studying at Harvard. ④Fascinated by the inside view of goings-on at the White House, she determined to pursue a career in journalism as a public service – and (3)<u>cut her teeth as a reporter</u> on the student newspaper, pursuing wrongdoings in the Harvard administration. ⑤She notes that modern journalists are seeking another Watergate-like scandal – in her words, <u>the way surfers lust for the perfect wave</u>. ⑥They believe that personal ambition and public zeal can go together; that you can expose evil and (4)<u>make a name for yourself</u> at the same time.

①ウォーターゲート事件の調査の頃，今日の著名なジャーナリストの多くは，高校生か大学生で，これらの調査をずっと見守る中で，刺激を受けてジャーナリストの道を歩むことになった。②彼らもまた，政府の嘘を暴こうと闘ったのである。③(1)，ある有名な記者は，ハーバードの学生時代に，ウォーターゲート事件の公聴会の間はラジオ(2)を覚えている。④彼女はホワイトハウスで起こっている内情にすっかりのめり込み，社会奉仕としてのジャーナリズムの仕事に就こうと決心した。そして彼女は学生新聞の(3)，ハーバード大学の経営陣の不正行為を追求した。⑤彼女は，現代のジャーナリストは——彼女の言葉を借りれば，サーファーが完璧な波を望むように——さらなるウォーターゲート事件のようなスキャンダルを探し求めていると指摘する。⑥私的野心と公的熱意は同時に持ち合わせることが可能

下線部同義問題（語義類推等）

である，つまり，悪を暴くと同時に（　4　）ことは可能だと彼らは信じているのである。

✅ Word Check

- □ prominent「著名な」
- □ profession「専門職，職業」
- □ recall「思い出す」
- □ fascinate「魅了する」
- □ goings-on「起こっていること」
- □ cut one's teeth「最初の経験を積む，物心がつく」
- □ wrongdoings「悪行，不正」
- □ zeal「熱意，熱狂」
- □ evil「悪」
- □ inspire「鼓舞する，刺激する」
- □ expose「さらす，あばく」
- □ glue「接着する，接着剤」
- □ inside view「内情」
- □ pursue「追及する」
- □ seek「探し求める」
- □ go together「相伴う，同時に起こる」
- □ make a name for oneself「名を成す，評判を得る」

タテの流れ

① ② 今日のジャーナリスト＝若い頃，ウォーターゲート事件の調査に刺激を受けて，その道を選択した。

③ 〜 ⑤ ［①の 具体例 ］

⑥ 私的野心と公的熱意が相伴うものだと信じる今日のジャーナリスト。

ヨコ 1　the way surfers lust for the perfect wave.

この the way は副詞節をつくり，「〜のように」の意味で as に同じ。

☞ ヨコ Point 22
（別冊 p.93）

設問(1)解説

①②（抽象）→③（具体例）となっていることに注目する。

1. however
2. of course
3. for example
4. but
5. more or less

（3.が丸で囲まれている）

Lesson2-(1)

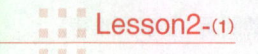

設問(2)解説

One famous reporter, (1), recalls (2)<u>being glued to</u> the radio during the Watergate hearings while studying at Harvard.

One famous reporter は①の Many journalists prominent today の 1 人, つまり，彼女もウォーターゲート事件の調査に刺激を受けて，ジャーナリズムの世界に飛び込んだはずだから，「ウォーターゲート事件の公聴会の間，ラジオに**釘付けとなった**」と容易に類推できる。

1. pushing her ear directly against
2. keeping her eyes eagerly upon
3. being physically attracted by
4. giving her attention entirely to ←

設問(3)解説

Fascinated by the inside view of goings-on at the White House, she determined to pursue a career in journalism as a public service – and (3)<u>cut her teeth as a reporter</u> on the student newspaper,…

ウォーターゲート事件の調査に刺激→ジャーナリズムの世界を志す→学生新聞の**記者になる**という流れ。選択肢には 1.「才能」2.「苦しみ」3.「アルバイト」といった本文からは推測できない情報が入っているのに注目する。

1. recognized her talent for journalism
2. endured much suffering as a journalist
3. worked part time as a journalist
4. began her journalistic career ←

> 💬 **アプローチ補足**
>
> 　選択肢の記述が，常識に照らしてもっともらしくとも，本文にその根拠がなければそれは排除する。

設問(4)解説

…you can expose evil and (4)<u>make a name for yourself</u> at the same time.

They(現代のジャーナリスト)の信念(believe)を支えているのは，ウォーターゲート事件で活躍したジャーナリストたちの姿である。ウォーターゲート事件のジャーナリストたちの **personal ambition**「私的野心」と **puclic zeal**「公的熱意」が何であったかを考えればよい。

→ public zeal ＝ expose evil
→ personal ambition ＝ make a name for yourself ＝ "世間からの注目"

1. earn a famous salary
②. achieve a significant reputation
3. launch a notorious attack
4. establish a new identity

第2段落

①But today, when there is no Watergate to expose, journalists seem able to get job satisfaction only by adopting the "attack dog" approach. ②The press thus <u>elevates commonplace misconduct by public officials, such as hiring domestic employees without paying Social Security tax for them, into a national issue.</u> ③This has created a kind of (5)<u>scandal inflation; which merely makes citizens cynical about</u> all politics and all politicians.

　①しかし今日，暴くべきウォーターゲート事件など見あたらないなかで，ジャーナリストたちは「闘犬」的姿勢をとることでのみ仕事の満足感を得ることができるように見える。②こうしてマスコミは，私的にお手伝いを雇っておきながら彼らの社会保障税を支払わないといったような，政府高官のありふれた違法行為を国家的問題にまで膨らませる。③これは一種のスキャン

Lesson2-(1)

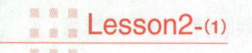

> ダル・インフレーションを引き起こし，それによって市民は，すべての政治や政治家を冷ややかな目で見るようになるだけである。

✓ Word Check
- [ ] adopt「採用する，養子にする」
- [ ] commonplace「ありふれた」
- [ ] domestic「家庭の，国内の，飼い馴らされた」
- [ ] social security「社会保障」
- [ ] elevate「高める」
- [ ] misconduct「違法行為，非行」
- [ ] cynical「冷笑的な」

タテの流れ

① "闘犬"的になることで，仕事の満足感を得ようとするジャーナリスト。
② ありふれた違法行為を国家問題に。[①の 具体化]
③ "スキャンダルインフレ" → 政治や政治家に対する人々の冷ややかな目。[①②の 抽象 ・ まとめ ＋ 結果]

> **Point** 抽象表現が新情報なのか旧情報なのか（抽象→具体 or 具体→抽象）を読み誤らないようにする。

ヨコ2 ⋯ elevate commonplace misconduct by public officials, such as hiring ⋯, into a national issue.

■ such as ～「例えば～のような(に)」の意味。ここでは such as 以下が commonplace misconduct の**具体例**になっている。

■ into a national issue は elevate にかかる副詞句で，この into は **"変化"** を表す。

☞ ヨコ Point 21
（別冊 p.93）

下線部同義問題（語義類推等）

ヨコ3 which merely makes citizens cynical about …

- which は scandal inflation を先行詞とする関係代名詞。
- which(S) merely(M) makes(V) citizens(O) cynical(C)
  - →「それは市民を〜に冷笑的にさせる」
  - ➡「それによって，市民は〜を冷ややかな目で見るようになる」

☞ ヨコ Point 23
（別冊 p.94）

設問(5)解説

The press thus elevates commonplace misconduct…into a national issue. This has created a kind of (5)<u>scandal inflation</u>

　inflation を思わせるのは前文の elevates …の部分。つまり，ここは**具体→抽象**の抽象部分に下線が施された問題。したがって，scandal inflation とは「ありふれた違法行為を国家問題にまで膨らませること」である。

1. the neglect of trivial scandals by over-ambitious journalists
2. the creation of ever bigger scandals from ever more trivial circumstances
3. a "bubble economy" caused by scandalous tax evasion by public officials
4. price inflation caused by sensational rumors spread by the press

Lesson2-(1)

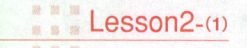

問題2 解答

(1) 3　　(2) 4　　(3) 4　　(4) 2　　(5) 2

問題2全文訳

　ウォーターゲート事件の調査の頃，今日の著名なジャーナリストの多くは，高校生か大学生で，これらの調査をずっと見守る中で，刺激を受けてジャーナリストの道を歩むことになった。彼らもまた，政府の嘘を暴こうと闘ったのである。例えばある有名な記者は，ハーバードの学生時代に，ウォーターゲート事件の公聴会の間はラジオに釘付けになっていたことを覚えている。彼女はホワイトハウスで起こっている内情にすっかりのめり込み，社会奉仕としてのジャーナリズムの仕事に就こうと決心した。そして彼女は学生新聞の記者としてキャリアをスタートさせ，ハーバード大学の経営陣の不正行為を追求した。彼女は，現代のジャーナリストは——彼女の言葉を借りれば，サーファーが完璧な波を望むように——さらなるウォーターゲート事件のようなスキャンダルを探し求めていると指摘する。私的野心と公的熱意は同時に持ち合わせることが可能である，つまり，悪を暴くと同時に自分の名をあげることは可能だと彼らは信じているのである。

　しかし今日，暴くべきウォーターゲート事件など見あたらないなかで，ジャーナリストたちは「闘犬」的姿勢をとることでのみ仕事の満足感を得ることができるように見える。こうしてマスコミは，私的にお手伝いを雇っておきながら彼らの社会保障税を支払わないといったような，政府高官のありふれた違法行為を国家的問題にまで膨らませる。これは一種のスキャンダル・インフレーションを引き起こし，それによって市民は，すべての政治や政治家を冷ややかな目で見るようになるだけである。

Lesson2-(2)

下線部同義問題（文の含意）

丁寧な和訳をベースに文の存在意義を考える

問題 1 解説
（別冊p.16参照）

第1段落

TRACK 14

①<u>The problem isn't just that animals don't talk.</u> ②Animals also hide their pain. ③In the wild any animal who's injured is likely to be finished off by a predator, so animals probably evolved a natural tendency to act as if （ ア ）. ④Small, vulnerable prey animals like sheep, goats, and antelope are especially stoic, whereas predator animals can be big babies. ⑤Cats can yowl their heads off <u>when they get hurt,</u> and dogs scream bloody murder if you happen to step on their paws. ⑥That's probably because cats and dogs don't have to worry about getting killed and eaten, so （ イ ）.

　①問題は単に動物が話せないということではない。②動物はまた痛みを隠す。③野性では，負傷した動物は天敵の餌食になってしまう可能性がある。したがって，動物はまるで（ ア ）ように振舞うといった，生まれながらの性質を進化させたのであろう。④ヒツジ，ヤギ，アンテロープのような小さくて敵の攻撃を受けやすい動物は，とりわけ平静さを装うが，一方で攻撃する側の動物は体の大きな赤ん坊のようになってしまう可能性がある。⑤猫は怪我をすると，ひどくうめき声をあげ，犬は偶然にも足を踏まれれば大声をあげる。⑥これはおそらく猫も犬も殺されて食べられてしまうことを心配する必要がないからであり，そのため（ イ ）。

Lesson2-(2)

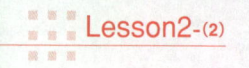

☑ Word Check

- □ be likely to do「おそらく〜だろう，〜する可能性が高い」
- □ finish off「とどめを刺す」
- □ evolve「進化させる」
- □ vulnerable「傷つきやすい，脆弱な」
- □ whereas「一方」
- □ V+one's head off「非常に，ひどく」
- □ scream bloody murder「叫び声をあげる」
- □ happen to do「たまたま[偶然]〜する」
- □ predator「捕食動物」
- □ tendency「傾向」
- □ stoic「禁欲的な，平静な」
- □ yowl「泣きわめく」
- □ paw「(犬・猫などの)足」

タテの流れ

① 動物が口がきけないということだけが問題ではない。
② 動物＝痛みを隠す。
③ 負傷した動物は天敵に殺されるから，（ ア ）。[②の 理由]
④ 痛みを隠す動物 vs. 痛みを隠さない動物（対比）
⑤ 犬や猫は殺される心配がないから，（ イ ）。[④の 具体化 ＋③との 対比]

> **Point** ▶ 2項対比(A vs. B)の文では以下の点に注意する。
> (1) 自分が今読んでいる記述がA,Bどちらなのかを自覚する。
> (2) AからBを，BからAをといった具合に一方から他方を類推する。

ヨコ 1 The problem isn't just that animals don't talk.

この that は「〜ということ」の意味の接続詞で，ここでは**補語として名詞節**をつくっている。

☞ ヨコ Point 7
（別冊 p.76）

```
The problem isn't just that animals don't talk.
     S        V              C
```

ヨコ 2 when they get hurt

get + P.P. で**受身**となる。they were hurt に同じ。

設問(問1)解説

In the wild any animal who's injured is likely to be finished off by a predator, so animals probably evolved a natural tendency to act as if (ア).

(ア)は「動物は，負傷すると攻撃される可能性がある」ためにどういった行動に出るかを考えればよい。→②からもわかるように「あたかも**負傷していないかのように，痛みなどない**かのように」という記述の解答を思い浮かべてから選択肢にアプローチする。

That's probably because cats and dogs don't have to worry about getting killed and eaten, so (イ).

(イ)は痛みを隠す必要のない動物(攻撃する側の動物)に対する記述なので，「**痛みを隠さない**」という記述の解答を思い浮かべてから選択肢にアプローチ。

(ア) ①. nothing's wrong
　　 2. they're in agony
(イ) ③. they can make all the noise they want
　　 4. they can't voice any sounds because of the pain

Lesson2-(2)

第2段落

①Sheep are the ultimate stoics. ②I once observed a sheep who'd just had excruciating bone surgery. ③I would have had no way of knowing how much pain that animal was in based on the way she was acting, and a hungry wolf would have had no reason to pick her out of a flock. ④An injured animal in terrible pain will actually eat food – something all our theories of stress tell us shouldn't happen.

①ヒツジは極めて平静さを保つ。②私はかつて，骨の外科手術を受けたばかりのヒツジを観察したことがある。③その行動の様子からでは，この動物がどの程度苦痛を感じているかを私は判断する術もなかっただろうし，またお腹を空かせたオオカミでもこのヒツジを群れの中から選び出す理由など持ち合わせなかっただろう。④実のところ，ひどく痛みを感じている負傷した動物でも餌を食べるが，これはストレスに関する我々のすべての理論では起こらないとされることである。

✓ Word Check

- ultimate「究極の，最終的な」
- surgery「外科，外科手術」
- flock「群れ」
- excruciate「苦痛を与える」
- based on ～「～に基づいて」
- actually「実のところ，実を言うと」

タテの流れ

① ヒツジ＝ストイック（＝痛みを隠す）
② 外科手術を終えたヒツジの観察［①の 具体例 ・ 裏づけ ］
③ 行動からは，痛みを判断できない＋オオカミでもこのヒツジを選び出せない。［②の 具体化 ］
④ 負傷して餌を食べる動物［第1段落①②の 具体例 ］

ヨコ 3 who'd just had excruciating bone surgery

■ excruciating は，動詞 excruciate「苦痛を与える」の**分詞形容詞**で bone surgery を修飾。
■ have surgery で「外科手術を受ける」の意味。

ヨコ 4 how much pain that animal was in based on the way she was acting

■ この how は「**どのくらい**」の意味で"程度"を表し，**how much pain** が前**置詞 in の目的語**として機能している。in pain で「苦痛を感じて」の意味。

☞ ヨコ Point 19
（別冊 p.91）

■ based on ～で「～に基づいて」の意味。
■ the way she was acting「彼女の行動の**仕方**，彼女が**どう行動するか**」

☞ ヨコ Point 22
（別冊 p.93）

ヨコ 5 An injured animal … eat food – something all our …

■ この something は前文の**内容全体**を言い換えたもの。　　☞ ヨコ Point 8
（別冊 p.78）

■ something の後には関係代名詞 that（また which）が省略され，先行詞 something は shouldn't happen の主語として機能。

something (that) all our theories of stress tell us shouldn't happen.
　　S　　　　　　　　　　　　　　　　　　　　　　　　V

all our theories of stress tell us (that) **it [= something]** shouldn't happen.（連鎖関係詞 ☞ ヨコ Point 24 別冊 p.94）
「ストレスに関する我々のすべての理論は，それが起こらないはずだと我々に教える」

Lesson2-(2)

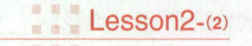

設問（問2）解説

まずはヨコを正確にとらえる。

a hungry wolf would have had no reason to pick her out of a flock.

■ **if 節のない仮定法**で，ここでは主語の a hungry wolf に **even if** のニュアンスが潜伏。「オオカミであっても…だろう」　☞ヨコ **Point 13**
（別冊 p.83）

■ out of 〜には「〜の外」という意味と「〜から」という2つの意味があり，ここは後者。pick A out of B「B**から**Aを選び出す」

■ to pick 以下は reason を修飾する形容詞句。「群れから彼女を選び出す理由」が直訳。

➡ 「オオカミであっても，彼女（手術を終えたヒツジ）を群れから選び出す理由を持ち合わせなかっただろう」

さらにこれを，ヒツジ＝捕食される側の動物＝痛みを隠す，オオカミ＝捕食する側の動物（ヒツジの天敵）というタテの流れの中でとらえなおすと，
「ヒツジを餌食にしようと狙うオオカミでも，このヒツジが痛みを隠してるために負傷しているとは気づかず，彼女を群れから選び出せない（他の負傷していないヒツジと区別がつかない）」ということ。

選択肢の中で「負傷したヒツジを選び出せない」というベクトルは4のみ。なお **purposefully** は「**意図して**」の意味だが，本文から読み取れる"負傷してるヒツジはコイツだ，よしコイツを食べてしまえ"というオオカミの"意図"を purposefully と**抽象化**している。

1. a hungry wolf would eat the sheep
2. a hungry wolf would pick the sheep
3. a hungry wolf never intended to eat any of the sheep
4. a hungry wolf wouldn't purposefully choose the sheep
5. a hungry wolf would be encouraged by other wolves to choose the sheep

> 💬 **アプローチ補足**
>
> 　本文の中で描かれている具体的描写が選択肢の中で抽象化されて表現されるというのは慶應大学でよくあるパターン。

問題1 解答

（問1）（ア）1　（イ）3　　（問2）4

問題1全文訳

　問題は単に動物が話せないということではない。動物はまた痛みを隠す。野性では，負傷した動物は天敵の餌食になってしまう可能性がある。したがって，おそらく動物はまるで怪我などなかったかのように振舞うといった，生まれながらの性質を進化させたのであろう。ヒツジ，ヤギ，アンテロープのような小さくて敵の攻撃を受けやすい動物は，とりわけ平静さを装うが，一方で攻撃する側の動物は体の大きな赤ん坊のようになってしまう可能性がある。猫は怪我をすると，ひどくうめき声をあげ，犬は偶然にも足を踏まれれば大声をあげる。これはおそらく猫も犬も殺されて食べられてしまうことを心配する必要がないからであり，そのため彼らは好きなだけあらゆる音を立てることができる。

（中略）

　ヒツジは極めて平静さを保つ。私はかつて，骨の外科手術を受けたばかりのヒツジを観察したことがある。その行動の様子からでは，この動物がどの程度苦痛を感じているかを私は判断する術もなかっただろうし，またお腹を空かせたオオカミでもこのヒツジを群れの中から選び出す理由など持ち合わせなかっただろう。実のところ，ひどく痛みを感じている負傷した動物でも餌を食べるが，これはストレスに関する我々のすべての理論では起こらないとされることである。

Lesson2-(2)

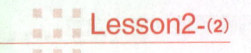

問題2 解説
(別冊p.17参照)

第1段落

TRACK*15

①It is not difficult to understand why supermarkets are so popular. ②They are well designed and well lit. ③<u>They display a wide range of different products, including ready-made meals alongside fresh food, and even many different brands of the same product.</u> ④(A)<u>They promise guaranteed quality at reasonable prices.</u> ⑤Consumers are attracted by the idea that they can save money by buying extra quantities of special offers or by "earning" points according to the amount that they spend. ⑥They appreciate <u>the time they can save by buying everything they need</u> under one roof and at one cash register, rather than having to make a series of small purchases at different specialist shops.

> ①なぜスーパーマーケットはそれほど人気があるのかを理解することは，難しいことではない。②デザインが見事であり，また照明も明るい。③スーパーは様々な製品を幅広く取り揃えていて，その中には生鮮食品と並んで調理済みの食品，さらには同じ品でも数多くの違ったブランドが含まれる。④スーパーは手頃な値段で品質保証を約束してくれる。⑤消費者が魅了されるのは，特売品をまとめ買いすることや，使った額に応じてポイントを「稼ぐ」ことでお金を節約できるというアイデアである。⑥彼らにしてみれば，様々な専門店でちょっとした買い物を重ねるよりも，1つ屋根の下で，しかも1つのレジで必要なものをすべて買うことで節約できる時間がありがたいのである。

✓ Word Check
- lit「明かりのついた」
- alongside ~「~と並んで」
- quality「質」
- extra「余分な，臨時の」
- ready-made「既製の」
- guarantee「保証する」
- consumer「消費者」
- quantity「量」

下線部同義問題（文の含意）

- according to ～「～によると，～に応じて」
- amount「総額，量」
- cash register「レジ」
- A rather than B「BというよりはむしろA」
- a series of ～「一連の～」
- purchase「購入」

タテの流れ

① スーパー人気の理由は明白
② デザインと照明
③ 品揃え
④ 手頃な価格
⑤ お金の節約
⑥ 時間の節約　　　　　　　　　［②～⑥が①の 具体化 ］

ヨコ 1 They display a wide range of … and …

副詞 (M) の存在によって，**and** が並べるものを見失わないようにする。

☞ ヨコ Point 1
（別冊 p.67）

They display <u>a wide range of ～ products</u>, (including …), and (even)
　S 　V 　　　　O₁ 　　　　　　　　　　　　M 　　　　　　M

<u>many differnet brands of the same products</u>.
　　　　　　　O₂

ヨコ 2 the time they can save … everything they need

the time と everything の後は共に関係代名詞 that［また which］が省略。

設問(1)解説

<u>They promise guaranteed quality at reasonable prices.</u>

"スーパーの人気の理由"の1つとして，prices「価格」が reasonable というのだから，ここは「手頃な(安い)」といった意味なのは明白。

1. It is reasonable to expect that land prices will keep rising.

Lesson2-(2)

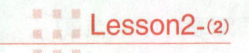

2. This department store has a reasonable variety of fashionable clothing.
3. Under the circumstances, the police officer's action was reasonable.
4. What the hotel charged was quite reasonable considering the service.

第2段落

①(B)Of course, supermarkets have their critics. ②A frequent argument is that they drive out the independent family-run shops that provide a focus for local communities. ③(C)Supermarkets are anonymous spaces, but in small shops both staff and customers tend to talk to each other. ④Reference is also made to the excessive use of packaging and to the increase in the use of cars for shopping, which worsens traffic congestion and air pollution.

①もちろんスーパーマーケットを批判する者もいる。②よくなされている主張は，スーパーのせいで地域に根差した家族経営の自営店が排除されてしまうというものである。③スーパーは互いの顔が見えない空間だが，小さなお店では，店員と客が互いに言葉を交わすことも多い。④包装紙を過剰に使いすぎているとか，買い物のために車を利用する機会が増えることで，交通渋滞や大気汚染を悪化させているといったことも言われる。

✓ Word Check

- ☐ critic「批評（批判）家」
- ☐ argument「主張，議論」
- ☐ family-run「家族経営の」
- ☐ anonymous「匿名の，顔の見えない」
- ☐ tend to do「～する傾向がある」
- ☐ make reference to ～「～に言及する」
- ☐ frequent「頻繁な」
- ☐ drive out「追い出す，締め出す」
- ☐ focus「焦点，重点」
- ☐ customer「客」
- ☐ each other「お互い」
- ☐ excessive「過度の」

- □ worsen「悪化させる」
- □ traffic congestion「交通渋滞」
- □ air pollution「大気汚染」

タテの流れ

① スーパーを批判する者たちの存在
② 家族経営の店(小型店)が排除
③ スーパー＝匿名性 vs. 小型店＝店員と客が会話
④ 過剰な包装，交通渋滞や大気汚染　［②〜④が①の 具体化 ］

ヨコ3 A frequent argument is that they drive out…

■ この that は「〜ということ」の意味の接続詞で，ここでは**補語として名詞節**をつくっている。　　　　　　　　　　　☞ ヨコ Point 7
（別冊 p.76）

A frequent argument is that they …
　　　　　S　　　　　　　V　　C

■ drive out は「**追い出す，締め出す**」の意味。

ヨコ4 Reference is also made to …

make reference to 〜で「**〜に言及する**」の意味。本文ではこれが受身で用いられている。　　　　　　　　　　　☞ ヨコ Point 26
（別冊 p.95）

ヨコ5 the increase …, which worsens …

この which は **the increase in …shoping** を先行詞とする関係代名詞。
→「それ(＝買い物に車を使うことが増えること)が，交通渋滞や大気汚染を悪化させる」

Lesson2-(2)

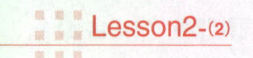

設問(2)解説

<u>Of course, supermarkets have their critics.</u>

下線部 (B) の直訳は「もちろん，スーパーは自らの批判家をもつ」が直訳だが，後に続く②～④の内容から「もちろん，スーパーは批判される点もある」といった意味になるのは明白。

1. It goes without saying that supermarkets encourage experts to attack competitors.
2. It is no wonder that some shoppers never shop at supermarkets.
3. It is only natural for some people to find fault with supermarkets. ◯
4. It is true that supermarkets employ people to reject low quality products.

設問(3)解説

<u>Supermarkets are anonymous spaces,</u>

下線部 (C) の直訳は「スーパーは匿名の場所である」となる。これは非常に抽象的なので，後に続く小型店の記述から，ここで言う**「匿名 (anonymous)」**が何を意味するかを考える。

1. empty   2. impersonal ◯   3. nameless   4. quiet

問題2 解答

(1) 4   (2) 3   (3) 2

問題2全文訳

　なぜスーパーマーケットはそれほど人気があるのかを理解することは，難しいことではない。デザインが見事であり，また照明も明るい。スーパーは様々な製品を幅広く取り揃えていて，その中には生鮮食品と並んで調理済みの食品，さらには同じ品でも数多くの違ったブランドが含まれる。スーパーは手頃な値段で品質保証を約束してくれる。消費者が魅了されるのは，特売品をまとめ買いすることや，使った額に応じてポイントを「稼ぐ」ことでお金を節約できるというアイデアである。彼らにしてみれば，様々な専門店でちょっとした買い物を重ねるよりも，1つ屋根の下で，しかも1つのレジで必要なものをすべて買うことで節約できる時間がありがたいのである。

　もちろんスーパーマーケットを批判する者もいる。よくなされている主張は，スーパーのせいで地域に根差した家族経営の自営店が排除されてしまうというものである。スーパーは互いの顔が見えない空間だが，小さなお店では，店員と客が互いに言葉を交わすことも多い。包装紙を過剰に使いすぎているとか，買い物のために車を利用する機会が増えることで，交通渋滞や大気汚染を悪化させているといったことも言われる。

Lesson3-(1)

内容一致問題（記述解答可）

選択肢吟味の前に，まずは思考せよ！

問題 1 解説
（別冊p.19参照）

第1段落

TRACK*16

①To understand the situation of the hungry, we need to realize that, for one reason or another, they simply lack access to world food markets. ②Most of them live in nations where the government struggles with civil conflict or has massive external debts. ③Such poor countries can import little or no food. ④Food costs hard cash – dollars and euros. ⑤For example, in sub-Saharan Africa as a whole, only 16 percent of total grain consumption (　1　) the world market, and less than 10 percent of total calorie consumption. ⑥Far too many nations in Africa lack the financial or diplomatic resources to correct this situation.

①飢えた人々の状況を理解するためには，彼らが何らかの理由で世界の食物市場をまったく利用できないでいるということを認識する必要がある。②彼らの大部分は，政府が内戦に苦しんだり，大きな対外債務を抱えている国に住んでいる。③このような貧しい国々は食糧をほとんど，あるいはまったく輸入することができない。④食糧を手にするにはドルやユーロといった現金が必要となる。⑤例えば，サハラ以南のアフリカ全体では，穀物の総消費量のわずか16％しか国際市場から(　1　)，それは総カロリー消費量の10％にも満たない。⑥あまりに多くのアフリカ諸国が，このような状況を是正するための財政的あるいは外交的資源を欠いている。

内容一致問題（記述解答可）

✓ Word Check

- one X or another「何らかのX」
- civil war「内戦」
- external「外部の」
- hard cash「現金，硬貨」
- as a whole「全体として，概して」
- consumption「消費」
- diplomatic「外交の」
- correct「正しい，訂正する」
- lack「〜を欠いている」
- massive「大量の，大きな」
- debt「借金」
- sub-Saharan「サハラ以南の」
- grain「穀物」
- calorie「カロリー」
- resource「資源，資金」

タテの流れ

① 飢えた人々＝世界の食料市場を利用できない。
② 内戦や対外債務に苦しむ国に暮らす。[①の 原因]
③ 食料の輸入ができない。[②の 結果，①の 反復]
④ 食料には現金が必要。[③の 原因]
⑤ / ⑥ サハラ以南のアフリカの現状。[①の 具体例]

ヨコ 1 To understand the situation of the hungry,

■ the ＋形容詞で「〜の人々，〜のもの[こと]」の意味。the hungry で「飢えた人々」の意味。

ヨコ 2 we need to realize that, for one reason or another, they…

■ for one reason or another「何らかの理由で」**one X or another** は「何らかのX」の意味。この部分は，後に続く they simply lack…という文を修飾。　　　　　　　　　　　　☞ ヨコ Point ❾
（別冊 p.80）

■ simply は否定語（否定的な語）の前で，**「まったく，どうしても」**と意味を強める働き。

Lesson3-(1)

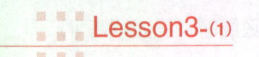

例 I simply cannot trust him. 「私は彼がどうしても信用できない」

ヨコ 3 and less than 10 percent of total calorie consumption

calorie consumption の後に前出の(1) the world market が省略されている。等位接続詞(and, but, or)の右側では左側の反復を避けた省略に注意する。

☞ ヨコ Point 1
（別冊 p.67）

設問(1)解説

…only 16 percent of total grain consumption (1) the world market, and less than 10 percent of total calorie consumption.

「世界市場を利用できていない」ということを数字で具体化した部分であることが意識できていれば、「穀物の総消費量の 16% しか国際市場から**輸入されていない**」となる。

1. came from　　　2. can be exported to
③. is imported from　　4. is strengthened for

設問(2)解説

What does the author believe is the main reason why hungry people cannot get enough food?

「飢えた人々が十分な食料を得られない主な理由は何か？」という問いであり、これは**選択肢を見る以前に記述での解答が可能**。それを用意してから選択肢にアプローチする。

②～③の内容をまとめれば、「国が内戦や対外債務に苦しむため食料の輸入に必要なお金がない」が記述の解答。

1. Their governments have massive external debts, because civil conflicts have increased the import of food.
2. They all live in sub-Saharan Africa, where only 16 percent of grain

consumption comes from the world market.
3. Their nations can't pay for food imports because they are poor, so they do not have access to the world food markets.
4. They don't want access to world food markets; and even if they did, they would need diplomacy to succeed.

ちなみに，選択肢1は，massive external debts, civil conflicts, the import of food に関しての言及はあるが，because, increased で示されるような因果関係についての記述はない。

> **💬 アプローチ補足**
>
> 選択肢内の"部分"に関する言及はあっても，その部分同士の"関係性"が本文と不一致という誤りの選択肢に注意する。

問題 1 解答

(1) 3   (2) 3

問題1全文訳

飢えた人々の状況を理解するためには，彼らが何らかの理由で世界の食物市場をまったく利用できないでいるということを認識する必要がある。彼らの大部分は，政府が内戦に苦しんだり，大きな対外債務を抱えている国に住んでいる。このような貧しい国々は食糧をほとんど，あるいはまったく輸入することができない。食糧を手にするにはドルやユーロといった現金が必要となる。例えば，サハラ以南のアフリカ全体では，穀物の総消費量のわずか16%しか国際市場から輸入されておらず，それは総カロリー消費量の10%にも満たない。あまりに多くのアフリカ諸国が，このような状況を是正するための財政的あるいは外交的資源を欠いている。

Lesson3-(1)

問題2 解説
（別冊p.20参照）

第1段落

TRACK*17

Two key economic issues <u>in the</u> debate are the following: firstly, whether poverty and inequality are increasing or decreasing along with economic globalization; <u>and secondly, whether</u> integration into the global economy is good for growth.

> 議論される2つの重要な経済問題は以下の通りである。第1に，貧困と不平等が経済のグローバル化に伴って増加しているのか，減少しているのかという問題であり，第2に，グローバル経済に統合されることが成長にとって良いことかどうかという問題である。

✓ Word Check
- the following「次の[以下の]（もの）」
- along with ～「～と共に」
- integration「統合」

タテの流れ

《2つの重要な経済問題》
① 経済のグローバル化で貧困や不平等は増えているか減っているか。
② 世界経済への統合は成長にとってよいことか。

ヨコ1 Two key economic issues … : firstly, … ; and secondly, …

issues「問題」を**具体化**したのが，コロン(:)以下。

第2段落

①As regards the second issue, the big challenge is poverty, and the surest way to sustained poverty [1] (1. situation 2. reduction 3. problem) is economic growth. ②Growth requires good economic policies. ③The evidence strongly <u>supports the conclusion that growth requires a policy framework</u> that prominently includes an orientation toward integration into global economy. ④The bulk of evidence shows that the most spectacular growth stories all involve rapid increases in both exports and imports. ⑤Almost all of the outstanding cases – Singapore, Malaysia, China, India since the early 1980's – involve gradual [2] (1. spreading out 2. opening up 3. breaking down) of domestic markets to imports and foreign investment. ⑥<u>The success of this kind of outward-oriented policies should persuade us that</u> openness to the global economy is a necessary, though not [3] (1. controllable 2. ideal 3. sufficient), condition for sustained growth. ⑦There is no way of [4] (1. lifting 2. counting 3. increasing) the populations of poor countries out of poverty without sustained growth. ⑧The overall challenge to economic globalization <u>is to make the global system deliver</u> economic growth more consistently and more equitably, as <u>the best way to further reduce</u> global poverty and inequality.

①第2の問題に関して言えば、大きな課題は貧困であり、貧困の持続的な[1]へと至る最も確かな方法は経済成長である。②成長には優れた経済政策が必要である。③成長には明らかにグローバル経済への統合を志向する政策的な枠組みが必要とされるという結論は、証拠によって強く支持されている。④証拠の大部分によれば、最も目覚ましい成長の物語はすべて、輸出と輸入の両方の急速な増加を伴う。⑤1980年代初頭以降のシンガポール、マレーシア、中国、インドといった際立った例のほとんどすべてが、国内市場を輸入

Lesson3-(1)

品と海外からの投資に段階的に開放したことと関与している。⑥こういった種類の対外志向の政策が成功をおさめてきたことから，グローバル経済に門戸を開くことが，持続的な成長にとっては十分条件ではないにせよ，必要条件であることを我々ははっきりと認識するはずである。⑦持続的な成長がなければ，貧しい国の人々を貧困から救い出す手段はない。⑧経済のグローバル化の全般的な課題は，世界の貧困と不平等をより少ないものにしていくための最良の方法として，グローバルシステムがより一貫した，そしてより公平なかたちで経済成長をもたらす状況を作り出すことである。

✓ Word Check

- as regards ～「～に関して(言えば)」
- sustained「持続的な」
- conclusion「結論」
- prominently「顕著に」
- the bulk of ～「～の大部分」
- gradual「段階的な」
- open up「開放する」
- X-oriented「X志向の」
- sufficient「十分な」
- overall「全体の」
- consistently「一貫して」
- challenge「課題，挑戦」
- reduction「減少，削減」
- framework「枠組み」
- orientation「志向」
- spectacular「目覚ましい」
- spread out「広がる」
- break down「崩壊する」
- controllable「管理できる，手に負える」
- condition「条件，状況」
- deliver「配達する」
- equitably「公平に」

タテの流れ

① 持続的な貧困の[1]への確実な方法＝経済成長
② 成長には優れた経済政策が必要。
③ 成長にはグローバル経済を志向する政策が必要。[②の 具体化]
④ 成長は輸出入の急速な増加を伴う。[③の 言い換え]
⑤ 国内市場を開いたことで成長した国々 [①～④の 具体例]
⑥ 世界経済への統合が成長には必要。[③の 反復]
⑦ 成長なくして貧しい国の人々を救い出せない。[①の 反復]
⑧ 課題＝より一貫した，より公平なかたちでの経済成長 [抽象 ・ まとめ]

> **Point** 本文は，貧困の撲滅には経済成長が必要，経済成長にはグローバル経済への統合が必要という流れ。「要するに，貧困の撲滅にはグローバル経済への統合が必要」というのが全体の趣旨。
>
> このように「Aだから(Aのためには)B，Bだから(Bのためには)C，Cだから(Cのためには)D，…」といった**"因果[目的]の連鎖"**では，途中(B,C,Dと読み進める中で)**スタートの原因[目的](A)を見失わない**ようにする。

ヨコ 2 …support the conclusion that growth requires …

■ conclusion that の that は**同格節**を導く。framework that の that は**関係代名詞**。　　　☞ ヨコ Point ７ ８
（別冊 p.76, 78）

■ an orientation toward … 「…を志向すること，…へ向けた動き」

ヨコ 3 The success … should persuade us that …

The success… should persuade us that …
　　S　　　　　　　　V　　O　O

この that は名詞節をつくる接続詞で，「～ということ」。
→「…の成功が我々に that 以下のことを説得するはずである」
➡「…の成功から，我々は that 以下のことがはっきりと認識できるはずである」

☞ ヨコ Point 23
（別冊 p.94）

ヨコ 4 …is to make the global system deliver …

make(V') the global system(O') deliver…(C')
make + O + 原形動詞 (C) で「**OがCである(状況)を作り出す，OにCさ**

Lesson3-(1)

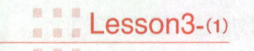

せる」の意味。

「グローバルシステムが…を運ぶ状況を作り出す」

ヨコ 5 the best way to further reduce …

このto以下はthe best wayにかかる不定詞のつくる形容詞句。furtherは「さらに」の意味の副詞。不定詞は一般に to ＋原形動詞のかたちをとるが、間に副詞が入り **to ＋副詞＋原形動詞** となることもある。

設問（1）解説

⑦に「経済成長なくして貧しさから人々を救い出すことはできない」とあるのだから、「持続的な貧困の**撲滅**」など poverty を否定するような語句を入れたい。

As regards the second issue, the big challenge is poverty, and the surest way to sustained poverty [1](1. situation ②. reduction 3. problem) is economic growth.

設問（2）解説

ここは④にある「成長には輸出入を伴う」を実践した国々の紹介なので、「国内市場 (domestic markets) を輸入品や海外からの投資に開いた」しかない。

Almost all of the outstanding cases – Singapore, Malaysia, China, India since the early 1980's – involve gradual [2](1. spreading out ②. opening up 3. breaking down) of domestic markets to imports and foreign investment.

設問（3）解説

necessaryと空所[3]に入る語はともに形容詞で **condition を修飾**する。また though は**「たとえ～にせよ」**という譲歩を表す。

☞ ヨコ Point 16
（別冊 p.87）

→「[3]ではないにせよ，必要な条件」→[3]には「それで十分」が入る。

The success of this kind of outward-oriented policies should persuade us that openness to the global economy is a necessary, though not [3](1. controllable 2. ideal ③. sufficient), condition for sustained growth.

設問(4)解説

後続の out of「～から」がこの空所[4]に入る語を修飾する。
→「貧しさから貧しい国の人々を[4]する」→[4]には「救い出す」が入る。

There is no way of [4](①. lifting 2. counting 3. increasing) the populations of poor countries out of poverty without sustained growth.

設問(5)解説

The cases of Singapore, Malaysia, China and India are mentioned in order to illustrate that…

「シンガポール，マレーシア，中国，インドのケースに言及しているのは何を示すためか」という問い。

⑤が①～④の具体例(実例)であることを踏まえて，例えば以下のような記述の解答が可能。

「貧困には成長が必要であり，成長には世界経済への統合が必要であることを示すため」

1. these are the cases in which economic growth was achieved but inequality was not reduced.
2. these are the cases in which the national governments were persuaded by international organizations to open domestic markets.
③. policies to open domestic markets are necessary for overall national economic growth.

Lesson3-(1)

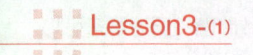

4. policies to open domestic markets to foreigners are insufficient to reduce poverty.

問題2 解答

[1] 2　　[2] 2　　[3] 3　　[4] 1　　[5] 3

問題2全文訳

　議論される2つの重要な経済問題は以下の通りである。第1に，貧困と不平等が経済のグローバル化に伴って増加しているのか，減少しているのかという問題であり，第2に，グローバル経済に統合されることが成長にとって良いことがどうかという問題である。

（中略）

　第2の問題に関して言えば，大きな課題は貧困であり，貧困の持続的な減少へと至る最も確かな方法は経済成長である。成長には優れた経済政策が必要である。成長には明らかにグローバル経済への統合を志向する政策的な枠組みが必要とされるという結論は，証拠によって強く支持されている。証拠の大部分によれば，最も目覚ましい成長の物語はすべて，輸出と輸入の両方の急速な増加を伴う。1980年代初頭以降のシンガポール，マレーシア，中国，インドといった際立った例のほとんどすべてが，国内市場を輸入品と海外からの投資に段階的に開放したことと関与している。こういった種類の対外志向の政策が成功をおさめてきたことから，グローバル経済に門戸を開くことが，持続的な成長にとっては十分条件ではないにせよ，必要条件であることを我々ははっきりと認識するはずである。持続的な成長がなければ，貧しい国の人々を貧困から救い出す手段はない。経済のグローバル化の全般的な課題は，世界の貧困と不平等をより少ないものにしていくための最良の方法として，グローバルシステムがより一貫した，そしてより公平なかたちで経済成長をもたらす状況を作り出すことである。

問題3 解説
(別冊p.22参照)

A段落

①Suppose you believe that a central aim of public policy in a democratic society should be improving the welfare of its citizens. ②Even when resources are plentiful, this is a challenging task because of the difficulty of determining what "welfare" consists in. ③Beyond basic necessities, there is great variation in what people want out of life. ④This is true with respect to material goods and also true with respect to what people want from their work, their medical care, their educational opportunities and just about everything else. ⑤So any specific use of public resources is likely to please some people and displease others.

①民主主義社会における公的政策の中心となる目的が、その社会の市民の幸福を向上させることであるべきだとあなたが考えているとしよう。②たとえ資源が豊富にあるとしても、これは難しい課題である。なぜなら、「幸福」とは本質的に何であるかを定義するのは困難だからである。③必要最低限なものは別として、人が人生に何を望むかは実に様々である。④これは物質的な商品のみならず、人々が仕事や医療や教育の機会に何を望んでいるかに関して、さらには他のどんなことに関しても当てはまる。⑤したがって、公的資金を何であれ特定のかたちで用いれば、それに満足する人もいるし、一方で不満に思う人もいる可能性が高いのである。

✓ Word Check

- welfare「福祉, 幸福」
- citizen「市民」
- plentiful「豊富な, 多くの」
- challenging「困難な, (困難だが)やりがいのある」
- consist in ~「~にある」
- variation「変化」
- with respect to ~「~に関して」
- medical care「医療」
- opportunity「機会, 好機」
- else「他」

Lesson3-(1)

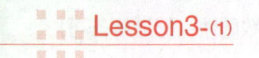

□ specific「特定の，明確な，具体的な」
□ be likely to do「おそらく〜だろう，〜する可能性が高い」
□ displease「不快にさせる」

タテの流れ

① 市民をより幸福にするのが民主主義社会の公的政策の目的だとすると…。
② ①は難しい。幸福とは何かを決定するのが難しいから。
③ 人生に望むものは人によって異なる。[②の 言い換え]
④ すべてにおいて③は当てはまる。[③の 反復]
⑤ 特定の公的資金の使途は人によってその満足度が異なる。[③④の 結果]

ヨコ1 Suppose you believe that…

Suppose (that)…は「**(例えば) 〜だとしてみよう**」の意味で，本文のように**話題の導入**などに用いることが多い。
ちなみに，以下のように if の意味で**接続詞的**に用いることもある。

Suppose a talented guy like you joined us, we could solve the problem easily.

「君のような才能ある人間が加わったら，私たちはその問題を簡単に解決できるだろう」

ヨコ2 … because of the difficulty of determining …

■ difficulty は形容詞 difficult の名詞形。形容詞の**名詞形＋of X** では of が主格となる場合が多く，「**X が(は) 〜であること**」と訳出するとスムーズ。
　→「…を決定することが難しいので」
■ S consist in 〜「S(の本質)が〜にある」の意味で＝ lie in 〜。ちなみに consist of 〜では「〜から成る」の意味。

ヨコ 3 Beyond basic necessities,…

この beyond は**否定的な文脈**で用いられて，**「～以外」**の意味。本文では，there is great variation … 「人々が人生から何を望むかは実に様々である」と後に続くが，これは前の内容から判断すると「人々が人生に何を望んでいるかを明確に定義するのは困難である」と言いたいわけで，要するに否定的文脈と言える。

ヨコ 4 …to please some people and displease others

some と others が呼応することで**「～もいれば…もいる」**といったニュアンスを伝える。
- →「何人かの人を満足させ，また別の人を不満にさせる」
- ➡「満足に思う人もいれば不満に思う人もいる」

設問(1)解説

「A 段落から引き出せる記述は？」という設問。一見すると記述での解答が不可能なので選択肢をひとつずつチェックする必要があるように思えるが，そもそも A 段落は「何を幸福とするかは人によって異なるから，公的政策の立案が難しい」ということしか言っていないので，これを念頭に選択肢を吟味すればよい。

1. Welfare is a hard concept to define. ←
2. People who believe in welfare also believe in democracy.
3. Welfare means providing people with the basic necessities.
4. Most people agree on what welfare consists in.

💬 アプローチ補足

「段落の内容と一致するものを選べ」といった類の問題では，**選択肢の細部を吟味する前に段落の要約を念頭に**解答する(慶應大学では，細部よりも主張のベクトルを問う問題が圧倒的に多い)。

Lesson3-(1)

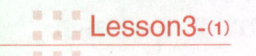

B段落

①The way to solve this problem, we are often told, is to provide a wide range of opportunities and let people choose for themselves whatever promotes their personal welfare. ②Since each individual is in the best position to judge his or her welfare, putting decisions into the hands of individuals is a solution to the social welfare problem that can't be improved on. ③To improve welfare, you must increase freedom of choice, not because increased choice is necessarily good in itself, but because it increases the chances that each individual will be able to find something that serves his or her interests.

①この問題を解決する方法は，幅広い機会を提供し，何であれ人々に個人の幸福を高めるものを自分で選択させることである。②個人はそれぞれ自分の幸福を判断する最良の立場にあるのだから，決定は個人の手に委ねることが，これ以上改善できない社会福祉問題を解決する方法なのだ。③幸福を高めるためには，人は選択の自由を増やさなければならない。それは，選択肢が増えることそれ自体が必然的に良いことであるからではなく，それによって個人が自分の利益となるものを見出す機会が増えるからである。

Word Check
- a wide range of ～「幅広い範囲の～」
- in itself「それ自体」
- serve「仕える，満たす」
- improve on「さらに改善[改良]する」
- chance「機会，可能性，偶然」
- interest「興味，関心，利益」

テの流れ

① 段落Aの問題を解決する方法＝人々に様々な機会を与え，選択させる。
② 決定を個人に委ねるのが解決策。[①の 反復]
③ 選択の自由＝個人が自分の利益にかなうものを見つける可能性を高める。[①②の 理由]

ヨコ 5　The way to …, we are often told, is to provide …

we are often told の部分は**主節の挿入**。
= We are often told that the way …is to provide

☞ ヨコ Point 25
（別冊 p.95）

ヨコ 6　and let people choose for themselves whatever …

■ let ＋ O ＋原形動詞 (C) で**「O が C することをよしとする，O に C させる」**の意味。

■ choose 以下は choose(**V'**) for themselves(**M'**) whatever …(**O'**)
「自分の個人的な幸福を促すものを何であれ自ら選択する」

ヨコ 7　the chances that each individual will be …
　　 something that …

the chances that の that は**同格節**を導き，**「〜という可能性」**の意味になる。
something that の that は主格の関係代名詞。

☞ ヨコ Point 5 7
（別冊 p.73, 76）

設問(2)解説

要約問題。要約は，その段落で作者がイイタイコト。
イイタイコトは，繰り返され，具体化され，時に比較される，という原則から，この段落の要約は以下の通り。
「社会の福祉問題の解決策は，個人に選択の自由を与えることである」

1. Given freedom of choice, people will always make the right decisions.
2.) Freedom of choice is the best way to improve welfare.
3. Freedom of choice is a moral good.
4. Freedom of choice is a moral evil.

Lesson3-(1)

C段落

①The importance of choice also casts light on the emphasis that developed societies place on increasing the material wealth of their citizens. ②It is roughly true that the wealthier people are, the freer they are to live the kind of life they want and to make the choices they want. ③GDP per head is a decent indicator of the amount of freedom enjoyed by individuals in a society. ④It is an admittedly imperfect measure: civil rights don't require wealth, and wealth don't buy freedom of speech or assembly. ⑤But even with civil rights, if you have to struggle to exhaustion every day just to meet your basic needs, freedom of speech or assembly becomes the kind of luxury you rarely get to enjoy.

①選択の重要性はまた，先進国が市民の物質的な豊かさを高めることに重きを置くという点にも光を投げかけることになる。②人は豊かであればあるほど，その分自由に自分の望む暮らしを送れるし，望むような選択を行なうことができるというのは概ね真実である。③1人当たりのGDPは，ある社会で個人がどの程度自由を享受しているかを示すまともな指標となる。④もちろんそれが完璧な指標というわけではない。公民権に金は必要ないし，金で言論や集会の自由を買うことなどできない。⑤しかし，公民権があっても，必要最低限なものを手にするためだけに毎日疲れ果てるまで悪戦苦闘しなければならないとしたら，言論の自由も集会の自由も，めったに享受することができないような贅沢品と化してしまう。

✓ Word Check

- □ cast light on ～「～に光を当てる」
- □ be free to do「自由に～できる」
- □ decent「ちゃんとした」
- □ enjoy「享受する」
- □ assembly「集会」
- □ meet「(必要など)満たす，応える」
- □ get to do「～するようになる，～する機会を手にする」
- □ emphasis「強調，重点」
- □ per head「1人当たり」
- □ indicator「指標，示すもの」
- □ measure「測定，措置」
- □ exhaustion「使い果たすこと，疲弊」
- □ luxury「ぜいたく(品)」

タテの流れ

① 選択の重要性→物質的な豊かさに重き。
② 豊かになればなるほど，自分の望む選択が可能。［①の 言い換え ］
③ GDP＝自由の指標［②の 言い換え ］
④ GDPは不完全ではある。［ 譲歩 ］
⑤ 困窮したら自由は享受できないものとなる。［ 逆接 → 主張 ］

> **Point >** [C] 段落は [A] [B] 段落の「選択の自由を与えるのが，結果的に市民の幸福につながる」という主張に対して，「それには物質的豊かさも大切」というさらなる新情報を述べている段落。
>
> also, furthermore, moreover, in addition, besides, on top of thatなど「また，さらに，加えて」などの目印がある場合には，**同じベクトル方向にさらなる新情報の追加**を予感する。

ヨコ 8 …the emphasis that developed societies place on…

that は関係代名詞で先行詞 the emphasis が place の目的語として機能している。→ place［put］emphasis on ～「～に重きを置く，重視する」

☞ ヨコ Point 26
（別冊 p.95）

Lesson3-(1)

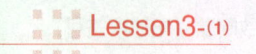

ヨコ 9 the wealthier …, the freer they are to live the kind of …

■ **the 比較級 , the 比較級構文**「～すればするほど…」

☞ ヨコ Point 27
（別冊 p.96）

= As people are wealthier, they are freer to live the kind of …

■ choices と they の間には関係代名詞 that（また which）が省略。**the kind of X ＋関係代名詞節**→「…の（類の，ような）X」

ヨコ 10 It is an admittedly imperfect measure:

admittedly は**「認められていることだが，明らかに」**の意味の副詞。本文のように**譲歩の文脈**で用いられることも多い。

　例 Admittedly, it is difficult to get the job done, but it's not impossible.
　「確かに，その仕事を終えるのは困難ではあるが，不可能ではない」

設問(3)解説

要約問題。**譲歩に惑わされず**，繰り返され，具体化されている作者のイイタイコトをつかむ。
　→「選択の自由を享受するためには，物質的豊かさが必要」

① In order to enjoy civil rights, you first need a basic minimum of wealth.
2. Few poor countries have civil rights.
3. Civil rights are something that cannot be bought.
4. In order to enjoy civil rights, you have to work very hard.

問題3 解答

(1) 1　　(2) 2　　(3) 1

内容一致問題（記述解答可）

問題3全文訳

[A] 民主主義社会における公的政策の中心となる目的が，その社会の市民の幸福を向上させることであるべきだとあなたが考えているとしよう。たとえ資源が豊富にあるとしても，これは難しい課題である。なぜなら，「幸福」とは本質的に何であるかを定義するのは困難だからである。必要最低限なものは別として，人が人生に何を望むかは実に様々である。これは物質的な商品のみならず，人々が仕事や医療や教育の機会に何を望んでいるかに関して，さらには他のどんなことに関しても当てはまる。したがって，公的資金を何であれ特定のかたちで用いれば，それに満足する人もいるし，一方で不満に思う人もいる可能性が高いのである。

[B] この問題を解決する方法は，幅広い機会を提供し，何であれ人々に個人の幸福を高めるものを自分で選択させることである。個人はそれぞれ自分の幸福を判断する最良の立場にあるのだから，決定は個人の手に委ねることがこれ以上改善できない社会福祉問題を解決する方法なのだ。幸福を高めるためには，人は選択の自由を増やさなければならない。それは，選択肢が増えることそれ自体が必然的に良いことであるからではなく，それによって個人が自分の利益となるものを見出す機会が増えるからである。

（中略）

[C] 選択の重要性はまた，先進国が市民の物質的な豊かさを高めることに重きを置くという点にも光を投げかけることになる。人は豊かであればあるほど，その分自由に自分の望む暮らしを送れるし，望むような選択を行なうことができるというのは概ね真実である。（したがって）1人当たりのGDPは，ある社会で個人がどの程度自由を享受しているかを示すまともな指標となる。もちろんそれが完璧な指標というわけではない。公民権に金は必要ないし，金で言論や集会の自由を買うことなどできない。しかし，公民権があっても，必要最低限なものを手にするためだけに毎日疲れ果てるまで悪戦苦闘しなければならないとしたら，言論の自由も集会の自由も，めったに享受することができないような贅沢品と化してしまう。

Lesson3-(2)
内容一致問題（記述解答不可）

選択肢と本文の不一致を見破る

問題1 解説
（別冊p.24参照）

A段落

TRACK 19

①What makes a good doctor? ②Physicians like to think of themselves as members of a profession. ③But definitions of profession and professionalism change. ④A century ago, a doctor was considered to be part of a social elite. ⑤He – and medicine was then very much a masculine endeavor – had a unique mastery of a special body of knowledge.

①よい医者とはどういった医者だろうか？ ②医者は，自分たちを専門職に従事する者だと考えたがる。 ③しかし，専門職や専門職が持つ性質の定義は変化する。 ④1世紀前には，医者は社会のエリート集団の一部であると考えられていた。 ⑤医学は当時は非常に男性的な活動であり，医者は特別な一連の知識を類まれなかたちで習得していた。

✓ Word Check

- physician「医者，内科医」
- definition「定義」
- masculine「男性の，男性的な」
- a body of ～「一連の，大量の」
- think of A as B「AをBとみなす」
- medicine「医学，薬」
- endeavor「試み，活動」

112

内容一致問題（記述解答不可）

タテの流れ

① よい医者とは？
② 医者＝専門職に従事する者
③ 専門職という性質の定義は変化する。
④ 一世紀前：医者＝社会のエリート，男性，特別な知識の習得［③の
⑤ 具体化］

> **Point** 「変化」とあるときは，"何から何へ変化したのか？"そして，"その変化の原因は何か？"を追い求めながら読解する。

ヨコ 1 Physicians like to think of themselves as members …

think of A as B は「AをBとみなす」の意味で，＝ regard A as B ＝ look on A as B。

B段落

①Doctors are no longer masters of their own knowledge. ②For a start, in many Western countries <u>the number of women at medical schools now exceeds that of men</u>. ③The public is also far more educated than it was a century ago. ④Patients have access to the same information as doctors. ⑤They may know more than most doctors about their own condition. ⑥Meanwhile, doctors increasingly work in teams. ⑦Their responsibilities are shared with many other professionals – nurses, therapists, and pharmacists, for instance. ⑧The medical hierarchy might still favor the doctor. ⑨And it is true that the doctor still takes final responsibility for a patient's care. ⑩But <u>the notions of absolute mastery and control no longer hold</u>.

Lesson3-(2)

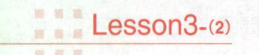

　　①医者はもはや自分の知識を独占的に支配できる存在ではない。②まず第一に，多くの西洋諸国で，医学部の女性の数は，今や男性の数を越えている。③一般大衆にしても，1世紀前よりもはるかに高い教養を身につけている。④患者は，医者と同じ情報を手にすることができる。⑤患者のほうが，ほとんどの医者よりも自分の状態についてわかっているかもしれない。⑥一方，医者はますますチームで作業するようになっている。⑦彼らの責任は他の多くの専門職の人——例えば，看護師，療法士，薬剤師など——と共有される。⑧医学界の序列では，依然として，医者が有利な立場にあるかもしれない。⑨そして確かに，医者は依然として，患者のケアの最終的な責任を負っている。⑩しかし，医者が絶対的な支配者であり管理者であるという考えは，もはや通用しない。

✓ Word Check

- □ no longer「もはや〜ない」
- □ for a start「まず第一に」
- □ exceed「超える，しのぐ」
- □ educated「教育を受けた，教養ある」
- □ have access to 〜「〜を利用できる，入手できる」
- □ meanwhile「一方では」
- □ therapist「療法士」
- □ hierarchy「ヒエラルキー，階層，序列」
- □ favor「好意を抱く，有利に働く」
- □ notion「概念」
- □ absolute「絶対的な」

タテの流れ

① 現在：医者＝自らの知識を独占的に支配する存在ではない。
② 女性の医者の増加
③ 大衆の高い教養
④ 患者が医者と同様の情報を入手。
⑤ 患者のほうが自分の状態がわかる。
⑥ チームで仕事をする医者
⑦ 責任の共有　　　　　　　　　　［②〜⑦が①の 具体化 ］
⑧ 医者＝いまなお医学会の序列では上位で，最終的責任を負う。
⑨ ［ 譲歩 ］
⑩ 医者＝絶対的存在ではない。［ 逆接 → 主張 ］

内容一致問題（記述解答不可）

ヨコ 2 the number of women at …exceeds that of men.

この that は＝ the number。

that は形容詞句（節）の修飾を受けて，**the ＋名詞**の代わりに用いることが可能。

例 We can see a wide variety of plants and animals in this area. Its biodiversity is equal to **that** found in a tropical rainforest.「この地域には多種多様な動植物がいる。その生物の多様性は熱帯雨林に見られる多様性に匹敵する」この that は＝ the diversity で過去分詞 found 以下が形容詞句として that を修飾している。

ヨコ 3 the notions of …no longer hold

この hold は**「持続する，通用する，当てはまる」**の意味の自動詞。「…の概念はもはや通用しない」

設問解説

Which of the following is Not being given in paragraph [B] as a reason for asserting that "doctors are no longer masters of their own knowledge"?

1. Many of them are women.
「医者の多くは女性」→②から類推可能。

2. They are not the only professionals involved in medical cases.
「医者は医療に従事する唯一の専門職ではない」→⑥⑦で言及。

③. The amount of medical knowledge has grown too great.
「医学的な知識量があまりにも膨らんできた」→言及なし。

4. Patients rival them in understanding medical issues.
「医学上の問題を理解するうえで，患者は医者と匹敵する」→④⑤で言及。

Lesson3-(2)

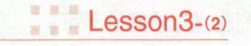

> **アプローチ補足**
>
> この設問は「医者がもはや自らの知識を独占的に支配する存在ではないとする主張の理由として挙げられていないものは？」という問い。
>
> これは**記述での解答が不可能なので，選択肢をひとつずつ吟味**していくことになるが，選択肢4つのうち1つが理由として挙げられていないということは，逆に言えば**最低3つは**理由として**本文に挙げられているということ**なので，事前にこのような**列挙問題**があることを意識しながら英文を読み，書き込みなどのチェックをして整理しながら読むと効率的である。

問題1 解答

3

問題1全文訳

［A］　よい医者とはどういった医者だろうか？医者は，自分たちを専門職に従事する者だと考えたがる。しかし，専門職や専門職が持つ性質の定義は変化する。1世紀前には，医者は社会のエリート集団の一部であると考えられていた。医学は当時は非常に男性的な活動であり，医者は特別な一連の知識を類まれなかたちで習得していた。

（中略）

［B］　医者はもはや自分の知識を独占的に支配できる存在ではない。まず第一に，多くの西洋諸国で，医学部の女性の数は，今や男性の数を越えている。一般大衆にしても，1世紀前よりもはるかに高い教養を身につけている。患者は，医者と同じ情報を手にすることができる。患者のほうが，ほとんどの医者よりも自分の状態についてわかっているかもしれない。一方，医者はますますチームで作業するようになっている。彼らの責任は他の多くの専門職の人——例えば，看護師，療法士，薬剤師など——と共有される。医学界の序列では，依然として，医者が有利な立場にあるかもしれない。そして確かに，医者は依然と

して，患者のケアの最終的な責任を負っている。しかし，医者が絶対的な支配者であり管理者であるという考えは，もはや通用しない。

Lesson3-(2)

問題2 解説
(別冊p.25参照)

第1段落

TRACK 20

①Everyone knows someone <u>who can walk into a room full of people and, within minutes, give</u> an accurate description about the relationships between those people and what they are feeling. ②The ability to <u>read a person's attitudes and thoughts by their behavior</u> was the original communication system used by humans before spoken language evolved.

> ①人がたくさんいる部屋に入ったとたんに，その場の人々の人間関係や彼らの感情を正確に言い当てることができる人を誰もが知っている。②人の考え方や思考をその振る舞いから読み取る能力は，話し言葉が発達する以前から人間が用いた原初来のコミュニケーション手段であった。

☑ Word Check

- □ description「描写，説明」
- □ behavior「行動，振る舞い」
- □ evolve「進化する」

タテの流れ

① 部屋に入るや，その場にいる人々の人間関係や感情がわかる人がいる。　　　　　　　　　　　　　　　　　　[具体]
② 行動から人の考えを読み取る能力＝話し言葉以前のコミュニケーション。　　　　　　　　　　　　　　　　　　　[抽象]

内容一致問題（記述解答不可）

ヨコ1 who can walk into …and, within minutes, give …

副詞(M)の存在に惑わされず，and が何を並べているかをとらえる。

who can walk into … and , (within minutes), give an accurate …
　S　　　V₁　　　　　　　　　　M　　　V₂

within minutes は「数分で，たちまち」の意味の副詞句で give 以下を修飾。

☞ ヨコ Point 1
（別冊 p.67）

ヨコ2 read a person's attitudes and thoughts by their behavior…

この by は "判断の材料・基準" を表す。

例 A man is known by the company he keeps.
「付き合う友人を見れば，その人の人柄がわかる」

設問(1)解説

正しいものを選ぶ問題。

1. Radio had few advantages for good speakers
2. Print media had many advantages for good speakers
3. Humans use nonverbal communication primarily to convey facts
4. Humans used nonverbal communication before verbal language

4 がこの段落の②の内容に一致する。

アプローチ補足

設問(1)の1～3の選択肢にあるように，本文に **A = X / B = Y** とあるのを選択肢では **A = Y / B = X** と混同させているのは，よくある間違いの選択肢。

Lesson3-(2)

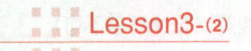

第2段落

①Before radio was invented, most communication was done in writing through books, letters and newspapers, which meant that ugly politicians and poor speakers, such as Abraham Lincoln, could be successful if they persisted long enough and wrote good print copy. ②The radio era gave openings to people who had a good command of the spoken word, like Winston Churchill, who spoke wonderfully but may have struggled to achieve as much in today's more visual era.

①ラジオが発明される以前，大部分のコミュニケーションは書物，手紙，新聞を通じて，書くというかたちで行われていた。これが意味するのは，アブラハム・リンカーンのような，不機嫌な政治家や話し下手な人でも，時間をかけて優れた原稿を書けば，成功を収めることができるということであった。②ラジオの時代は，ウィンストン・チャーチルのような話し言葉を巧みに操ることのできる人に扉を開いた。彼は実に話し上手ではあったが，より視覚に訴える今日のような時代では，同じだけのことを成し遂げるのに苦労したことであろう。

✓ Word Check
- ugly「醜い」
- persist「固執する，持続する」
- have a command of ～「～を自由に使いこなす」
- visual「視覚的な」
- era「時代」

テの流れ

① **ラジオの発明以前** →書くことが主たるコミュニケーション手段。
　　　　　　　　　　→話し下手でも政治家として成功。
　　　　　　　　　　（例：リンカーン）
② **ラジオの発明**　　→話し言葉を使える人に扉を開く。
　　　　　　　　　　→話し上手であれば政治家として成功。巧みに使えれば成功。（例：チャーチル）

内容一致問題（記述解答不可）

ヨコ 3 ,which meant that …

この which は関係代名詞で前文の内容全体を指している。「**そして，このことは…を意味した**」となる。

ヨコ 4 but may have struggled to achieve as much in today's more visual era.

as は副詞で「**同じくらい**」の意味。ここは visual era の後に **as he(= Winston Churchill) did in the radio era** が省略（☞ ヨコ Point 27 別冊 p.96）されている。→「今日のより視覚に訴える時代であれば，（**実際彼がラジオの時代に成し遂げたのと**）同じくらい多くのことを成し遂げるのに苦労したかもしれない」。

要するに，"テレビの時代だったら彼が成し遂げた政治の功績はもっと少なかっただろう"ということ。

第3段落

TRACK 21

Today's politicians understand that <u>politics is about image and appearance</u>, and most high-profile politicians now have personal body language consultants to <u>help them come across as being sincere</u>, caring and honest, especially when they're not.

> 今日の政治家は，政治がイメージや外見と関わりあるものだということを理解しており，非常に知名度のある多くの政治家は，いまや個人的にボディ・ランゲージ専門のコンサルタントを雇い，とりわけ実際にはそうでない場合には，自分が誠実で，思いやりがあって，正直に見えるように助けてもらっている。

☑ Word Check
- □ appearance「外見，出現」
- □ high-profile「際立った，注目を浴びた」
- □ caring「面倒見のよい」

Lesson3-(2)

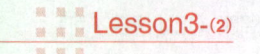

タテの流れ

好印象を与えるために，イメージや外見を取り繕う政治家。
（前段落最後のin today's more visual eraの具体化）

ヨコ 5　politics is about image and appearance

S be about O で「SはOに関するものである，SはOに関与している」の意味。

ヨコ 6　help them come across as being sincere…

■ help O (to) do 〜「Oが〜するのを助ける，Oが〜するのに役立つ」
■ come across は「①偶然出くわす　②印象を与える」の意味。ここは②。
　例 He first came across to me as being selfish.
　　「私にははじめ彼が我儘に思えた」

設問(2)解説

1. Abraham Lincoln was a great speaker
2. Winston Churchill was a good-looking man
③ Politicians can influence their voters through nonverbal communication
4. Historically, politicians have always been careful about their image and appearance

3がこの段落の内容から類推可能。
1,2(第2段落に該当)は**"混同"**の選択肢。
4(この段落に該当)は Historically, always が本文と不一致。

> **💬 アプローチ補足**
>
> 設問(2)の選択肢4のように，本文と**"時間軸が不一致"**の選択肢に注意する。

設問(5)解説

1. Politicians today aspire to be like Abraham Lincoln and Winston Churchill
2. Politicians today do not have to pay attention to nonverbal communication
3. Politicians today are more sincere than politicians in the past
4. Politicians today must pay attention to their looks and way of speaking

4がこの段落の内容から類推可能。

1. aspire to be like…の部分が不適切。
2. do not have と否定になっているのが本文と不一致。
3. このような比較は本文にない。

> **💬 アプローチ補足**
>
> 設問(5)の選択肢3のように選択肢内に**"比較"**の記述がある場合には，それと同じ比較が本文でなされているかをしっかりと確認する。

Lesson3-(2)

第4段落

①It seems almost incredible that, over the thousands of years of our evolution, body language has been actively studied on any scale only since the 1960s and that most of the public has become aware of its existence only since our book *Body Language* was published in 1978. ②Yet most people believe that speech is still our main form of communication. ③Speech has been part of our communication *repertoire only in recent times in evolutionary terms, and is mainly used to convey facts and data. ④Speech probably first developed between 2,000,000 and 500,000 years ago, during which time our brain tripled its size. ⑤Before then, body language and sounds made in the throat were the main forms of conveying emotions and feelings, and that is still the case today. ⑥But because we focus on the words people speak, most of us are largely uninformed about body language, let alone its importance in our lives.

①数千年に及ぶ人類の進化を通じて，ボディ・ランゲージが規模はともかく熱心に研究されるようになったのは1960年代になってからのことであり，大衆の多くがその存在に気付いたのも『ボディ・ランゲージ』という拙著が1978年に出版されて以降のことである，というのはほとんど信じがたいことのように思われる。②だが，大部分の人々は今なお話し言葉が主要なコミュニケーション形態だと考えている。③進化の観点から見れば，話し言葉が我々のコミュニケーションのレパートリーに加わったのはごく最近にすぎず，それは主として事実やデータを伝えるために利用されている。④話し言葉は，人間の脳の大きさが3倍になった200万年から50万年前におそらくはじめて発達したのだろう。⑤それ以前には，ボディ・ランゲージと喉で作られる音声とが情緒や感情を伝える主な手段であり，それは今日もなおそうである。⑥しかし，話し言葉に集中するあまり，我々の多くがボディ・ランゲージの暮らしにおける重要性はもちろんのこと，ボディ・ランゲージについてもほぼ無知である。

内容一致問題（記述解答不可）

✓ Word Check
- incredible「信じられない」
- existence「存在」
- repertoire「レパートリー」
- in ~ terms「~の言葉で, ~の観点からすると, ~によって」
- convey「伝える」
- largely「主として」
- let alone ~「~は言うまでもなく」
- on ~ scale「~の規模で」
- publish「出版する, 公表する」
- triple「3倍にする[になる]」
- uninformed「知らない」

タテの流れ

① 最近になって, ボディ・ランゲージが研究, 注目されるようになった。
② 話し言葉が主要なコミュニケーション手段と考える人々。[逆接]
③ 話し言葉は進化の観点から見れば, 最近のもの。
④ [③を数字で 具体化]
⑤ 話し言葉が発達する以前は, ボディ・ランゲージが主要なコミュニケーション手段。
⑥ ボディ・ランゲージに無知な人々。[逆接]

ヨコ 7 It seems almost incredible that, over … evolution, body language has been … and that most of the public has become…

■ It は仮主語で and で並べられた 2 つの that 以下を指す。

☞ ヨコ Point 17
（別冊 p.90）

■ over … evolution は副詞句で, 後続の body language has been …を修飾。

☞ ヨコ Point 9
（別冊 p.80）

ヨコ 8 Yet most people believe that speech is …

文頭 yet は「だが, しかし」の意味。

• 125

Lesson3-(2)

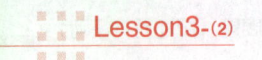

ヨコ9 …, during which time our brain tripled its size

　この which は**関係形容詞**（☞ ヨコ Point 28 別冊 p.99）で between 2,000,000 and 500,000 year ago を指している。→「その間，脳は容積を3倍にした」

ヨコ10 that is still the case today.

■ この that は直前の内容を際して**「その(この)こと」**の意味。
■ the case は**「実情・事実」**の意味。
　例 He cut a class yesterday, as is often the case with him.
　　「彼に関してはしばしば実情だが（彼にはよくあることだが），彼は昨日授業をサボった」

ヨコ11 …, <u>let alone</u> its importance in our lives.

　let alone ～は**否定文**（または否定的な文脈）に続けて**「～は言うまでもなく」**の意味。

設問(3)解説

　Why do the authors think that it is "almost incredible that, over the thousands of years of our evolution, body language has been actively studied on any scale only since the 1960s"?
　「なぜ…. は信じられないと考えているか」という問いなので，これは**記述で解答が可能。**→「ボディ・ランゲージこそが人間の原初来の主要なコミュニケーション手段だから」

1. Because ancient philosophers used to study nonverbal communication
2. Because body language is such an important form of communication ←○
3. Because speech is still viewed as our main form of communication

4. Because body language plays only a minor role in our communication

設問(4)解説

According to the authors, why are most people not very knowledgeable about nonverbal communication?

「なぜ人々は非言語のコミュニケーションに関して無知か」という問いなので，これは**記述で解答が可能**。→「話し言葉に集中しているから」

1. Because nonverbal communication is not as powerful as verbal communication
2.) Because most people focus on the words spoken, not the speaker
3. Because humans did not start using nonverbal communication until very recently
4. Because human brains are not sufficiently developed to understand nonverbal communication

設問(6)解説

1.) Although humans today still convey most of their emotions through nonverbal communication, they are not good at reading nonverbal communication

→第4段落⑤⑥の内容が1と一致。

2. Humans today have stopped expressing their emotions through nonverbal communication

→ stopped expressing their emotions は不適切。(**肯定 / 否定のズレ**)

3. Most people today are aware that nonverbal communication is more important than verbal communication

→ are aware / more important が不適切。

(**肯定 / 否定のズレ，比較の不一致**)

Lesson3-(2)

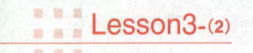

4. Most people today have become experts at reading nonverbal communication due to the influence of television

→ have become experts が不適切。(**否定 / 肯定のズレ**)

ちなみに，due to the influence of television「テレビの影響のために」と**因果関係**を示す語があるが，この部分も言及はない。

問題2 解答

(1) 4　　(2) 3　　(3) 2　　(4) 2　　(5) 4　　(6) 1

問題2全文訳

　人がたくさんいる部屋に入った直後に，その場の人々の人間関係や彼らの感情を正確に言い当てることができる人を誰もが知っている。人の考え方や思考をその振る舞いから読み取る能力は，話し言葉が発達する以前から人間が用いた原初来のコミュニケーション手段であった。

　ラジオが発明される以前，大部分のコミュニケーションは書物，手紙，新聞を通じて，書くというかたちで行われていた。これが意味するのは，アブラハム・リンカーンのような，不機嫌な政治家や話し下手な人でも，時間をかけて優れた原稿を書けば，成功を収めることができるということであった。ラジオの時代は，ウィンストン・チャーチルのような話し言葉を巧みに操ることのできる人に扉を開いた。彼は実に話し上手ではあったが，より視覚に訴える今日のような時代では，同じだけのことを成し遂げるのに苦労したことであろう。

　今日の政治家は，政治がイメージや外見と関わりあるものだということを理解しており，非常に知名度のある多くの政治家は，いまや個人的にボディ・ランゲージ専門のコンサルタントを雇い，とりわけ実際にはそうでない場合には，自分が誠実で，思いやりがあって，正直に見えるように助けてもらっている。

　数千年に及ぶ人類の進化を通じて，ボディ・ランゲージが規模はともかく熱心に研究されるようになったのは1960年代になってようやくのことであり，

大衆の多くがその存在に気付いたのも『ボディ・ランゲージ』という拙著が1978年に出版されて以降ようやくのことである，というのはほとんど信じがたいことのように思われる。だが，大部分の人々は今なお話し言葉が主要なコミュニケーション形態だと考えている。進化の歴史で見れば，話し言葉が我々のコミュニケーションのレパートリーに加わったのはごく最近にすぎず，それは主として事実やデータを伝えるために利用されている。話し言葉は，人間の脳の大きさが3倍になった200万年から50万年前におそらくはじめて発達したことだろう。それ以前には，ボディ・ランゲージと喉で作られる音声とが情緒や感情を伝える主な手段であり，それは今日もなおそうである。だが，話し言葉に集中するあまり，我々の多くがボディ・ランゲージの暮らしにおける重要性はもちろんのこと，ボディ・ランゲージについてもほぼ無知である。

Lesson 4

L1〜3の総合問題

問題 解説
(別冊p.29参照)

第1段落　TRACK 22

①Nearly 2500 years ago, Sophocles urged his fellow citizens, "Do nothing secretly; for Time sees and hears all things, and reveals all." ②[1] ③For secrecy is just as much a part of our lives as it was in ancient Athens.

①およそ2500年前，ソフォクレスは「何事も秘密裏に行うな。時が経てばすべては衆目にさらされ，すべてが露呈されるのだから」と同胞の市民に教えを説いた。②[1]。③というのも，秘匿は古代アテネとまさに同じくらい我々の生活の一部となっているからである。

☑ Word Check
- □ nearly「ほとんど」
- □ citizen「市民」
- □ fellow「仲間(の)，同胞(の)」
- □ secrecy「秘密にすること，秘匿」

タテの流れ
① 「何事も秘密裏に行うな」というソフォクレスの引用［話題の 導入 ］
② [1]
③ 秘匿が我々の暮らしの一部となっている［②の主張の 根拠 ］

> **Point** 発言の引用は，作者が自らの主張の後で，それをサポートするために用いられることが多いが，本文のように作者の主張の前に引用がなされた場合には，話題の導入であることが多く，**その引用に対して作者がどう考えているか**（例えば賛成か反対か，または中立か？など）**を追い求めながら読むように心がける**。本文ではソフォクレスの言葉に対して，作者はそれが実践されていない現代を認識しつつも，最終的には賛成の立場（最終段落で明言）をとっていることがわかる。

ヨコ 1　For secrecy is just as much a part of our lives as it was …

- この for は**「前文の主張の根拠」**を表す接続詞で**「というのは～だから」**の意味。
- is just as … の as は元来「同じくらい」の意味の副詞（☞ ヨコ Point ⑩ ㉗ 別冊 p.80, 96）なので as ～ as … の～部分には名詞はこない。～部分に名詞をおく場合には，本文のようにその前に much (of) を補う必要がある。

  例 What we wore was as much (of) a uniform as what they did.
  「我々の着ているものは，彼らの着ているものと同じくらい一種制服のようなもの[型にはまったもの]だった」

設問(1)解説

空所に後続する For…**「というのは…だから」**をヒントにして，[1]には「しかし，ソフォクレスのこの言葉は現代では実践されていない」といった**記述の解答**が思い浮かぶ。

1. Today, his wisdom has been fully understood.
2. His words seem today to have been in vain.
3. Modern societies have clearly followed Sophocles' advice.

Lesson4

第2段落

①Why do most humans want to conceal information from certain other individuals or groups? ②At root, such behavior might be genetic – that is, inherited from long ago. ③[2], animals hide the location of their dens or nests from enemies. ④Dogs, for example, bury bones to keep them safe, and try to remember their locations later.

①なぜ人間は，ある特定の他の個人や集団に情報を隠したがるのだろうか。②元来，そのような行為は遺伝的なもの，つまりずっと前から受け継がれたものなのかもしれない。③[2]，動物は敵に巣穴や巣の場所を見つからないようにする。④例えば犬は，無事にとっておけるように骨を埋めて，後からその場所を思い出すよう努める。

✓ Word Check

- conceal「隠す」
- behavior「行動，振る舞い」
- that is,「つまり，すなわち」
- location「場所，立地」
- nest「巣」
- at root「根本的に」
- genetic「遺伝の」
- inherit「受け継ぐ」
- den「巣穴」
- bury「埋める」

タテの流れ

① 人はなぜ情報を隠すのか。[第1段落③に対する 問題提起]
② 遺伝によるもの（①の問いに対するひとつの答え）
③ [②の 具体化]
④ [③の 具体例]

ヨコ 2　that is, inherited from long ago.

that is, は「**つまり，すなわち**」の意味で，前出の内容をより**具体的に(または，より明確に)言い換える**際に用いる。

設問(2)解説

② 「情報を隠す（＝秘密をつくる）のは遺伝的なもの」という**抽象的な表現を**③でさらに**具体化**しているのを読み取る。つまり[2]にどういった語句を入れれば③が全体として"遺伝的"といえる内容になるかを考えれば「元来，そもそも」といった**記述の解答**が可能。

なお選択肢の中で，3.Although だけは「〜にもかかわらず」の意味の従位接続詞なので文法的に不適。

①. After all　　2. Afterwards　　3. Although　　4. Altogether

第3段落

①However, most explanations of secrecy [3] its social origins. ②One such explanation arises from people's wish to conceal aspects of themselves from others due to shame or from fear. ③<u>This is usually referred to as the desire</u> for privacy. ④Individuals may not <u>wish for details about their religion, sexual preferences, political views, family history or personal activities to be revealed</u>. ⑤People desire privacy because disclosure might <u>result in violence, unemployment, or loss of acceptance</u>. ⑥Families can also maintain "family secrets", [4] family members refrain from discussing unpleasant problems.

①しかしながら，秘匿を説明する理論のほとんどは，その社会的起源に重きを置いている。②そのような理論のひとつは，恥や恐怖心によって自分の様々な側面を他人に隠しておきたいという人々の願いから生まれている。③これは一般にプライバシーに対する欲求と呼ばれている。④個人は自分の宗教，性的嗜好，政治的見解，家族の歴史，私的な活動が露呈されるのを望まないかもしれない。⑤人々がプライバシーを欲するのは，露呈されることで，それが暴力，解雇，信頼感の喪失といったものにつながる可能性があるからである。⑥家族の人間が不快な問題に触れたがらない [4]，家族もまた「家族の秘密」を持っている可能性がある。

Lesson4

✓ Word Check
- □ due to ～「～のため（原因・理由）」
- □ refer to A as B「AをBと呼ぶ」
- □ detail「詳細」
- □ preference「選好」
- □ disclosure「（情報の）開示」
- □ result in ～「（結果）～につながる，～を引き起こす」
- □ violence「暴力」
- □ unemployment「失業，解雇」
- □ maintain「維持する」
- □ unpleasant「不快な」

タテの流れ

① 秘匿を説明する理論の多く＝社会的起源（第2段落①の問いに対する別の答え）
② 恥と恐怖心から人は秘密をつくる。[①の"社会的"を 具体化]
③ ②＝一般にプライバシーに対する欲求と呼ばれる[②の 言い換え]
④
⑤ [②を 具体化]
⑥

ヨコ 3 This is usually referred to as the desire …

refer to A as B で「**AをBと呼ぶ**」の意味で，ここはこれが**受身**で用いられた形。

ヨコ 4 wish for details about their religion …. to be revealed

wish for O to do…で「**Oが…することを望む**」の意味で，for を用いずに wish O to do…としても同じ意味。

ヨコ 5 result in … loss of acceptance

■ result in ～は「**（結果）～に通じる，～を引き起こす**」の意味で因果関係を表すイディオム。result from ～となると「**～から生じる**」の意味で因果関係が逆になるで注意する。

■ loss of acceptance は「受容の損失」が直訳だが，acceptance が動詞 accept の名詞形であることを踏まえ，**「(周囲から)受け入れられることを失ってしまう」** つまり，**「信頼を失う」** といった意味。　☞ ヨコ **Point 3 4**
(別冊 p.72, 73)

設問(3)解説

However, most explanations of secrecy [3] its social origins.
「しかしながら，秘密を説明する理論の大部分は，その社会的起源[3]」

前段落で「遺伝的理由」に言及した後，この段落ではそれとは異なる「社会的な理由」に言及していることが後の内容からわかる。したがって[3]は「社会的起源に**目を向けている**」といった**記述の解答**を思い浮かべることが可能。

なお，選択肢内の derive は「引き出す(他)，引き出される(自)」，emphasize は「強調する(他)」の意味。derive を自動詞で用いる場合は derive **from** 〜 で「〜から引き出される，由来する」となる。emphasize は他動詞なので 4 の emphasize on は不適切。

1. derive　　2. derive on　　③ emphasize　　4. emphasize on

設問(4)解説

1. however　　2. whatever　　3. whenever　　4. whoever

選択肢に機能が違うものが並んでいるので，ここは文法問題の可能性が高く，**選択肢からアプローチ**する。選択肢の中で 1.however と 3.whenever は後に完全文(名詞が欠けていない文)が続く。2. whatever と 4.whoever は後に不完全文(名詞が欠けた文)が続く。　☞ ヨコ **Point 19**
(別冊 p.91)

Families can also maintain "family secrets", [4] family members refrain from discussing unpleasant problems.

問題文では後に完全文が続くので選択肢 1,3 に絞った上で，あとは文意から吟味する。→ ③ whenever

Lesson 4

第4段落

①<u>Even though it is difficult to define them clearly</u>, secrecy and privacy should not be confused. ②For example, <u>depending on who you are and where you live, you might</u> have very different ideas about [5] privacy a person has a right to expect. ③What might be considered reasonable protection of privacy in one situation might be considered very secretive behavior in another. ④<u>Nor can we rely on technology to clarify</u> the distinction between secrecy and privacy. ⑤Technology plays little part in either area. ⑥In fact, [6] its relationship with secrecy and privacy.

①両者を明確に定義するのは難しいが、秘匿とプライバシーを混同してはならない。②例えば、人が[5]プライバシーを持つことを期待する権利があるかについては、あなたの素性や住む場所によって考えは実に様々だろう。③ある状況では当然のプライバシー保護と見なされる行為が、別の状況ではとても秘密めいた行為とみなされてしまうかもしれない。④また、我々はテクノロジーが秘密とプライバシーの違いを明らかにしてくれることを当てにもできない。⑤どちらの領域においても、テクノロジーが担う役割などほとんどないからである。⑥実際、それが持つ秘密やプライバシーとの関係[6]。

✓ Word Check
- confuse「混同[混乱]させる」
- depending on ~「~次第で、~に応じて」
- rely on ~「~に依存する」
- clarify「明確にする」
- play (a) part「役割を果たす」

テの流れ

① 秘匿とプライバシーの明確な定義は困難だが、両者を混同してはならない。
② プライバシーに対する考えは人により様々。[①の"定義の困難"の 具体例]

③ ある状況でのプライバシー保護が秘匿行為とみなされることがある。［①の"定義の困難"の 具体化 ］
④ 両者を区別するのにテクノロジーを当てにもできない。［①の"定義の困難"の 具体化 ］
⑤ ［④の 裏づけ ・ 補足 ］

ヨコ 6 Even though it is difficult to define them clearly, …

■ even though は「(たとえ)〜であるにせよ，(確かに)〜だけれども」の **意味の逆説・譲歩** を表す。この表現は even if と混同しないように気をつける。
例 Even though he is poor, I love him.
「彼が貧しくとも(確かに彼は貧しいが)，私は彼を愛している」
　　　　　　　　　　　　　　　　　　　　　　　　"彼が貧しい"のは確定。
Even if he is poor, I love him.
「彼が貧しくとも(仮に彼が貧しかったとしても)，私は彼を愛している」
　　　　　　　　　　　　　　　　　　　　　　　　"彼が貧しい"のは仮定。

■ them は後に続く主節内の secrecy and privacy を指す。
M［副詞(句・節)］SV において，M の中で用いられる代名詞が **後に続く主節内の一要素(または主節全体)を指す** ことがあるので注意する。
例 Whether you like it or not, you must come here alone.
「好もうが好むまいが，君は一人でここに来なくてはならない」
この it が指すのは後続の主節の内容全体。

ヨコ 7 depending on who you are and where you live, you might …

■ depending on 〜は「〜次第で，〜に応じて」の意味。
■ who you are は「あなたは誰か」という意味以外に「**あなた自身，あなたの素性(性格)，今のあなた**」といった意味があり，後者の意味では what you are に同じ。

Lesson4

ヨコ 8 Nor can we rely on technology to clarify…

■ nor は not + or で「**また～ない**」の意味。これが文頭にあって動詞を否定する場合には Nor V' S という**倒置**が起こる。　☞ ヨコ **Point ❷**
（別冊 p.70）

> 例 I am not rich, nor do I wish to be.
> 「私は金持ちではないし，また金持ちになりたいとも思わない」

■ rely on O to do ～「～するのにOに頼る，当てにする」の意味。

設問(5)解説

1. how far　　2. how few　　3. how many　　4. how much

選択肢に，機能が違うものが並んでいるので，ここは文法問題の可能性が高く，**選択肢からアプローチ**する。選択肢の how はすべて「どのくらい，いかに」という程度を表す疑問詞（☞ ヨコ **Point ⓫** 別冊 p.91）。

…depending on who you are and where you live, you might have very different ideas about [5] privacy a person has a right to expect.
how ＋形容詞＋名詞 (privacy) で，expect の目的語になっている。選択肢の中で名詞を直接修飾する形容詞になりうるのは few, many, much の３つ。この中で privacy という**不可算名詞を修飾**できるのは much のみ。

→ ④ how much

設問(6)解説

In fact, [6] its relationship with secrecy and privacy.

in fact が「(そして)実際に」という順接の意味で用いられているのは明白なので，これをヒントに先行する④⑤の「テクノロジーを当てにして秘密とプライバシーの関係性を明確化することは困難であり，テクノロジーが両者において果たす役割はほとんどない」という**ベクトルに⑥を合わせる**ような選択肢を選べばよい。→「テクノロジーが持つ秘匿とプライバシーに対する関係 (its relationship with secrecy and privacy) が当てにならない」といったような

記述の解答を思い浮かべながら選択肢を吟味すると，1にたどり着く。

1. as technology evolves, so does
2. since technology evolved, as well did
3. to make technology evolve, it also makes
4. the more technology evolves, the more goes

1は「テクノロジーが変化するように，それが持つ秘密やプライバシーとの関係もまた変化するものである」の意味となり（Just as ～, so V' S「ちょうど～のように，S もまた…」☞ ヨコ Point 2 10 別冊 p.70, 80），これが④⑤のベクトルに合致する（「関係性が変化する」からこそ「両者の区別にテクノロジーを当てにすることはできない」ということ）。その他の選択肢はすべて④⑤と矛盾した内容となってしまうので不適切。

第5段落

①Privacy seems somehow connected to us – both to our physical selves and to our identity in society. ②Thus, most people desire to hide information [7] their finances, since this is important [8] the avoidance of crimes such as identity theft. ③Similarly, people also want to keep their medical records [9] being revealed to others.

①ともかくもプライバシーは我々に，つまり肉体的な自分と社会における自分のアイデンティティとに結びついたものであるように思われる。②したがって，大部分の人は自分の金銭[7]情報を隠したがる。これは個人情報を盗まれてしまうといった犯罪に巻き込まれない[8]重要なことだからである。③同様に，人々はまた自分の医療記録が他人の目に触れること[9]望んでいる。

☑ Word Check

□ crime「犯罪」　　　　　　□ theft「窃盗」
□ similarly「同様に」　　　□ keep O from ～ing「Oが～するのを妨げる」

Lesson4

タテの流れ

① プライバシー＝自分と結びついたもの
②
③ 個人情報を隠す人々　[①の 結果]

ヨコ 9 : the avoidance of crimes such as identity theft
☞ ヨコ Point ❸ ❹
（別冊 p.72, 73）

■ この of は**目的格**「犯罪**を**回避すること」
■ A such as B は「**(例えば) B のような A**」の意味。
■ identity theft とは「個人情報を盗むこと」

ヨコ 10 : Similarly, people also want to …

similarly は前述の内容を受けて「**(それと) 同様に**」の意味の**接続副詞**（☞ ヨコ **Point** ⓰ 別冊 p.87）で，ここは「②と同様に犯罪を回避するために」ということ。

設問(7)〜(9)解説

From the group of words below, choose the best word to fill each of the gaps [7], [8], and [9].
1. about　2. because　3. by　4. for　5. from　6. with
基本的な前置詞の意味・用法を問う知識問題。

[7] information **about** 〜「〜に関する情報」

[8] important **for** the avoidance of crimes「犯罪を回避するために重要」

[9] keep their medical records **from** being revealed to others
　　「自分の医療記録が他者に露呈されるのを防ぐ」
　　keep O from 〜ing は "妨害" を表す from で「O が〜するのを妨げる」の意味。

《その他の妨害 from の代表的なもの》

prevent[hinder] O from 〜ing「Oが〜するのを妨げる」
discourage O from 〜ing「Oが〜するのを思いとどまらせる」
stop O from 〜ing「Oが〜するのをとめる」
prohibit[ban] O from 〜ing「Oが〜するのを禁止する」

第6段落

①Unlike privacy, however, secrecy is often problematic. ②Clearly, some groups or individuals choose secrecy in order to deceive. ③For example, someone might take advantage of secrecy to obtain a benefit illegally, or to avoid punishment for something they did. ④When this happens, secrecy becomes a way of gaining power over others. ⑤That is quite different from privacy, which involves neither harm to others, nor selfish gain.

①しかしながら，プライバシーとは異なり，秘匿はしばしば問題をはらむ。②明らかに，人を欺くために秘匿を選択する集団や個人がいる。③例えば，違法に利益をあげたり，自分のやったことに対する処罰を免れるために秘匿を利用する者もいるだろう。④こうなると，秘匿は他者を支配するための手段となってしまう。⑤これはプライバシーとはまったく異なったものである。後者は他者への危害とも利己的な利益とも関与することのないものだからである。

✓ Word Check

- □ deceive「だます，欺く」
- □ benefit「利益，恩恵」
- □ punishment「罰」
- □ take advantage of 〜「〜を利用する」
- □ illegally「違法に，不当に」
- □ gain「得る，利益」

タテの流れ

① プライバシーと異なり，秘匿は問題を孕む。
② 秘匿＝他人を欺く場合がある。［①の"問題"の 具体化 ］
③
④ ［②の 具体例 ］
⑤ プライバシー＝秘匿とは異なり他人を害するものでも利己的な利益と関係するものでもない。（前段落＋本段落のまとめ）

> **Point** この段落において見られるように，**段落の冒頭文**はその前半に旧情報（既知の情報）を，後半に新情報を置くことで，**前段落と本段落とをつなぐブリッジの働きをしている**ことがある。
>
> Unlike privacy, however, secrecy is often problematic.
> 　（旧情報）　　　　　　　　　（新情報）

ヨコ11 punishment for something they did.

■ 非難や賞賛(のニュアンス)と結びついて用いられる for は「原因・理由」。

例 Thank you for your time.
　「時間をいただきありがとうございました」
　I blamed him for not helping me.
　「私は自分を助けてくれなかったことで彼を咎めた」

■ something と they did の間には関係代名詞 that(また which)が省略。

ヨコ12 gaining power over others

この over は "支配・優位" を表し，「～に対して，～を支配して，～よりも」といった意味。power over others で「他人に対する支配，他人を支配すること」となる。

ヨコ13 That is quite different from privacy, which involves …

■ この that は直前の内容(④)を指して「このこと」の意味。
■ which は関係代名詞で= privacy
■ neither A nor B で「AもBも両方〜ない」の意味。
■ gain は動詞では「得る」の意味だが，名詞では**「(得る)利益」**の意味があることを知っておく。

設問(14)解説

Which of the following sentences best describes what the author says about the relationship between secrecy and privacy in paragraph ⑥?

この段落は，プライバシーと秘匿との違いを説明するもの(2項対比)で，以下のように違いを念頭に置きながら選択肢にアプローチする。

プライバシー：自分を守る，他者を傷つけない，利己的な利益を伴わない。
秘匿：他者をあざむく，他者を傷つける，利己的な利益を伴う。

1. Secrecy differs from privacy because of its use by groups.
2. Secrecy is based on lies, whereas privacy asserts honesty.
3. Secrecy often aims for undeserved gains, but privacy does not.
4. Secrecy, unlike privacy, rarely involves unlawful behavior.

第7段落

①The desire to keep secrets is very powerful. ②Certain clubs and societies use secrecy to attract members by [10] a sense of mystery and importance. ③Groups of bullies keep their bullying secret at school, and <u>criminal gangs make secrecy seem honorable</u>. ④Moreover, both private and public companies make use of secrecy. ⑤<u>Keeping secrets thus gives a wide range</u> of organizations, from multinational corporations to nonprofit charities, an advantage over their rivals. ⑥It helps them to remain legal or sometimes to conceal crimes.

Lesson4

①秘密を持ちたいという願望はとても大きい。②謎や重要性といった意識を [10] ことで成員を引きつけるために秘匿を利用する集団や社会もある。③学校では，いじめグループがそのいじめ行為を秘密にするし，犯罪集団は秘匿を名誉あるものに見せかける。④さらに，企業は，民間であれ公的なものであれ，秘匿を活用する。⑤このように，秘密を持つことで，多国籍企業から非営利の慈善団体に至るまで，幅広い組織がライバル組織より有利に立てることになる。⑥秘密は，彼らが合法的であり続けたり，時には犯罪を隠すことを手助けするものである。

✓ Word Check

- □ bully「いじめる(人)」
- □ criminal「犯罪の」
- □ moreover「さらに」
- □ make use of ～「～を利用する」
- □ multinational corporation「多国籍企業」
- □ nonprofit「非営利の」
- □ charity「慈善，慈善団体」
- □ legal「法律(家)の，合法の」

タテの流れ

① 秘密を守りたいという願望は非常に大きい。

② ～ ④ 秘密を利用する様々な集団の存在。[①の 具体例]

⑤ 秘密がもたらすもの＝他者に対する優位性，合法化，犯罪の隠滅。

⑥ （②～④のまとめ）

ヨコ14 criminal gangs make secrecy seem honorable

　make　O ＋原形動詞 (C) は，いわゆる使役動詞 make で「OがCである状態を作り出す」が直訳。意訳すれば「**OをCさせる**」。

→「"秘匿が名誉あるものであるように見える"（状態を）作り出す」

➡「秘匿を名誉あるものに見せかける」

ヨコ15 Keeping secrets thus gives a wide range …

■ 全体の構造は以下の通り。

<u>Keeping secrets</u> (thus) <u>gives</u> <u>a wide range of organization</u>, (from〜 to…),
  S   接続副詞 V   O   形容詞句

<u>an advantage</u> (over their rivals).
  O   形容詞句

■ thus は「**(1) このように　(2) したがって**」の意味の接続副詞で，上記のように文中で用いられる際には (1) の意味になることが多く，(2) の意味では一般に文頭で用いる。

■ advantage over の over はヨコ 12 と同様，**"支配・優位"**を表す。

設問(10)解説

1. created 2. creating 3. creation 4. creativities

選択肢の種類から文法問題と判断できる。空所は前置詞の直後であるから**名詞(句・節)**が入る。

Certain clubs and societies use secrecy to attract members by [10] a sense of mystery and importance.

ただし，空所の後に a sense 〜とさらに名詞が続いているので，この時点で純粋な名詞が空所に入ることはないとわかる。**動名詞**を入れれば，これが前置詞 by の目的語としての名詞句を作るとともに，後に続く名詞 a sense 〜も，その動名詞の目的語として説明がつく。→ ②creating

Lesson4

第8段落

①<u>Nevertheless, government secrecy causes more controversy than any other type.</u> ②Governments often attempt to turn certain types of information into "state" secrets, which are hidden from other governments and from the public. ③State secrets can include weapon designs, military plans, or the tactics being used in diplomatic negotiations. ④The information is purposely hidden from potential enemies; thus, it is not hard to see why most nations have laws that justify state secrecy. ⑤This seems to me to be rather unfortunate. ⑥<u>The result has been an international "secrecy race," in which large amounts of</u> taxpayer money has been wasted. ⑦<u>Wasted, because as a result of spying, most governments' secrets come out anyway.</u> ⑧Moreover, citizens' access to government information has often been reduced.

①それにもかかわらず,政府の秘匿となると,それは他のどんな種類の秘匿よりも大きな論争を招く。②政府はしばしば,ある特定の種の情報を「国家」機密にし,それを他の政府や大衆には隠しておく。③国家機密には,武器の設計,軍事計画,あるいは外交交渉で利用される戦術といったものが含まれる。④こういった情報は意図的に仮想敵国に対しては秘密にされる。したがって,大部分の国家がなぜ国家機密を正当化する法律を持つのかを理解するのは難しいことではない。⑤私にしてみれば,これはかなり不幸なことのように思われる。⑥国家機密の結果として国家間での「機密競争」が生じ,それに非常に多くの納税者の税金が無駄に使われてきたからである。⑦無駄にというのは,スパイ行為によって政府の機密も結局は暴かれることになるからである。⑧さらに,市民が政府の情報に触れる機会もしばしば減らされてきた。

☑ Word Check

- □ controversy「論争」
- □ tactics「戦術」
- □ purposely「故意に」
- □ unfortunate「不幸な,不運な」
- □ state secret「国家機密」
- □ negotiation「交渉」
- □ potential「潜在的な,(潜在的な)能力,可能性」
- □ taxpayer「納税者」

□ as a result of ~「~の結果として」　□ anyway「ともかく」
□ reduce「減らす」

タテの流れ

① 政府の秘匿(政府機密)＝最も大きな論争
② 政府＝国家機密を持つ［①の"政府の秘匿"の 具体化 ］
③ 国家機密の 具体例
④ 国家機密を正当化するための法律の存在［③の 結果 ］
⑤ ④＝不幸（④に対する作者の主張・評価）
⑥
〜（⑤の主張の理由）
⑧

> **Point** この段落は，①〜④が"説明（描写）"，⑤が作者の"評価"，⑥〜⑧が評価の理由になっている。**単なる物事の描写なのか，それとも評価なのかをしっかりと区別し，評価ならば，そう評価する理由を探りながら読む**よう心がける。

ヨコ16 Nevertheless, government secrecy causes more …

■ nevertheless は前述の内容を受けて「それにもかかわらず」の意味の接続副詞。ここは，前段落全体の"秘密に対する願望が大きなもので，非常に多くの組織にそれは及んでいる"という内容を受けて「それにもかからわず」と論を進めている。

■ than any other X「他のどんなXよりも」の意味で，**最上級相当**になっている。

☞ ヨコ Point 27
(別冊 p.96)

ヨコ17 The result has been …, in which large amounts of …

which は関係代名詞で＝ secrecy race **「機密競争」** を指している。

☞ ヨコ Point 15
(別冊 p.86)

Lesson4

ヨコ18 ⑦Wasted, because as a result of spying, most …

　文頭の Wasted は直前の wasted を文を違えて繰り返したもの。こうすることで，改めてここに焦点を当てた上で，その理由を後述している。

　as a result of spying「スパイ活動の結果として」は副詞句で，後続の most 以下の文全体を修飾する。

☞ ヨコ **Point 9**
（別冊 p.80）

第9段落

TRACK 24

　①To what degree is state secrecy really needed? ②Opinions vary. ③Even the people most outspoken [11] state secrecy do not question the necessity of keeping nuclear weapon designs secret for national security reasons, but many ask whether government secrecy has not expanded too far in recent years. ④Governments can, and too often do, keep secrets for political reasons. ⑤To prevent this, many countries have laws to limit government secrecy. ⑥The Freedom of Information Act is a well-known American one. ⑦Wikileaks has made public many official secrets, some of which appear to have been hidden merely to protect the honor of individual politicians, rather than to protect the state itself. ⑧In a truly open democracy, such secrecy in government would be a contradiction. ⑨This same problem was recognized long ago by the English philosopher Jeremy Bentham. ⑩He denounced all government secrecy as extremely undemocratic and immoral, claiming that, "secrecy [12] accepted by citizens who want a good government." ⑪In an age which knew no nuclear weapons, that assertion was admirable; today, however, it appears naïve.

　①実際，国家機密はどの程度必要とされるのだろうか。②意見は様々である。

③最も明確に国家機密[11]人々でさえ，国家の安全保障の理由から核兵器の設計図を秘密にしておく必要性には異を唱えることはない。しかし，政府の機密は近年あまりにも拡大し過ぎてはいないかと疑問を投げかける人は多い。④政府は，政治的な理由から機密を持つことが可能だが，実際には機密を持つことが多すぎる。⑤これを防ぐために，多くの国には政府機密を制限する法律がある。⑥情報公開法はアメリカの有名な法律である。⑦ウィキリークスによって，多くの役人の秘密が公にされてきたが，その中には国家自体を保護するためというよりも単に政治家個人の名誉を守るために隠されてきた秘密も多い。⑧真に開かれた民主主義において，政府にそのような秘密が存在することになれば，それは民主主義を否定することになるだろう。⑨これと同じ問題は，すでにイギリスの哲学者のジェレミ・ベンサムによってはるか昔に認識されていた。⑩彼は，極めて非民主的で非道徳的であるとして，政府機密のすべてを非難し，「優れた政府を望む市民なら機密を[12]」と主張した。⑪核兵器のない時代には，この主張も賞賛に値するものだっただろうが，今日では単純すぎるように思われる。

✓ Word Check

- □ to ~ degree「~の程度に」
- □ outspoken「はっきりものを言う」
- □ well-known「有名な」
- □ extremely「極端に，きわめて」
- □ admirable「立派な，賞賛に値する」
- □ vary「変わる」
- □ security「安全，安心」
- □ contradiction「矛盾，否定」
- □ assertion「主張」
- □ naïve「単純な」

タテの流れ

① 国家機密はどの程度必要か？
② ①の答えは様々。[譲歩]
③ 核兵器の設計図は別にして[譲歩]，政府の機密の拡大を疑問視する人は多い。[①に対する答えを暗示 主張]
④ 国家機密のあまりの多さ。[③の繰り返し]
⑤ ④を防ぐための法律の存在。
⑥ アメリカの情報公開法。[④の 具体例]
⑦ 国家機密の中には政治家個人の名誉を守るためだけのものがある。

Lesson4

⑧ ⑦=民主主義を否定するもの（⑦に対する作者の評価・主張）
⑨ ⑦のような問題は過去にも存在。[過去との 対比]
⑩ すべての国家機密を非難したジェレミ・ベンサム[⑨の 具体例]
⑪ 現代であれば、⑩は単純すぎる。[作者の評価・主張]

> **Point** この段落には②〜④に渡って譲歩⇨逆接⇨主張という流れができあがっている。大まかにその趣旨を流れで捉えると以下のようになっている（下線部分が譲歩）。
>
> 「国家機密はどの程度必要か」⇨ <u>「（もちろん）意見は様々だし、（もちろん）核兵器の設計図のように誰もが必要と考える国家機密もある」</u>⇨「しかし多くの人が国家機密があまりに多すぎると考えている」
>
> このような**譲歩⇨逆説⇨主張という流れ**では、既にLesson2で言及したように、of course〜 but …など、**譲歩を表す目印が存在することも多い**が、本文のように**目印がなくとも前後関係から譲歩を把握できるように**普段から各文のベクトルの向きを意識した読解を心がける必要がある。

ヨコ19 To what degree is state secrecy really needed?

to 〜 degree は「〜の程度（にまで）」の意味なので、**to what degree** は「どの程度（にまで）」となる。この what は疑問形容詞。

☞ ヨコ Point ⑪
（別冊 p.82）

例 We should put those words **in alphabetical order**.
➡ **In what order** should we put those words?
「我々は、それらの単語をどんな順序で並べたらよいのだろうか」
(in 〜 order で「〜の順序で」の意味で、この in は order と結びつきが強い)

例 He is interested **in science fiction**.
➡ **What fiction** is he interested **in**?
「彼はどんな小説に関心があるのだろうか」

（be interested in 〜で「〜に関心[興味]がある」の意味で，この in は後の fiction ではなく interested と結びつきが強い）

ヨコ20 many ask whether government secrecy has not expanded …

■ この many は many people の意味。
■ ask whether[if] SV…「…かどうか尋ねる[疑問に思う]」の意味で，whether[if]が作る節内の命題は一般に"中立"であることが多いが，本文のように文脈によっては，節内が肯定の場合は否定に，否定の場合は肯定に傾いていることを暗示する場合もあり，この場合には wonder whether[if] SV に同じ。

> **例1** We have long asked whether **the project is really needed,** but the question still remains unanswered.
> 「我々はその計画が本当に必要なものかどうかを長きに渡って問うてきたが，その問いにはいまなお答えが出ていない」

（太字部分の命題は**中立**，つまり"計画は必要かもしれないし必要ではないかもしれない"）

> **例2** The project has done much harm but no good, so many people now ask whether **it is really needed**.
> 「その計画は百害あって一利なしであったために，多くの人々が今ではそれが本当に必要かどうか疑問に思っている（必要ないのではと考えている）」

（太字部分の命題は文脈から明らかに**否定**を含意する。つまり"計画は必要ないのでは"という方向へ傾いていることが暗示されている）

例2 ≒ many people wonder whether it is really needed.
　　≒ many people don't think that it is really needed.

本文は文脈から whether 以下の内容が中立でないことは明らか⇨ whether 節内が否定なので肯定に傾いていることが暗示⇨「政府の機密は近年あまりに

• 151

Lesson4

も拡大し過ぎてはいないかと疑問を投げかける[拡大し過ぎていると考える]人は多い」といった意味になる。

ヨコ21 Governments can, and too often do, keep secrets …

and が並べるのは can と do という助動詞で動詞 keep を共有している（☞ ヨコ Point ❶ 別冊 p.67）。つまり can keep and too often do keep と解釈する。ちなみに do /does /did ＋動詞の原形は動詞を強調したかたち。

ヨコ22 Wikileaks has made pubic many official secrets, some of which ….

■ has made(V) public(C) many official secrets(O) という倒置。
☞ ヨコ Point ❷
（別冊 p.70）

「多くの役人の秘密を公にした[秘密を大衆の前にさらし出した]」
■ which は関係代名詞で many official secrets を指す。このように none, little, few, some, much, many, all など**"部分を表す語" ＋ of ＋目的格の関係代名詞**は頻出のかたち。
☞ ヨコ Point ⓯
（別冊 p.86）

ヨコ23 such secrecy in government would be a contradiction.

この文はいわゆる **if 節のない仮定法**で，「政府におけるそのような秘匿は矛盾だろう」が直訳。主語に if を込めて（☞ ヨコ Point ⓭ 別冊 p.83）意訳すれば，「政府がそのような秘匿を持つとすれば，それは矛盾（民主主義を否定）するものになるだろう」となる。

設問(11)解説

Even the people most outspoken [11] state secrecy do not question the necessity of keeping nuclear weapon designs secret for national security reasons, but many ask whether government secrecy has not expanded too far in recent years.

　　1. in opposition to　　2. on behalf of

　ここは記述での解答も可能だが，**2択問題で，しかも選択肢が** 1.「～に反対して」2.「～を代表して，～のために，～を擁護して」と**真逆のベクトルを表すものが並んでいる**ので，**選択肢から空所にアプローチする方が楽**。選択肢を入れて③の和訳を考えると以下のようになる。

　「国家機密にはっきりと(1. 反対の声　2. 賛成の声)をあげる人々**でさえ**核兵器の設計図を秘密にする必要性に疑問を抱かない」

　この問題のポイントはズバリ冒頭の Even 。この Even「～でさえ」があることで1が正解ということがこの部分だけで明白となる。つまり，「反対の声をあげる人々でさえ」とすることで言外に「賛成の人はもちろん」という意味が含まれることになり，結果として③の全体の趣旨が「国家機密の賛否に関わらず，核兵器の設計図を秘密にする必要性に関しては誰もがそれを認めている」といった内容ができあがる。→ ①. in opposition to

設問(12)解説

He denounced all government secrecy as extremely undemocratic and immoral, claiming that, "secrecy [12] accepted by citizens who want a good government."

　[12]に先行する claiming の意味上の主語は He(= Jeremy Bentham)である。ジェレミ・ベンサムは⑩「極めて非民主的で非道徳的であるとして，政府の機密のすべてを非難した」とあるので，「秘匿は市民によって受け入れ**られない**」と否定する語句を選ぶ。

　　1. could preferably be　　②. ought hardly to be
　　3. should always be　　4. would necessarily be

Lesson4

設問(15)解説

Based on paragraphs ⑧ and ⑨, which of the following statements most accurately describes S. Kaane's opinion about the "secrecy race"?

secrecy race「機密競争」に対する作者の見解は，「核兵器の設計図のように機密性が必要なものはあるが」と**譲歩したうえで**，「機密は最終的には公にされることになるのだから，結果的に機密を維持するための納税者の税金が無駄遣いにされたことになる」という**「機密競争」に対する否定的な立場**を読みとる。

1. It is understandable, but the results have been largely negative.
2. It is unjustifiable for governments to keep any secrets.
3. It succeeded in most respects apart from its costs to taxpayers.
4. It was mainly used by governments to exclude their own citizens.

第10段落

①Indeed, the extent to which secrecy should be permitted or encouraged by a state has become increasingly controversial. ②Modern technologies have forced states to invest more and more effort towards keeping things secret. ③Over the course of the twentieth century the range of information which required protection expanded. ④However, the effort required to keep so many state secrets has consumed large amounts of time, labor and trust – and thus distracted officials from the job of governing itself. ⑤Moreover, trying to keep state secrets has necessitated further secrecy, creating an endless chain of deception.

L1〜3の総合問題

> ①実際，国家によって機密がどの程度容認され促されるべきかといこうことは，ますます議論を呼ぶ問題となっている。②現代のテクノロジーによって，国家は様々なものを機密にしておくことにますます多くの労力を注がざるをえなくなっている。③20世紀にかけて，保護を必要とされる情報の幅が拡大した。④しかしながら，それほど多くの国家機密を必死に維持しようとすれば，それには非常に多くの時間，労力，そして責任が必要となり，またそうする中で役人の意識が政治そのものからは離れていくこととなった。⑤さらに，国家機密を維持しようとすれば，さらなる機密が必要となり，これが終わりのない欺瞞の連鎖を生み出すこととなった。

✓ Word Check

- □ extent「範囲，程度」
- □ effort「努力，労力」
- □ labor「労働(力)，労力」
- □ official「役人」
- □ necessitate「必要とする」
- □ deception「だます(だまされる)こと」
- □ controversial「論争を呼ぶ」
- □ consume「消費する」
- □ distract「そらす」
- □ govern「統治する」
- □ chain「鎖，連鎖」

タテの流れ

① 国家がどの程度機密を許容するべきかという問題＝ますます議論の的
② 現代のテクノロジーによって，秘匿に注ぐべき労力が増大。
③ 秘密にすべき情報の拡大。[②の 理由]
④ 秘匿が政治活動への支障に。[②③の 結果]
⑤ 欺瞞の連鎖[②③の 結果]

ヨコ 24 the extent to which secrecy should be…

the extent (to which secrecy should be …state) has become
　S　　　　　形容詞節　　　　　　　　V

which は extent を指す関係代名詞で，the extent[degree] to which SV は「S が V するその程度」が直訳だが，**「どの程度 S が V するか」**と意訳するとスムーズ。

Lesson4

ヨコ25 the effort required to keep so many state …

全体の構造は以下の通り。

the effort (required to keep …secrets) has consumed large amounts of …
　　S　　　過去分詞がつくる形容詞句　　　　　V₁　　　　　　　O

— and (thus) distracted officials …
　　　接続副詞　　V₂　　　O

☞ヨコ Point **1**
（別冊 p.67）

「それほど多くの秘密を維持するために必要とされる労力は，多くの時間，労力そして責任を消費し，さらにこのようにして役人を政治という仕事それ自体から逸らしてきた」というのが文字通りの直訳。この訳に**"無生物主語の訳出の工夫**（☞ヨコ Point 23　別冊 p.94）**"**を施した意訳は全文訳内の該当箇所を参照のこと。

ヨコ26 trying to keep state secrets has necessitated …, creating …

■ 文頭の trying が動名詞で主語の位置で名詞句をつくっている。
■ creating の意味上の主語は**主節の内容全体**。「そして，**このことが**…を作り出している」

☞ヨコ Point **20**
（別冊 p.92）

設問(17)解説

Does S. Kaane assert that state secrecy has changed over time?
前9段落後半では，「核兵器の存在しなかった時代とそれが存在する現代における国家機密の違い」が，この10段落前半では，「現代のテクノロジーによる国家機密の増大」というかたちで，"国家機密の変化"が語られている。

1. No　　②Yes

第11段落

①Decisions about whether or not to make something secret are rarely easy, either for societies and organizations or individuals. ②Like transparency, its opposite, secrecy can offer both advantages and disadvantages in personal and group relations, depending on the circumstances. ③In the short term, secrecy gives those with knowledge an advantage, by allowing them to gain power as a result of what they alone know. ④The disadvantage is that those who lose power because they have been deprived of knowledge will be full of anger and distrust. ⑤By contrast, transparency has the short-term disadvantage of weakening those who make everything public. ⑥This is because they may be criticized or betrayed by those who keep secrets. ⑦Yet in the long term, transparency has the advantage in that it fosters trust and cooperation. ⑧Thus, secrecy presents a conundrum.　z

　①社会や組織にとって，また個人にとっても何かを秘密にしておくべきかどうかの決定が容易であることはめったにない。②秘匿は，それとは逆に位置する透明性とは異なり，個人や集団の関係において，状況次第でメリットにもなればデメリットにもなる。③短期的には，秘匿によってそれを知る人々にはメリットがもたらされる。自分たちだけが知っていることの結果として，力を手にすることが可能になるからである。④デメリットは，知る機会を奪われたことにより力を失う人々が怒りや不信感でいっぱいになるということである。⑤対照的に，透明性にはすべてを公にする人々を弱体化させるという短期的なデメリットがある。⑥これは，彼らが秘密を持つ者たちから非難されたり，裏切られる可能性があるからである。⑦だが長い目で見れば，透明性はそれが信頼や協力を促すという点においてメリットがある。⑧このように，秘匿は [Z] を提示する。

Lesson4

☑ Word Check

- decision「決定, 決心」
- opposite「反対(の)」
- in the short term「短期的に」
- distrust「不信感」
- short-term「短期の」
- criticize「非難[批判]する」
- in the long term「長期的に」
- foster「促す」
- conundrum「難題」
- transparency「透明(性)」
- circumstance「事情, 環境」
- deprive A of B「AからBを奪う」
- by contrast「対照的に」
- weaken「弱める」
- betray「裏切る」
- in that SV「〜という点で」
- cooperation「協力」

タテの流れ

① 秘密にするか否かの決定＝困難
② 秘匿も透明性もメリットとデメリットがある。[①の 理由]
③ 秘匿のメリット[②の 具体化]
④ 秘匿のデメリット[②の 具体化]
⑤
⑥ 透明性のデメリットとその理由[②の 具体化]
⑦ 透明性のメリット[②の 具体化]
⑧ 秘匿＝難題[①の 繰り返し]

> **Point ▶** 設問13は段落の最終文の意味を問う問題。段落の最終文は本文のように，あくまでその段落内でのタテの一役割を担っている場合が多いが，ときに**新情報が最終文にくることがある**。この場合，その最終文が**次段落への導入(テーマ・予告)**となり，その内容は次段落で詳しく語られることになるため，段落最終文が絡む設問に対しては注意が必要。

ヨコ27 Decisions about whether or not to make …

whether は後に SV だけではなく，本文のように **to 不定詞**をとることがあり，この場合「〜するべきかどうか」の意味。

ヨコ28 Like transparency, its opposite, secrecy can offer…

- like は「～と同様に」の意味の前置詞。
- its は secrecy を指し，its opposite が transparency の**言い換え(同格)**になっている。　　　　　　　　　　　☞ ヨコ Point **8**
（別冊 p.78）

ヨコ29 what they alone know

この alone は「1 人」の意味ではなく，名詞を後ろから限定して**「～だけ」**の意味。→「彼ら**だけ**が知っていること」

ちなみに，alone は「他に(い)ない」というのが原義なので，"1 人" に対してだけでなく，問題文や以下の例文のように "複数" に対しても用いることができる。

例 Eita and I were alone in that room then.
「当時，その部屋には英汰と私しかいなかった[英汰と私のふたりきりだった]」

ヨコ30 The disadvantage is that those who…

- この that は**「～ということ」**の意味の**接続詞**で，ここでは補語で名詞節をつくっている。　　　　　　　　　　　☞ ヨコ Point **7**
（別冊 p.76）

The advantage is that those who …
　　　　　　 S　　　V　　　　C

- that 以下の構造

those [who lose power (because they have been deprived of knowledge)]
　S　　形容詞節　　　　　　　lose power にかかる副詞節
will be full of anger and distrust
　V　C

ちなみに，この those は「人々」の意味。

Lesson4

設問(13)解説

<u>Thus, secrecy presents a conundrum.</u>z

Which of the following sentences is closest in meaning to the underlined sentence at Z?

conundrum という難単語を類推する問題。冒頭の **Thus「したがって，このように(順接)」** という接続副詞をヒントに，「秘匿(secrecy)が何を提示(presents)するか」を考える。この段落で一貫して描かれているのは，段落冒頭にある「ある物事を秘密にするかどうかの決定が容易ではない」ということであり，2文目以降は，その理由(＝メリット・デメリットの混在)である。したがって，conundrum を「メリット・デメリットを抱えるがゆえに，扱いが難しい問題」と類推した上で選択肢にアプローチが可能。

1. Therefore, it is difficult to decide secrecy levels, because secrecy both harms and helps.
2. Therefore, secrecy levels are usually inversely proportional to transparency levels.
3. Therefore, secrecy makes it possible to choose who will receive the advantage.
4. Therefore, secrecy usually creates problems, while transparency helps to solve them.

第12段落

①In the end, secrets, as Sophocles said, usually come out. ②Keeping secrets undoubtedly can bring rewards. ③That explains why secrets are part of the modern world. ④However, many secrets are costly to maintain, and if they become revealed, all that effort is wasted. ⑤Transparency, by contrast, requires no extra effort to keep facts hidden, and is much less bothersome. ⑥In that sense, I believe that secrets become like many other burdens in life; and <u>to quote the</u>

L1～3の総合問題

historical Buddha: "Three things cannot long stay hidden: the sun, the moon and the truth".

①ソフォクレスが語ったように，秘密は結局のところ暴かれることになる。②秘密を持つことで確かに利益が得られることもある。③だからこそ，秘密は現代社会の一部にもなっている。④しかしながら，多くの秘密はそれを維持するのに代償を伴う。そして秘密が暴かれると，その代償もすべて無駄となる。⑤対照的に，透明性は事実を隠す余分な労力を必要とせず，面倒ははるかに少ない。⑥その意味で，秘密は人生の他の多くの重荷と同様なものになってしまうと私は考える。歴史的に有名な釈迦の言葉を借りれば，「隠したままにしておくことのできないものが3つある。それは太陽，月，真実である」ということになる。

✓ Word Check

- □ in the end「結局，最終的に」
- □ reward「報酬，報い」
- □ bothersome「面倒な，厄介な」
- □ burden「重荷」
- □ Buddha「釈迦，仏陀」
  （以下は設問部分）
- □ in vain「無駄に，むなしく」
- □ emphasize「強調する」
- □ create「作り出す，創造する」
- □ creativity「独創[創造]性」
- □ on behalf of ～「～を代表して，～のために」
- □ preferably「好ましくは」
- □ inversely「逆に」
- □ assert「主張する」
- □ undeserved「不当な」
- □ understandable「理解できる，もっともな」
- □ unjustifiable「正当化できない」
- □ apart from ～「～から離れて，～は別にして」
- □ exclude「除外する」

- □ undoubtedly「疑いなく，確かに」
- □ costly「費用のかかる，代償を伴う」
- □ sense「意味，感覚，分別」
- □ historical「歴史（上）の」

- □ after all「結局，そもそも」
- □ evolve「進化[変化]する」
- □ creation「創造」
- □ in opposition to ～「～と反対に」

- □ hardly「ほとんど～ない」
- □ proportional「比例した」
- □ honesty「誠実，正直」
- □ unlawful「違法な，不当な」

- □ in ～ respect「～の点で」

- □ over time「時の経過とともに」

Lesson4

タテの流れ

① 秘密は，結局は暴かれることになる。（ソフォクレスの言葉に再言及）
② ③ 秘密がメリットをもたらすがゆえに現代社会の一部。[譲歩]
④ 秘密の多くはその労力が無駄に終わる。[逆接 → 主張]
⑤ 透明性は徒労に終わることがない。[対比]
⑥ 秘密は暮らしにおける重荷。[④の 反復]

ヨコ31 In the end, secrets, as Sophocles said, usually come out.

■ in the end は「結局，最終的に，帰するところ」の意味。
■ この as は主節全体を指す関係代名詞で**「そのようなこと」**と考えてもよいし，**「ように」**の意味の従位接続詞と考えてもよい（結局は，どちらでも意味が同じになる）。

☞ **ヨコ Point 10**
（別冊 p.80）

■ 全体の構造は以下の通り。

[In the end], secrets, [as Sophocles said], usually come out.
　　副詞句　　　S　　　　　副詞節　　　　副詞　V　　副詞

ヨコ32 to quote the historical Buddha: …

この to quote…は**"独立不定詞"**の一種で，「…の言葉を借りれば[引用すると]」といった決まり文句。

《他の代表的な独立不定詞》

to tell the truth「実を言うと」
to be sure「確かに」
to be frank with you「率直に言って」
to be strict with you「厳密に言うと」
to begin[start] with「まずはじめに」
to do (one) justice「公平に評価すれば」
needless to say「言うまでもなく」
so to speak「いわば」

設問(16)解説

Does S. Kaane offer a clear personal opinion on secrecy in his article?

第8段落⑤や最終段落⑥に代表されるように，作者は秘匿に対して否定的な立場を明言している。

1. No　②. Yes

問題 解答

1. 2	2. 1	3. 3	4. 3	5. 4	6. 1	7. 1	8. 4	9. 5
10. 2	11. 1	12. 2	13. 1	14. 3	15. 1	16. 2	17. 2	

Lesson4

問題全文訳

① およそ2500年前，ソフォクレスは「何事も秘密裏に行うな。時が経てばすべては衆目にさらされ，すべてが露呈されるのだから」と同胞の市民に教えを説いた。今日，彼の教えは虚しいものとなったように思える。というのも，秘匿は古代アテネとまさに同じくらい我々の生活の一部となっているからである。

② なぜ人間は，ある特定の他の個人や集団に情報を隠したがるのだろうか。元来，そのような行為は遺伝的なもの，つまりずっと前から受け継がれたものなのかもしれない。そもそも，動物は敵に巣穴や巣の場所を見つからないようにする。例えば犬は，無事にとっておけるように骨を埋めて，後からその場所を思い出すよう努める。

③ しかしながら，秘匿を説明する理論のほとんどは，その社会的起源に重きを置いている。そのような理論のひとつは，恥や恐怖心によって自分の様々な側面を他人に隠しておきたいという人々の願いから生まれている。これは一般にプライバシーに対する欲求と呼ばれている。個人は自分の宗教，性的嗜好，政治的見解，家族の歴史，私的な活動が露呈されるのを望まないかもしれない。人々がプライバシーを欲するのは，露呈されることで，それが暴力，解雇，信頼感の喪失といったものにつながる可能性があるからである。家族の人間が不快な問題に触れたがらない場合には常に，家族もまた「家族の秘密」を持っている可能性がある。

④ 両者を明確に定義するのは難しいが，秘匿とプライバシーを混同してはならない。例えば，人がどの程度のプライバシーを持つことを期待する権利があるかについては，あなたの素性や住む場所によって考えは実に様々だろう。ある状況では当然のプライバシー保護と見なされる行為が，別の状況ではとても秘密めいた行為とみなされてしまうかもしれない。また，我々はテクノロジーが秘密とプライバシーの違いを明らかにしてくれることを当てにもできない。どちらの領域においても，テクノロジーが担う役割などほとんどないからである。実際，テクノロジーが変化するように，それが持つ秘密やプライバシーと

の関係もまた変化するものである。

⑤　ともかくもプライバシーは我々に，つまり肉体的な自分と社会における自分のアイデンティティとに結びついたものであるように思われる。したがって，大部分の人は自分の金銭に関する情報を隠したがる。これは個人情報を盗まれてしまうといった犯罪に巻き込まれないためにも重要なことだからである。同様に，人々はまた自分の医療記録が他人の目に触れることのないようにしたいと考えている。

⑥　しかしながら，プライバシーとは異なり，秘匿はしばしば問題をはらむ。明らかに，人を欺くために秘匿を選択する集団や個人がいる。例えば，違法に利益をあげたり，自分のやったことに対する処罰を免れるために秘匿を利用する者もいるだろう。こうなると，秘匿は他者を支配するための手段となってしまう。これはプライバシーとはまったく異なったものである。後者は他者への危害とも利己的な利益とも関与することのないものだからである。

⑦　秘密を持ちたいという願望はとても大きい。謎や重要性といった意識を作り出すことで成員を引きつけるために秘匿を利用する集団や社会もある。学校では，いじめグループがそのいじめ行為を秘密にするし，犯罪集団は秘密を名誉あるものに見せかける。さらに，企業は，民間であれ公的なものであれ，秘匿を活用する。このように，秘密を持つことで，多国籍企業から非営利の慈善団体に至るまで，幅広い組織がライバル組織より有利に立てることになる。秘密は，彼らが合法的であり続けたり，時には犯罪を隠すことを手助けするものである。

⑧　それにもかかわらず，政府の秘匿となると，それは他のどんな種類の秘匿よりも大きな論争を招く。政府はしばしば，ある特定の種の情報を「国家」機密にし，それを他の政府や大衆には隠しておく。国家機密には，武器の設計，軍事計画，あるいは外交交渉で利用される戦術といったものが含まれる。こういった情報は意図的に仮想敵国に対しては秘密にされる。したがって，大部分の国家がなぜ国家機密を正当化する法律を持つのかを理解するのは難しいことではない。私にしてみれば，これはかなり不幸なことのように思われる。国家機密の結果として国家間での「機密競争」が生じ，それに非常に多くの納税者

Lesson4

の税金が無駄に使われてきた。無駄にというのは，スパイ行為によって，政府の機密も結局は暴かれることになるからである。さらに，市民が政府の情報に触れる機会もしばしば減らされてきた。

⑨　実際，国家機密はどの程度必要とされるのだろうか。意見は様々である。最も明確に国家機密に反対の立場をとる人々でさえ，国家の安全保障の理由から核兵器の設計図を秘密にしておく必要性には異を唱えることはない。しかし，政府の機密が近年あまりにも拡大し過ぎてはいないかと疑問を投げかける人は多い。政府は，政治的な理由から機密を持つことが可能だが，実際には機密を持つことが多すぎる。これを防ぐために，多くの国には政府機密を制限する法律がある。情報公開法はアメリカの有名な法律である。ウィキリークスによって，多くの役人の秘密が明らかとされてきたが，その中には国家自体を保護するためというよりも単に政治家個人の名誉を守るために隠されてきた秘密も多い。真に開かれた民主主義において，政府にそのような秘密が存在することになれば，それは民主主義を否定することになるだろう。これと同じ問題は，すでにイギリスの哲学者のジェレミ・ベンサムによってはるか昔に認識されていた。彼は，極めて非民主的で非道徳的であるとして，政府機密のすべてを非難し，「優れた政府を望む市民なら機密を受け入れてはならない」と主張した。核兵器のない時代には，この主張も賞賛に値するものだっただろうが，今日では単純すぎるように思われる。

⑩　実際，国家によって機密がどの程度容認され促されるべきかということは，ますます議論を呼ぶ問題となっている。現代のテクノロジーによって，国家は様々なものを機密にしておくことにますます多くの労力を注がざるをえなくなっている。20世紀，保護を必要とされる情報の幅が拡大した。しかしながら，それほど多くの国家機密を必死に維持しようとすれば，それには非常に多くの時間，労力，そして責任が必要となり，またそうする中で役人が政治という仕事そのものを行う支障にもなってきた。さらに，国家機密を維持しようとすれば，さらなる機密が必要となり，これが終わりのない欺瞞の連鎖を生み出すこととなった。

⑪　社会や組織にとって，また個人にとっても何かを秘密にしておくべきかど

郵便はがき

料金受取人払郵便

神田支店
承認

7682

差出有効期間
平成24年7月
15日まで切手
をはらずにお
出し下さい。

期間後はお切手
を貼り下さい

101-8796

505

(受取人)
東京都千代田区三崎町
2-9-10

㈱語学春秋社
読者アンケート係 行

フリガナ		
(お名前)		

(性別) 男・女　(年齢)　　歳

(ご住所) 〒　　-

一般社会人(ご職業)	□TOEIC・TOEFLで(　)点をクリア □英検で(　)級を取得している
高校生・高卒生 (学校名	高校　年生・卒)
(志望大学)	大学　　　　　　学部
中学生・小学生 (学校名	中学校・小学校　年生)
(志望校)	立　　高等学校・中学校

読者アンケート

弊社の出版物をご購読いただき，まことにありがとうございました。
お手数ながら，アンケートにご回答をお寄せください。

①ご購入の本のタイトル

ご購入の書店名(　　　　　　　　　　)・アマゾン・その他(　　　　　　　)

②本書ご購入のきっかけは何ですか？

1. 本の(著者・内容・価格)がキメ手となった
2. 著者・先生・友人・その他(　　　　　　　　　　)のすすめ
3. 広告を見て(　　　　　　　　新聞・雑誌・テレビ)
4. 小社ホームページ(goshun.com)を見て

③本書をご購入してのご感想

1. タイトル（良・普・悪）2. カバーデザイン（良・普・悪）
3. 内　容　（良・普・悪）4. 価　格（安い・妥当・高い）
5. 使い勝手（良・普・悪）6. 難易度（難・普・易）

本書をお読みになってのご感想・ご意見・ご要望をお聞かせください。

④よろしければご記入ください

1. (パソコン・携帯音楽プレーヤー・スマートフォン・iPad) を持っている。
2. いま読んでいる語学書のタイトルは(　　　　　　　出版)の
   (　　　　　　　　　　)です。
3. カバーデザインが気に入っている本は(　　　　　　　出版)の
   (　　　　　　　　　　)です。

■このはがきにご記入の個人情報を小社から皆さまへの出版物・サービス等に関するご案内やアンケート等に利用させていただいてよろしいでしょうか？

実名で可・匿名で可・不可

■アンケートにご回答いただいた方のうち，毎月抽選で50名様に弊社特製ボールペンを差し上げます。

うかの決定が容易であることはめったにない。秘匿は，それとは逆に位置する透明性とは異なり，個人や集団の関係において，状況次第でメリットにもなればデメリットにもなる。短期的には，秘匿によってそれを知る人々にはメリットがもたらされる。自分たちだけが知っていることの結果として，力を手にすることが可能になるからである。デメリットは，知る機会を奪われたことにより力を失う人々が怒りや不信感でいっぱいになるということである。対照的に，透明性にはすべてを公にする人々を弱体化させるという短期的なデメリットがある。これは，彼らが秘密を持つ者たちから非難されたり，裏切られる可能性があるからである。だが長い目で見れば，透明性はそれが信頼や協力を促すという点においてメリットがある。このように，秘匿はその扱いが難しい。

⑫　Sophocles が語ったように，秘密は結局のところ暴かれることになる。秘密を持つことで確かに利益が得られることもある。だからこそ，秘密は現代社会の一部にもなっている。しかしながら，多くの秘密はそれを維持するのに代償を伴う。そして秘密が暴かれると，その代償もすべて無駄となる。対照的に，透明性は事実を隠すのに余分な労力を必要とせず，面倒ははるかに少ない。その意味で，秘密は人生の他の多くの重荷と同様なものになってしまうと私は考える。歴史的に有名な釈迦の言葉を借りれば，「隠したままにしておくことのできないものが 3 つある。それは太陽，月，真実である」ということになる。

Lesson 5

記述（英文和訳問題）

不可欠な文構造理解とタテを意識した意訳

問題 1 解説
（別冊p.37参照）

第1段落　　TRACK 25

①Considerable differences exist between the many kinds of work children do. ②Some are difficult and demanding, others are more hazardous and even morally reprehensible. ③Children carry out a very wide range of tasks and activities when they work. （中略）

①子供が行う様々な仕事にはかなりの違いがある。②困難できつい仕事もあれば，より危険で道徳的に非難されるべき仕事さえある。③子供たちは働く際にとても広範囲に及ぶ作業や活動を行っている。

✓ Word Check

- □ considerable「かなりの」
- □ hazardous「危険な」
- □ carry out「実行[遂行]する」
- □ demanding「(要求の)きつい」
- □ reprehensible「非難されるべき」

タテの流れ

① こどもの行う仕事には様々な違いがある。
② [①の 具体化]
③ [①の 反復]

記述（英文和訳問題）

ヨコ1　Some are difficult …, others are more hazardous …

■ 本来2つの文をカンマだけで"つなぐ"ことはできない（接続詞等が必要）が，本文のように単に2つの事柄を"列挙"する場合には，SV, SV. とカンマだけでそれが行われることがある。

■ some ～, others …　この2つが呼応することで，「～もあれば（いれば）…もある（いる）」という意味を伝える。

第2段落

(1)The term "child labour" is often defined as work that deprives children of their childhood, their potential and their dignity, and that is harmful to physical and mental development.（中略）

「児童労働」という言葉はしばしば，子供たちから幼年時代，秘める可能性，さらには尊厳を奪う，心身の発達に害を及ぼす仕事として定義される。

☑ Word Check

□ term「学期，期間，用語［言葉］，間柄，（取引などの）条件」
□ labo(u)r「労働」　　　　□ deprive A of B「AからBを奪う」
□ childhood「子供［幼年］時代」
□ potential「潜在的な，（潜在的な）能力，可能性」
□ dignity「威厳」　　　　□ development「発展［達］，進展，展開」

タテの流れ

児童労働という言葉の一般的な定義。

Lesson5

設問(1)解説

■ the term と child labour は**言い換え(同格)の関係**→「児童労働という言葉」。
■ define A as B で「A を B と定義する」の意味。本文ではこれが受身で用いられている。
■ deprive A of B「A から B を奪う」
■ 以下 and のバランスに注意する。

☞ ヨコ Point ❶
（別冊 p.67）

work [that deprives children of <u>their childhood</u>, <u>their potential</u> ₁ **and** <u>their dignity</u>], ₂ **and** [that is harmful to physical ₃ **and** mental development].

and(1)は前置詞 of の目的語として3つの名詞(下線部分)を並べている。
and(2)は2つの関係代名詞 that がつくる形容詞節([ ]部分)を並べている。
and(3)は名詞 development を修飾する2つの形容詞を並べている(波線部分)。

第3段落

①In its most extreme forms, <u>child labour involves children being enslaved, separated from their families, exposed to serious hazards and illnesses and / or left</u> to fend for themselves on the streets of large cities – often at a very early age. ②(2)<u>Whether or not particular forms of "work" can be called "child labour" depends on the child's age, the type and hours of work performed, the conditions under which it is performed and the objectives pursued by individual countries.</u> ③The answer varies from country to country, as well as among sectors within countries.

①児童労働は最も極端なかたちになると，しばしばごく幼い年齢で，子供が奴隷にされ，家族から引き離され，深刻な危険や病にさらされ，さらには（または）大都市の路上で1人で生きていくよう放置されるといったことにも

なる。②ある特定の形の「仕事」を「児童労働」と呼べるかどうかは，子供の年齢，行う仕事の種類や時間，仕事を行う際の条件，そして個々の国が目指す目的によって決まる。③これに対する答えは国によって異なるし，また国内の様々な部門間でも異なる。

☑ Word Check

- □ extreme「極端な」
- □ expose A to B「AをBにさらす」
- □ leave O to do「Oが～するのをよしとする［～させておく］」
- □ fend for oneself「自活する」
- □ objective「客観的な，目的」
- □ vary「変わる」
- □ A as well as B「B同様［だけでなく］Aも」
- □ enslave「奴隷にする」
- □ hazard「危険」
- □ condition「条件，状況」
- □ pursue「追求する」
- □ from A to A「Aごとに」
- □ sector「部門，分野」

タテの流れ

① 極端なかたちの児童労働。
② ある「仕事」が「児童労働」と呼ばれるか否かの決定要因は様々。
③ ［②の 結果 ］

ヨコ 2 **child labour involves children being enslaved, separated …**

- ■ children being …の being は動名詞で children が意味上の主語。
- ■ and / or のスラッシュ (/) は**「または」**の意味で，この **and / or** が enslaved, separated, exposed, left という4つの過去分詞を並べている。ちなみに，この being + P.P. で動名詞の受身。

Lesson5

設問(2)解説

■ 全体の構造は以下の通り。

<u>Whether or not particular forms of "work" can be called "child labour"</u>
　　S

depends on <u>the child's age</u>, <u>the type and hours</u> [of work performed], <u>the</u>
　　V　　　　　O₁　　　　　　　O₂　　　　　　　形容詞句

<u>conditions</u> [under which it is performed] and <u>the objectives</u> [pursued by
　O₃　　　　　　　形容詞節　　　　　　　　　　　O₄　　　　　　　形容詞句

individual countries].

■ whether が名詞節をつくっているので「〜かどうか」の意味の従位接続詞（疑問詞と考えてもよい）。　　　　　　　　　　　☞ ヨコ **Point 16**
（別冊 p.87）

■ depend on は「〜に頼る」以外に「**〜次第である，〜にかかっている，左右される**」という意味があり，ここは後者。

■ work performed の performed は過去分詞のつくる形容詞で直前の work を修飾。このように**形容詞は1語であっても**動詞的な色合いが強い場合など，様々な理由で**名詞の後に置かれることもある**ので注意する。

　例 You must draw a conclusion from information received.
　　「受け取った情報から結論を導き出しなさい」

■ 上記四角囲みの and は 4 つの名詞 (O₁ 〜 O₄) を並べている。

■ the conditions under which …の which は conditions を指す関係代名詞（☞ ヨコ **Point 15** 別冊 p.86）。もともと，under 〜 condition で「〜の条件[状況]下で」の意味。

問題1 解答

全文訳内の下線部参照。

問題1全文訳

　子供が行う様々な仕事にはかなりの違いがある。困難できつい仕事もあれば，より危険で道徳的に非難されるべき仕事さえある。子供たちは働く際にとても広範囲に及ぶ作業や活動を行っている。

　(1)「児童労働」という言葉はしばしば，子供たちから幼年時代，秘める可能性，さらには尊厳を奪う，心身の発達に害を及ぼす仕事として定義される。

　児童労働は最も極端なかたちになると，しばしばごく幼い年齢で，子供が奴隷にされ，家族から引き離され，深刻な危険や病にさらされ，さらには(または)大都市の路上で1人で生きていくよう放置されるといったことにもなる。(2)ある特定の形の「仕事」を「児童労働」と呼べるかどうかは，子供の年齢，行う仕事の種類や時間，仕事を行う際の条件，そして個々の国が目指す目的によって決まる。　これに対する答えは国によって異なるし，また国内の様々な部門間でも異なる。

Lesson5

問題2 解説
(別冊p.39参照)

TRACK 26

①Languages, like so many other forms of human expression, come and go, and thousands have done exactly that without leaving any trace of ever having existed. ②Only a very few – Basque*, Greek, Hebrew, Latin among them – have lasted more than 2000 years. ③But it seems that the pace of their disappearance is becoming ever quicker. ④UNESCO claims that the rate of language extinction has now reached ten every year.

①言語は，他の非常に多くの人間の表現手段と同様に，生まれては消えていくものであり，何千もの言語が，自らが存在していたという痕跡を何ら残すこともなく，これまでも実際に生まれては消えてきた。②2千年以上もの歳月を生き残ってきたのは，バスク語，ギリシア語，ヘブライ語，ラテン語といったごくわずかな言語のみである。③しかし，そういった言語の消滅の速度はますます速まっている。④今では言語の消滅の割合が，毎年10に及ぶとユネスコは主張している。

✓ Word Check
- □ trace「痕跡」
- □ disappearance「消滅」
- □ extinction「絶滅」
- □ last「継続する」
- □ claim「主張する」

タテの流れ
① 言語＝消滅の歴史
② ［①の 反例 ］
③ 消滅の速度の増加
④ ［③を数字で 具体化 ］

記述（英文和訳問題）

> **Point** 本文のgo → disappearance → extinctionのように，**"同じことを言うのに，違った表現"** が用いられているのを自覚しながら読むことが大切。

設問解説

■ Languages(S),…,come(V_1) and go(V_2)

■ like は**「〜と同様」**の意味の前置詞。

■ come and go は「行ったり来たりする」以外に，come が"誕生"を，go が"消滅"を表し，全体として**「生まれては消えてゆく，手に入っては失われてゆく，移り変わる」**といった意味がある。ただし，これを知らなくとも，Only a very few have lasted, their disappearance, language extinction といった表現から十分類推は可能。

■ thousands は thousands of languages のこと。

■ exactly「正確に」以外に，**「まさに」**の意味があり，ここは後者。

■ that は直前の内容を指して「その[この]こと」の意味の代名詞で，ここは「誕生しては消えてゆく」ということ。

■ **without** leaving **any** trace of **ever** ….

　without は「〜なしで」の意味の前置詞で否定 (not) を含意→ not ＋ any ＝ no, not ＋ ever ＝ never となる。

問題2 解答

全文訳内の下線部参照。

問題2全文訳

　<u>言語は，他の非常に多くの人間の表現手段と同様に，生まれては消えていくものであり，何千もの言語が，自らが存在していたという痕跡を何ら残すこともなく，これまでも実際に生まれては消えてきた。</u>2千年以上もの歳月を生き残ってきたのは，バスク語，ギリシア語，ヘブライ語，ラテン語といったごくわずかな言語のみである。しかし，そういった言語の消滅の速度はますます速まっている。今では言語の消滅の割合が，毎年10に及ぶとユネスコは主張している。

問題 3 解説
（別冊p.40参照）

①Due to our long engagement with writing, <u>it is hard for us even to imagine how our day-to-day life would change in the complete absence of writing.</u> ②<u>Our use of language would have to be much different if we</u> became a purely oral society. ③What would be different in the domains of information flow, small-talk, conversation, grocery shopping, even grammatical structures? ④Would our memory be <u>up to the task</u>? ⑤How might we adapt?

①我々は長きに渡って，書き言葉に関わってきたために，書き言葉が完全になくなったら，日々の生活がどのように変わるかを想像することさえ我々にとって難しい。②我々が完全に話し言葉しか持たない社会になったとしたら，我々の言語の使い方は今とは非常に異なったものになるだろう。③情報の流れ，ちょっとした話，会話，食料品店での買い物，さらには文法構造といった領域に，どんな変化が生じることになるのだろう。④我々の記憶力はそういったことに耐えうるのだろうか。⑤我々はどのように順応するのだろうか。

✓ Word Check

- □ engagement「関わり，従事」
- □ complete「完全な，完成する」
- □ grocery「食料雑貨[食料品]店」
- □ writing「執筆，書いたもの」
- □ domain「領域」
- □ grammatical「文法の」

テの流れ

① 書き言葉のない日常生活は想像するのすら困難。
② ［①の 言い換え ］
③〜⑤ ［①の 具体化 ］

Lesson5

設問解説

■ it は仮主語で to imagine 以下を指している。　☞ ヨコ **Point 17**
（別冊 p.90）

■ how our day-to-day life would change in the …は**if 節のない仮定法**（☞ ヨコ **Point 13** 別冊 p.83）で，ここは in the complete absence of writing の部分に if が潜伏。

■ in the complete absence of writing に関しては，この言い換えにあたる②の if 以下（言い換え）をヒントにして，writing を**「書き言葉」**くらいに訳すとおさまりがよい。なお absence は「不在の，(い)ない」の意味の形容詞 absent の名詞形で，後に続く **of は主格**を表す。
→「書き言葉**が**完全になくなったら」

ヨコ 1 | Our use of language would have to be much different if we…

■ これは仮定法の文だが，後に続く④〜⑥もすべて仮定法で，この③の if we …という仮定を引きずって書かれている。

■ much different の後に than it is today が省略。　☞ ヨコ **Point 27**
（別冊 p.96）

ヨコ 2 | up to the task

up to 〜は多義語で**「〜次第で，〜の責任で，〜まで」**が頻出だが，ここは**「(作業など)耐えうる，こなす力量がある」**の意味。

問題3 解答

全文訳内の下線部参照。

問題3全文訳

　我々は長きに渡って，書き言葉に関わってきたために，<u>書き言葉が完全になくなったら，日々の生活がどのように変わるかを想像することさえ我々にとって難しい。</u>我々が完全に話し言葉しか持たない社会になったとしたら，我々の言語の使い方は今とは非常に異なったものになるだろう。情報の流れ，ちょっとした話，会話，食料品店での買い物，さらには文法構造といった領域に，どんな変化が生じることになるのだろう。我々の記憶力はそういったことに耐えうるのだろうか。我々はどのように順応するのだろうか。

Lesson5

問題4 解説
（別冊p.40参照）

TRACK*28

①The world is becoming more and more homogeneous for many complex reasons but chiefly because of increased communications and machine-driven standardization. ②<u>We have to look hard for manners that will shock us these days</u>, not only because we have seen or heard of most of them already, but because there are fewer and fewer varieties to view.

> ①世界はますます同質化の方向へと向かっている。これには多くの複雑な理由があるが，主としてコミュニケーションが拡大し，機械化による標準化が一層進んできたからである。②今日必死になって探してでもみない限り，私たちが驚くような風習は見当たらない。それは私たちがそのほとんどについて既に見たり聞いたりしたことがあるからだけでなく，見るべき多様なものがますます少なくなっているからである。

✓ Word Check
- homogeneous「同質の」
- complex「複雑な」
- standardization「標準化」
- hear of ～「～について（うわさなどで）耳にする」
- variety「多様性，種類」
- view「眺め（る）」

タテの流れ
① 世界＝同質化
② [①の 言い換え]

設問解説

■ look for ～「～を探す」／ manners「マナー，風習[風俗]」／ these days「最近[昨今]，今日」

■ that will shock usは関係代名詞thatのつくる形容詞節でmannersを修飾。

■ そのまま訳せば、「今日、私たちは自分たちを驚かせるような風習を一生懸命探さなければならない」となるが、これではまったくタテの流れに合わない(そもそも"風習を探せ"という話ではない)。この直訳を①の「世界の同質化」というテーマにどのように合わせて、つまりは**タテを意識してどう意訳**するかがこの問題の最大のポイント。

「世界が同質化」しているのならば、「自分たちを驚かせるような風習」などそうはないはずである(自分の風習と隣の風習が同じなのだから)。

これを念頭にもう一度直訳を捉えなおせば、「自分たちを驚かせるような風習を一生懸命探さなければならない」というのは「自分たちを驚かせるような風習(を見つけようとするなら、それ)を一生懸命探さなければならない(ほど世界は同質化している)」ということ。このあたりを汲んで最終的な和訳を練り上げるとよい。

問題4 解答

全文訳内の下線部参照。

問題4全文訳

世界はますます同質化の方向へと向かっている。これには多くの複雑な理由があるが、主としてコミュニケーションが拡大し、機械化による標準化が一層進んできたからである。<u>今日必死になって探してでもみない限り、私たちが驚くような風習など見当たらない。</u>それは私たちがそのほとんどについて既に見たり聞いたりしたことがあるからだけでなく、見るべき多様なものがますます少なくなっているからである。

Lesson6

記述（説明問題等）

"抽象⇔具体"，"言い換え"が説明問題の鍵

問題1 解説
（別冊p.41参照）

第1段落

TRACK 29

①"I approve of your magazine and what it stands for," writes a subscriber, "but I am shocked by references （ ア ） computers and the internet. ②I thought you were （ イ ） books and reading. ③Please remain old-fashioned."

①「貴誌とそれが掲げる旗印に私は賛同しています」とある購読者は投書を寄せた。②「しかし，コンピュータとインターネットに対する言及にはショックを受けました。貴誌は書籍と読書の味方だと思っていたからです。③どうかこれまでの考えを捨てないでください」

✓ Word Check
- □ approve of ～「～を認める」
- □ stand for ～「～を表す，～を支持する」
- □ subscriber「購読者，加入者」
- □ reference「言及，参照」
- □ old-fashioned「旧来の，時代遅れの」

タテの流れ

① ～ ③ 「書籍や読書の味方のままでいて欲しい」と訴える読者からの投書。　　　　　　　　　　　　　　　　　（エピソード）

設問3解説

(ア) reference to ～「～に対する言及」refer(V) to ～で「～に言及する」の意味。この refer の名詞形が reference である。

1 as　　2 of　　③ to

(イ) 第2段落の内容から，この投書を寄せた a subscriber は"愛読(書)家"であることがわかる。「貴社が本や書籍(イ)だと思っていた。古い考えのままでいてください(=その貴社の考え方を変えないでください)」という訴えの空所にどんな言葉を入れれば「愛読(書)家」になるかを考える。

→ for ～「～に賛成(擁護)し，～に味方して」の意味の前置詞。

1 against　　② for　　3 off

第2段落

①That sums up a misunderstanding – and a fear – common among many book lovers (and old-fashioned people). ②(1)The same confusion was behind an invitation I received to speak at a gathering of librarians on "The rise of the computer, the death of the book." ③But books are not dead, or dying, or even a bit poorly, they have never been in better fettle*.

①これは，多くの愛読者（そして昔ながらの人々）の間でよく見られる誤解や恐怖を要約している。②私が受け取った，「コンピュータの台頭，書籍の死」に関する図書館員の会合での演説を依頼する招待状の背後にも，これと同じような誤解が潜んでいた。③しかし，書籍は死んでもいないし，死にかけてもいない。さらにはまったく悪い状態になどなっていない。むしろ書籍が今ほど良好な状態であったことはこれまで1度もない。

✓ Word Check

☐ sum up「要約する」　　　　　☐ confusion「混同，混乱」
☐ gathering「会合」　　　　　　☐ librarian「図書館員」
☐ in good fettle「健康で，良好で」

Lesson6

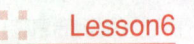

タテの流れ

① 第1段落の投書の内容＝多くの愛読者に見られる誤解。
② 『コンピュータの台頭，書籍の死』という会合。
　　　　　　　　　　　　　　　　　　[①と同様の 具体例]
③ 書籍は死んではいないし，今が最高の状態にある。
　　　　　　　　　　　　　（投書や会合への作者の反論）

> **Point** ▸ sameのように「何と？」「何に？」と尋ねるべき相対的な単語は，それが明示されていなくとも（明示する場合はthe same A as Bのかたち）文脈からそれを明らかにして読解する。

ヨコ 1 : The same confusion was behind an invitation I received to speak at …

■ behind ~「~の後ろに，背後に」の意味の前置詞。
■ invitation の後に関係代名詞 that(または which) が省略。to speak は invitation を修飾(説明)する形容句。
　→ an invitation [I received] [to speak at …] （二重限定） ☞ ヨコ **Point** 29
　　　　　　　形容詞節　　　　形容詞句　　　　　　　　　　　（別冊 p.100）

「私が受け取った，…でスピーチをしてほしいという招待状」

ヨコ 2 : But books are not dead, or dying …, they have never been …

■ books(S) are(V)…, they(S) have never been(V)…と2つの文がカンマだけで並べられているが，ここは単なる"列挙"。
■ they have never been in better fettle の後には than they are が省略。
　　　　　　　　　　　　　　　　　　　　　☞ ヨコ **Point** 27
　　　　　　　　　　　　　　　　　　　　　　　（別冊 p.96）

「書籍は今ほど良好であったことはこれまでに一度もない」→「書籍は今が

最も良好な状態にある」（最上級相当表現）

設問1解説

「①下線部(1)the same confusion を，著者はどことどこに見出したのか，本文の第1段落と第2段落に基づいて，2点をそれぞれ15字程度の日本語で答えなさい」という問題。

The same confusion「同じ混乱」が behind an invitation「招待（状）の背後にある」とある。「同じ混乱」とあるのだから，すでに描かれている「混乱」を前から探せばよい。すると，confusion ≒ misunderstanding – and a fear だとわかる。misunderstanding – and a fear は第1段落の投書のことを言っているのだから，設問の①の解答は「投書と招待状」が答えとなり，これをそれぞれ15字でより具体的に説明すればよい。

→「**著者の雑誌へ寄せられた読者の手紙／著者に届いた図書館員向けの講演依頼**」

「②下線部(1)the same confusion の内容を30字程度の日本語で述べなさい」という問題。

設問②に関しては投書と招待状に共通する「誤解・混乱」が何かを考えれば，それが「コンピュータの台頭と書籍の死」だと容易にわかるので，こちらもこれを30字で具体的に説明すればよい。

→「**コンピュータが書籍にとって代わるのではといった愛書家の誤解**」

第3段落

①Computers have not killed off the book and will not. ②What they can do is to co-exist peacefully alongside books, because they are two very different things, with very different functions. ③(2)Indeed, among the first people to embrace the internet wholeheartedly were members of the world-wide community of antiquarian booksellers.

Lesson6

> ①コンピュータによって書籍が消滅してしまったことはないし，今後も消滅することはないだろう。②コンピュータにできるのは，書籍と平和に共存していくことである。それは，その両者が非常に異なった機能を持つ，2つの非常に異なった存在だからである。③実際，最初にインターネットを心から歓迎した人々の中には，世界中の古書の販売業者の人々が含まれていた。

☑ **Word Check**
- ☐ kill off「大量死させる，絶滅させる」
- ☐ alongside「～と並んで」
- ☐ embrace「抱擁する」
- ☐ community「(地域)社会，集まり」
- ☐ co-exist「共存する」
- ☐ function「機能」
- ☐ wholeheartedly「心から」
- ☐ antiquarian「古物収集(研究)の」

タテの流れ

① コンピュータにより書籍が消滅することはない。
② コンピュータと書籍は共存可能。[①の 言い換え]
③ [②の 裏づけ]

設問(2)解説

■ ズバリ，倒置を見抜けたかがこの問題のポイント。

☞ ヨコ Point ❷
（別冊 p.70）

among the first people [to embrace …] were members [of …].
 副詞句   形容詞句 V S 形容詞句

「最初にインターネットを心から embrace した人々の中には，世界中の古書の販売業者の人々がいた」が直訳。

ちなみに **S be among O** は「SはOの中にいる(ある)」から**「SはOのひとつ(ひとり)である，SはOに属する(含まれる)」**といった意味。

 例 She is among the most famous athletes in the world.
  「彼女は世界で最も有名なスポーツ選手のひとりである」

■ embrace は「抱擁する」の意味だが，ここでいう「インターネットを抱擁する」とはどういうことかを類推する必要がある。**文頭の Indeed「実際に」**

記述（説明問題等）

という順接（裏づけ）の表現から，ここは②の「インターネットと書籍の共存」というベクトルの延長線にあるのがヒントとなる。

第4段落

I run a small publishing company and produce this magazine virtually single-handed, and that is only possible because of the computer. (以下略)

私は小さな出版社を経営し，ほとんどひとりでこの雑誌を作っている。これが可能なのは，コンピュータのおかげに他ならない。

☑ Word Check
- run「経営する，運営する」
- publishing company「出版会社」
- virtually「事実上，ほとんど」
- single-handed「片手で(の)，単独で(の)」

タテの流れ

作者が雑誌をほぼひとりで製作できるのもコンピュータのおかげ。
　（"コンピュータと書籍の共存"を作者自身実感しているということ）

問題1 解答

1. ①著者の雑誌へ寄せられた読者の手紙（16字）／著者に届いた図書館員向けの講演依頼（17字）
   ②コンピュータが書籍にとって代わるのではといった愛書家の誤解（29字）
2. 全文訳内の下線部参照。
3. （ア）3　（イ）2

Lesson6

問題1全文訳

「貴誌とそれが掲げる旗印に私は賛同しています」とある購読者は投書を寄せた。「しかし，コンピュータとインターネットに対する言及にはショックを受けました。貴誌は書籍と読書の味方だと思っていたからです。どうかこれまでの考えを捨てないでください」

これは，多くの愛読者(そして昔ながらの人々)の間でよく見られる誤解や恐怖を要約している。私が受け取った，「コンピュータの台頭，書籍の死」に関する図書館員の会合での演説を依頼する招待状の背後にも，これと同じような誤解が潜んでいた。しかし，書籍は死んでもいないし，死にかけてもいない。さらにはまったく悪い状態になどなっていない。むしろ書籍が今ほど良好な状態であったことはこれまで1度もない。

コンピュータによって書籍が消滅してしまったことはないし，今後も消滅することはないだろう。コンピュータにできるのは，書籍と平和に共存していくことである。それは，その両者が非常に異なった機能を持つ，2つの非常に異なった存在だからである。実際，最初にインターネットを心から歓迎した人々の中には，世界中の古書の販売業者の人々が含まれていた。

私は小さな出版社を経営し，ほとんどひとりでこの雑誌を作っている。これが可能なのは，コンピュータのおかげに他ならない。

問題 2 解説
(別冊 p.43 参照)

第 1 段落

TRACK 30

①One of the great debates in Western civilization is whether humans are born cooperative and helpful and society later corrupts them, or whether they are born selfish and unhelpful and society teaches them better. ②As with all great debates, both arguments undoubtedly have some truth on their side. ③Here I defend a thesis that mainly sides with the former view.

> ①西洋文明における最も大きな論争のひとつが，人間は生まれながらにして協力的で人を助ける性質を持っていながら，後になって社会がそんな彼らを崩壊させるのか，それとも人間は生まれながらに自己中心的で人を助けることはなく，社会が彼らをより良く教育するのかどうかという問題である。②すべての大きな論争に関してそうであるように，この両者の主張はどちらもある種真実を含むことは疑いようのないことである。③ここでは，主として前者の見解を擁護する。

✓ Word Check

- □ civilization「文明」
- □ cooperative「協力的な」
- □ corrupt「崩壊させる」
- □ undoubtedly「疑いなく，確かに」
- □ on one's side「〜の側に」
- □ thesis「主張，見解，論文」
- □ side with 〜「〜の側に立つ，〜を支持(味方)する」
- □ former「前の」

タテの流れ

① 大きな論争＝人間は生まれながらにして協力的で後に社会がそれを崩壊させるのか，あるいはその逆か？
② [①の 譲歩]
③ 前者の理論を擁護。[作者の 主張]

Lesson6

ヨコ 1 One of the great debates …is whether…, or whether …

2つのwhetherは「〜かどうか」の意味で補語の位置で名詞節を作っている。

One of the … is whether… or whether….
　　S　　　　V　　C₁　　　　C₂

ヨコ 2 As with all great debates,

asが「〜ように」の意味の接続詞で, withが「〜に関して」の意味の前置詞。
→「すべての大きな論争に関してそうであるように」

☞ ヨコ Point 10
（別冊 p.80）

ヨコ 3 Here I defend a thesis that mainly sides with the former view.

that は a thesis を先行詞とする関係代名詞。that 節内の mainly は副詞で sides(V) with 以下を修飾。

☞ ヨコ Point 9
（別冊 p.80）

第2段落

①From around their first birthdays – when they first begin to walk and talk and become truly cultural beings – human children are already cooperative and helpful in many, though obviously not all, situations. ②And they do not learn this from adults; it comes naturally. ③But later in the process of growing up, <u>children's relatively indiscriminate cooperativeness</u> becomes moderated by such influences as their judgments of likely mutual benefit and their concern for how others in the group judge them. ④And they begin to understand many social norms for how we do things, how one ought to do things if one is to be a member of this group.

> ①1歳の誕生日をむかえたあたりから，つまり初めて歩いたり会話をしたりして真に文化的な存在へとなり始めた頃から，人間の子供はすでに，明らかにすべてとは言わないまでも多くの状況で協力的であり人を手助けするようになっている。②そして彼らは，こういったことを大人から学ぶのではなく，自然と身に付けるのである。③しかし，さらに成長していく段階で，互いにどのような利益が生じる可能性があるのかを判断したり，同じ集団内の他者が自分をどう評価するかを気にかけるといった影響によって，子供が持つこうした比較的無差別な協力は低減されてゆく。④そして彼らは我々の行いに対する多くの社会的基準(規範)，つまりこの集団の一員であろうとするならばどう物事を行うべきかを理解し始めるのである。

✓ Word Check

- □ cultural beings「文化的存在」
- □ relatively「相対的，比較的」
- □ moderate「和らげる」
- □ mutual「相互の」
- □ concern「関係，関心，心配，懸念」
- □ obviously「明らかに」
- □ indiscriminate「無差別の」
- □ likely「起こりうる，ありうる」
- □ benefit「利益，恩恵」
- □ norm「基準，標準」

タテの流れ

① 子供=およそ1歳までには，すでに協力性を自然と身につけている。
②
　[第1段落①humans are born cooperative and helpful の 具体化]
③ 成長の過程で，生来の協力性は減少し，社会的基準を理解しはじ
④ める。[第1段落①society later corrupt them の 具体化]

> **Point▶** 段落全体が別の段落の内容全体（あるいは一部）を**具体化**している場合もある。

Lesson6

設問解説

下線部を30字以内のわかりやすい日本語で説明せよという問題。

children's relatively indiscriminate cooperativeness「子供の比較的無差別な協力性」が直訳。この**抽象的な表現が旧情報(説明済み)である**ことを自覚できているかがポイント。

human children are already cooperative and helpful in many, though obviously not all, situations.
　→ children's relatively indiscriminate cooperativeness

ヨコ 4 And they begin… many social norms for …, how one …

many social norms for how we do things「我々の物事の行いに対する多くの社会的基準(規範)」を how one ought to do things…と言い換えている。

見た目だけで判断すると、how …, how …という並列にも思えるが、内容的に判断すると、ここは social norms = how one ought to do things と言い換えになっているのがわかる。

問題2 解答

1歳にして子供が自然と発揮する、およそ何にでも協力的な態度。(30字)

問題2全文訳

西洋文明における最も大きな論争のひとつが、人間は生まれながらにして協力的で人を助ける性質を持っていながら、後になって社会がそんな彼らを崩壊させるのか、それとも人間は生まれながらに自己中心的で人を助けることはなく、社会が彼らをより良く教育するのかどうかという問題である。すべての大きな論争に関してそうであるように、この両者の主張はどちらもある種真実を含むことは疑いようのないことである。ここでは、主として前者の見解を擁護

する。

　1歳の誕生日をむかえたあたりから，つまり初めて歩いたり会話をしたりして真に文化的な存在へとなり始めた頃から，人間の子供はすでに，明らかにすべてとは言わないまでも多くの状況で協力的であり人を手助けするようになっている。そして彼らは，こういったことを大人から学ぶのではなく，自然と身に付けるのである。しかし，さらに成長していく段階で，互いにどのような利益が生じる可能性があるのかを判断したり，同じ集団内の他者が自分をどう評価するかを気にかけるといった影響によって，子供が持つこうした比較的無差別な協力は低減されてゆく。そして彼らは我々の行いに対する多くの社会的基準（規範），つまりこの集団の一員であろうとするならばどう物事を行うべきかを理解し始めるのである。

Lesson 7

L5〜6の総合問題

問題 解説
(別冊p.44参照)

第1段落 TRACK 31

①Weeping is a human universal. ②Throughout history, and in every culture, emotional tears are shed — everyone, everywhere, cries at some time. ③People weep during funeral rituals in almost every culture. ④Around the globe, infants cry in hunger and pain, and children in frustration and disappointment. ⑤<u>However much the rules governing emotional display may vary from time to time and place to place, adults weep for myriad reasons and sometimes, a few claim, for no reason at all.</u> ⑥<u>In American culture, even those rare people (usually male) who claim they never cry can remember doing so as children.</u>(1)

①泣くことは人間の普遍的行為である。②歴史を通じて，そしてすべての文化において，感情的な涙が流される。どこにいようと，誰であれ，泣くことがある。③ほとんどすべての文化で，人々は葬儀で涙を流す。④世界中で，幼児は空腹や苦痛を感じて泣き，子供たちは不満や失望を感じて泣く。⑤時代や場所によって感情表現を支配する原則がどんなに変化しようとも，大人は数多くの理由で涙を流すし，中には理由もなく泣くと言う人も少数ながらいる。⑥アメリカの文化において，自分は決して泣かないと言い張る稀な人たち（たいていの場合男性）でさえ，子供の頃の泣いたことがあるのを思い出すことができる。

L5〜6の総合問題

✓ Word Check
- □ weep「泣く」
- □ emotional「感情の」
- □ ritual「儀式」
- □ govern「統治[支配]する」
- □ claim「主張する」
- □ throughout「〜を通して，〜全体で」
- □ funeral「葬式(の)」
- □ globe「地球」
- □ myriad「無数の」
- □ as a child(またchildren)「子供の頃」

タテの流れ

① 涙を流す＝人間の普遍的行為
② 誰もが泣く。[①の 具体化]
③
〜 [②の 具体例]
⑥

ヨコ 1　However much the rules governing…, adults weep for myriad reasons and sometimes, a few claim, for no reason at all.

■ この however は「たとえどんなに〜しようとも」の意味。
■ governing 〜 display は the rules を修飾する形容詞句。
■ and, <u>a few claim</u>, for no reason at all の下線部は主節の挿入で，この a few は＝ a few people。
　 ＝ a few claim that adults weep for no reason at all.　☞ ヨコ Point 25
　 （別冊 p.95）

設問(Ⅰ)解説

■ 下線部の全体の構造は以下の通り。

(In American culture), those rare people [who claim they never cry] can
　　副詞句　　　　　　　　S　　　　　関係代名詞のつくる形容詞節

remember <u>doing so</u> (as children).
　　V　　　　O　　　副詞句

• 195

Lesson7

- remember 〜ing は「〜**したのを覚えている[思い出す]**」の意味。doing so = crying
- as children（また as a child）**「子供の頃」**という意味の熟語。

第2段落

①And weeping is exclusively human. ②As far as we know, no other animal produces emotional tears. ③Some people have claimed that elephants cry, weeping at being reunited with their handlers, for instance, or after being scolded. ④But no independent confirmation of these rare and anomalous tears has ever been made. ⑤In his autobiography, the elephant trainer George Lewis*, for instance, tells the story of Sadie, a young elephant who wept when she was punished. ⑥Sadie has since been offered as evidence that emotional tears occur in other species, but she is a poor offering. ⑦Lewis mentions only one case in a lifetime of elephant handling, and since Sadie never cried a second time, Lewis is not entirely sure that what he saw was actual emotional weeping. ⑧Poodles have been reported to weep, but only by their owners. ⑨Arguments have been made for seals, beavers, and dolphins, all of them unsubstantiated. ⑩Weeping is, as Darwin* said, one of the "special expressions of a man," crying a human peculiarity.

①また泣くのは専ら人間に限る。②我々の知る限り，感情的な涙を流す動物は人間以外にない。③象は，例えば飼育係に再会したり，あるいは怒られたりしたあとに涙を流しながら泣くと主張してきた人もいる。④しかし，こういった稀で，例外的とも言える涙は，これまで独立したかたちで立証された試しはない。⑤例えば，象の調教師であるジョージ・ルイスは，自らの自伝

の中で罰を受けて涙を流した若い象のサディに関する話に触れている。⑥以来このサディが，人間以外の動物も感情的な涙を流す証拠として提示されてきたが，彼女は証拠の提示としては不十分である。⑦ルイスは，象を調教した生涯のうちのわずか1例にしか触れておらず，サディは2度目に泣くことはなかったのだから，ルイス自身も自分の目にしたものが実際に感情的な涙だったと完全に確信しているわけではない。⑧プードルに関しても，泣くということが報告されてきたが，それは飼い主自身による報告でしかない。⑨アザラシ，ビーバー，イルカに対しても同様の主張がなされてきたが，これらすべてが立証されてはいない。⑩ダーウィンが言ったように，涙を流すことは「人間の特別な表現手段」の1つであって，泣くことは人間特有のものである。

✓ Word Check

- exclusively「もっぱら，排他的に」
- reunite「再会させる」
- for instance「例えば」
- confirmation「確認，裏づけ」
- autobiography「自伝」
- offer「提供する」
- species「種（しゅ）」
- unsubstantiated「証明［立証］されていない」
- peculiarity「特異（性）」
- as far as SV「～の限り（範囲）」
- handler「調教師」
- scold「叱る」
- anomalous「異例の，変則の」
- punish「罰する」
- evidence「証拠」
- entirely「完全に」

テの流れ

① 涙を流す＝人間のみ
② [①の 反復]
③ ゾウが泣くという人もいる。（反論の紹介）
④ ③は証明されていない。（反論を論破）
⑤
〜 [③＋④の 具体例]
⑦
⑧
⑨ ゾウ以外の様々な動物の涙についても証明されていない。
⑩ ダーウィンの言葉を引用。[①の 反復]

Lesson7

> **Point ▶** この段落の③以降は，作者が自分の主張に対する**反論を紹介**し，**それを論破**しているという流れ。

ヨコ 2 no independent confirmation of … has ever been made.

■ make confirmation「裏づけを行う」の意味で，ここではこれが現在完了形の受身で用いられている。　　　　　　　　☞ ヨコ **Point 26**
（別冊 p.95）

■ **no ＋名詞の訳出**に関しては，no ＝ not ＋ any と考えて，この not を述語動詞部分にぶつけるとスムーズ。

any independent confirmation of …has **not** ever(＝ never) been made.
「…の**いかなる**独立した裏づけもこれまで行われて**こなかった**」

（実際には any…not の語順は文法的に誤りなので，このように書かれることはない）

ヨコ 3 Sadie has since been offered as evidence that … , but she is a poor offering.

■ この since は副詞で**「それ以来」**の意味。

■ evidence that …の that は**同格節**を導いている。「…という証拠」
　　　　　　　　　　　　　　　　　　　　　　☞ ヨコ **Point 7 8**
（別冊 p.76, 78）

■ a poor offering「不十分な提示」の意味だが，この offering は先行する offered を意識して使われているのは明らかなので，**「証拠として提示するには不十分」**ということ。

ヨコ 4 Poodles have been reported to weep, but only by their owners.

only by their owners という副詞句と文法的に対等なものが but の左にはないので，この but は一見すると文法的に対等なものを並べていない。→この

but は**追加情報**→ but they have been reported only by their owners と考える。
☞ ヨコ Point 1
（別冊 p.67）

ヨコ 5　Arguments have been made for seals, …, all of them unsubstantiated.

all of them unsubstantiated の部分は**独立分詞構文**。
= all of them(= arguments) being unsubstantiated
= , and(but) all of them are unsubstantiated
「そして(しかし)それらすべてが立証されていない」

ヨコ 6　Weeping is, …, one of the "special expressions of a man," crying⌃a human peculiarity.

crying の前のカンマは**並列（また言い換え）のカンマ**で，crying の後に **is** が省略されている。

and, but, or の等位接続詞やセミコロン(;)，さらには並列のカンマの後では，**反復を避けた省略**が起こることがある。
☞ ヨコ Point 1
（別冊 p.67）

例 Hate leads to war, love to peace.
「憎しみが戦争を生み，愛は平和を生む」

第 3 段落

①And yet we know surprisingly little about it. ②We know some of the basic physiological processes involved, a bit about the glands and ducts used and the hormonal activity that accompanies it. ③We know some of the major nerves that fire, and some of the brain systems that are activated. ④Physiologists have studied the chemical content of emotional tears and shown that they₍ₐ₎ differ from the tears,

• 199

Lesson7

called basal or continuous tears, that lubricate our eyes when we are not crying. ⑤We know that women usually cry more often than men, and that infants cry more than either. ⑥But beyond this we know very little.

①だがしかし，我々がそのことについて知っていることは驚くほど少ない。②我々は，泣くことに関係する基本的な生理学的プロセスに関してのいくらかを，つまり使われる腺や管とそれに伴うホルモン作用についての僅かながらのことは知っている。③我々は刺激される主要な神経のいくらか，また活性化される脳組織のいくらかを知っている。④生理学者たちは感情的な涙の化学的成分について研究し，それらが基礎的あるいは継続的な涙と呼ばれる，泣いていないときに眼を潤す涙とは異なることを明らかにしてきた。⑤一般に女性の方が男性よりもよく泣くということ，そして幼児はそのどちらよりもよく泣くことを我々は知っている。⑥しかし，これ以外のこととなると，我々はほとんど知らない。

✓ Word Check

- physiological「生理学の」
- duct「管」
- accompany「同伴する，伴う」
- fire「刺激される，興奮する」
- content「中身」
- continuous「継続的な」
- infant「幼児」
- a bit「ちょっと」
- hormonal「ホルモンの」
- nerve「神経」
- activate「活性化する」
- basal「基礎的な」
- lubricate「潤す」

タテの流れ

① 我々が泣く行為に関して知っていることは驚くほど少ない。
②〜（譲歩）
⑤
⑥ [逆接→主張，①の 反復]

設問(Ⅳ)解説

Physiologists have studied the chemical content of emotional tears and shown that **they** differ from the tears, …

"they は複数名詞を指すからそれを探す"というよりも，文の流れの中で捉えると極めて簡単な問題。→「生理学者が感情の涙の科学的成分を調べ，それらが…の涙とは異なることを示した」という意味なので，「それら」は生理学者が調べた「感情の涙」以外にはありえない。→ **emotional tears**

ちなみに，they – their – them は一般に複数名詞を指すが，以下のように単数名詞であってもこれらが用いられるケースがあるので注意する。

1) 複数の個からなる組織，集まりなどを表す単数名詞

The company announced that **they** would stop their operation.
「その会社は操業を停止すると発表した」(they = the company)
(もちろん，it would stop its operation という場合もある)

2) someone, anyone, everyone, a baby, a child など男女両方の性別を含む名詞

If anyone calls me, tell **them** I'll be back at five. (them = anyone)
「誰か電話してきたら，5時には戻ると伝えてください」
(もちろん tell **him or her** I'll …という場合もある)

ヨコ 7　the tears, called basal or continuous tears, that lubricate …

called ~ tears は過去分詞がつくる形容詞句で直前の the tears を説明。さらに that lubricate …の that は tears を先行詞とする関係代名詞。
→「基礎的あるいは継続的な涙と呼ばれる，…を潤す涙」

ヨコ 8　infants cry more than either.

この either は**「いずれか(も)」**の意味の代名詞で，ここでは either of them(= women and men)のこと。このように either(また neither)が代名詞で用いられる場合，文脈から明白なときには **of ~部分が省略**されることも多い。

Lesson7

ヨコ 9 beyond this we know very little.

beyond は「〜を超えて，〜の向こうに」の意味の前置詞だが，否定文（また否定的な文脈）で，「**〜以外**」の意味で用いられることがある。

→「こういったこと以外に，私たちはほとんど知らない」

第4段落

①Our best understandings of tears come not from the medical and psychological sciences but from innumerable poetic, fictional, dramatic, and cinematic representations of the human proclivity(b) to weep. ②Although this cultural record is extensive, many questions remain. ③Why do we cry? ④Tears of happiness, tears of joy, the proud tears of a parent, tears of mourning, frustration, defeat — what have they in common? ⑤What does it mean that at times of victory, success, love, reunion, and celebration, the outward signs of our emotional interiority are identical to those of our most profound experiences of loss? ⑥Why do certain feelings make us cry and why does crying feel the way it does? ⑦How do we understand other people's weeping? ⑧Why and how do we stop crying? ⑨When is crying neurotic or pathological? ⑩What, exactly, do tears express?

①涙に関して我々が最もよく理解しているものは，医学や心理学からもたらされるものではなく，泣くという人間的性質についての数えきれないほど多くの詩，小説，演劇，映画の描写によってもたらされるものである。②こういった文化的な記録は広範囲に及ぶが，依然として多くの疑問が残っている。③なぜ我々は泣くのだろうか。④幸福を感じるときの涙，嬉しいときの涙，親の誇らしげな涙，哀悼や不満や敗北の涙，これらの共通点は何なのだろうか。⑤勝利，成功，愛，再会，祝福のときに，我々の内面感情をおもてに表すものが，最も深い喪失の経験をおもてに表すものと同じであるというのは

何を意味しているのだろうか。⑥ある種の感情によってなぜ我々は涙を流すのだろうか。そしてなぜ泣くことが実際あのように感じられるのだろうか。⑦どのようにして我々は他人の涙を理解するのだろうか。⑧なぜ，そしてどのようにして我々は泣きやむのだろうか。⑨どんなときをもって泣くことをノイローゼや病と言えるのだろうか。⑩正確には泣くことは何を表現しているのだろうか。

✓ Word Check

- □ innumerable「無数の」
- □ fictional「小説の，架空の」
- □ representation「描写」
- □ extensive「広範囲の」
- □ defeat「敗北」
- □ reunion「再会」
- □ outward「外の」
- □ identical「同一の」
- □ neurotic「ノイローゼの」
- □ poetic「詩の」
- □ cinematic「映画の」
- □ proclivity「傾向」
- □ mourn「嘆く」
- □ have 〜 in common「〜を共通に持つ」
- □ celebration「祝福」
- □ interiority「内面(性)」
- □ profound「深遠な」
- □ pathological「病的な」

テの流れ

① 涙に関する理解＝数多くの詩，小説，劇，映画における涙の描写に由来。
② 多くの謎が依然として残る。[①の 逆接]
③
〜　[②の 具体化]
⑨

設問(V)解説

Our best understandings of tears come not from the medical and psychological sciences but from innumerable poetic, fictional, dramatic, and cinematic representations of the human proclivity(b) to weep.

同義語選択の問題。ここは，「我々が涙に関して理解している内容は詩，小説，

Lesson7

劇，映画の描写に由来するもの」という流れ。そしてこの「描写(representations)」の対象が human proclivity to weep である。→「人間の涙を流す proclivity を描写」→ proclivity「特性？」「性質？」あたりか？（類推完了）→ここで，選択肢にアプローチ→ 1, 3, 4 あたりが類推した意味のベクトルを満たす→ここで，はじめて辞書での確認→ proclivity = a natural tendency to do something or to feel something, often something bad とある。→正解は 4。

1. habit　　2. weakness　　3. peculiarity　　④ tendency　　5. desire

> 💬 **アプローチ補足**
>
> 文学部は辞書の持ち込みが可能となっている(2012年現在)ため，**すぐに辞書に手をのばそうとするが，極力それを避けて，まずは前後から類推**してほしい。結果的には，文脈をヒントにして類推した意味が最も正しいという場合が多いからである。**辞書はあくまで確認のためのもの**ということを自覚してほしい。

ヨコ10 What does it mean that …?

■ it が仮主語で that 以下を指している。that は「～ということ」の意味の接続詞。　　☞ ヨコ **Point 17**
（別冊 p.90）

■ that 以下に関しては，at times of victory ～ celebration が副詞句で，後の the outward signs(S) …are(V) identical(C) to those of our most ... という文全体を修飾。　　☞ ヨコ **Point 9**
（別冊 p.80）

■ those = the signs

ヨコ11 why does crying feel the way it does?

■ feel は無生物を主語にとると，**「～に感じられる」**の意味。

■ the way it does = as it does　　☞ ヨコ **Point 22**
（別冊 p.93）

このitは= crying で，doesはfeelの代動詞（動詞の反復を避けて用いられるdo, does, didのこと）。
→「なぜ泣くことは，それが（実際）感じられるように感じられるのだろうか」
➡「なぜ泣くことは，実際あのように感じられるのだろうか？」

第5段落

①Tears often resist interpretation, and an explanation that is obvious to the crier may be lost on the person whose shoulder is getting wet. ②Conversely, what an observer might find patently obvious often passes unrecognized by the blurred eyes of the crier(2). ③We all at times misread or are stumped by emotional cues, and sometimes we just ignore emotional displays, or allow them to go uninterpreted. ④But tears are so obviously there, and often so obviously significant, so clearly meant to communicate intense emotion, that we at least try to understand them. ⑤When an infant cries, or when a friend cries in the course of an intense conversation, we know among other things that a serious demand is being placed upon our attention: tears demand a reaction. ⑥And we almost always give one, even if that sometimes means studied inattention(c) rather than gestures of comfort or sympathy.

①涙はしばしば解釈されることを拒み，また泣いている人にとっては明らかな説明も，その涙に肩を貸している人にはまったくわからないことがある。②逆に，(2)傍らで見ている人にははっきりと見て取れることも，泣いている本人の涙でにじんだ目には気づかれないままであることがしばしばある。③我々は皆，感情的な手がかりを誤解したり，あるいはそれに困惑させられることがある。そしてまた感情表現をただ無視したり，それが解釈されないままでよしとすることもある。④しかし，涙がそこにあって意味をもち，また激しい

Lesson7

感情を伝えようとしているのはとても明らかであるがゆえに，我々は少なくともそれを理解しようとする。(5)幼児が泣くとき，あるいは友人が激しい議論の最中に泣くときには，とりわけそれがこちらの注意を必死に求めていることを我々は知っている。涙は反応してもらうことを求めているし，(6)たとえ反応が慰めや同情の仕草というより，わざと気づかないでいるといった反応だったとしても，我々はほとんどいつも涙に反応している。

✓ Word Check

- □ resist「抵抗する」
- □ obvious「明らかな」
- □ be lost on 〜「〜に通じない，理解されない」
- □ conversely「逆に」
- □ observer「見ている人，関心のある人」
- □ patently「明らかに」
- □ blur「ぼんやりさせる」
- □ at times「時々」
- □ misread「誤解する」
- □ stump「困惑させる」
- □ significant「意義ある，重要な」
- □ meant to do「〜することを意図した」
- □ intense「激しい」
- □ conversation「会話」
- □ put [place] demand(s) on「〜を求める」
- □ studied「故意の，意図的な」
- □ inattention「不注意」
- □ comfort「快適，慰め」
- □ sympathy「同情，共感」

タテの流れ

① 涙は解釈を拒む。[抽象]→周囲の人にはその意味がわからない。[具体化]
② 泣いている本人がわからない。[①の 具体化]
③ 感情の手がかり＝誤解，困惑，無視，解釈されずじまい。[①の 具体化]
④ 涙を理解（解釈）しようとする我々。[逆接]
⑤ [④の 具体例]＋涙への反応
⑥ [⑤"反応"の 具体例]

設問(Ⅱ)解説

Conversely「逆に」とあるので，下線部(2)に入る前に，その前をしっかりと把握することが重要。

Tears often resist interpretation「涙は解釈を拒む」とあるが，これは抽象的で意味が不明なので具体化待ち。

→ an explanation that is obvious to the crier may be lost on the person whose shoulder is getting wet.

「泣いている人には明らかな説明が肩が濡れつつある人にはわからないかもしれない」とあるが，これを前出の「涙は解釈を拒む」のベクトル上で理解しなおす。

→「説明 (explanation)」とは何の説明か？→涙の説明（理由）

→「肩が濡れつつある人」とは誰か？→涙に肩を貸している人

つまり，①は全体として**「涙はしばしば解釈されることを拒む（＝涙のわけを解釈できないことがよくある）。そして泣いている本人には明らかな涙のわけも周囲の人にはわからないこともある」**ということ。

ここまでが，正確に理解できていれば，実は (2) を読む前に Conversely から，その内容を推し量ることも可能。→「周囲の人にわかっても本人には涙のわけがわからない」

以上を踏まえた上で，(2) のヨコの構造理解に入る。

<u>what an observer might find patently obvious</u> often passes <u>unrecognized</u>
　　　　　　　　　S　　　　　　　　　　　　　　V　　　　C

<u>by the blurred eyes of the crier</u>

■ what は「こと・もの」の関係代名詞。
what(O) an observer(S) might find(V) patently obvious(C)
「見ている人が実に明白だと考えるような**こと**」となる。

■ passes unrecognized by the blurred eyes of the crier
「泣いている人の（涙で）にじんだ目には気づかれないまま過ぎ去る」

ヨコ12: We all at times <u>misread</u> |or| <u>are stumped by emotional cues</u>

■ We all は all of us と同じで**「我々は皆」**の意味。

Lesson7

- at times は**「時々」**の意味の副詞句。
- **or** が並べるのは misread と are stumped by である。 ☞ ヨコ **Point 1**
(別冊 p.67)

つまり，We all at times **misread** emotional cues ＋ We all at times **are stumped by** emotional cues を or で結んだのが本文。

ヨコ13 allow them to go uninterpreted

- allow O to do**「O が〜するのを許す，よしとする」**
- go ＋ unP.P. は**「〜されないままである」**の意味。
- →「それらが解釈されないままであるのをよしとする」

ヨコ14 But tears are so obviously there, …, that we at least try to …

3 つの **so** と 1 つの **that** が呼応して，いわゆる **so 〜 that**…構文になっている。so 〜 that …「とても〜なので…／…なほど〜」の意味。 ☞ ヨコ **Point 7**
(別冊 p.76)

ヨコ15 we know among other things that a serious demand is being placed upon our attention:

- among other things**「とりわけ」**の意味。
- know(V) among other things(M) that…(O)
- place[put] a demand (up)on 〜**「〜を求める」**の意味。本文ではこれが受身で用いられている。 ☞ ヨコ **Point 26**
(別冊 p.95)

設問（Ⅵ）解説

we almost always give one, even if that sometimes means studied inattention(c)…

- この one はつづりの反復を避けた代名詞で＝ a reaction。
- that「そのこと」とは「反応をすること」。

■ studied inattention「研究された不注意」??? →意味不明→**類推する！**

inattention ＝ in(＝ not) ＋ attention「注意(目)」の意味だが，この文脈で「注意(目)」を思わせるのは reaction「反応」しかないので，attention ≒ reaction と考える。つまり inattention で「反応しないこと」となる。

→ studied の意味が不明なので，ひとまずそれを無視して that means (studied) **inattention** を訳すと，「その反応が(　　)反応しないことを意味する」となるが，このままでは単なる矛盾した文章。そこで，**この inattention にどのような形容詞を当てれば矛盾が解消するか**を考えればよい。「反応しないこと」が「反応した」と言えるのはそれが，「あえて反応しない」場合である。したがって，studied inattention は「相手の涙にあえて反応しないこと」と類推が可能。→辞書で **Check!** → studied: deliberate and carefully planned → 類推が正しいと確認。

第6段落

①Some tears are instantly understandable: a child's tears at a scraped knee, a parent weeping at the death of a child. ②When we see such tears, we comprehend what they mean. ③But even then, our reactions to other people's tears are to some extent improvised. ④<u>Even in cases when crying is expected – at a funeral, say – many people feel at a loss when asked to respond</u> directly to a weeping mourner. ⑤Weeping often occurs <u>at precisely those times when we are least able to fully verbalize complex emotions, least able to fully articulate our manifold, mingled feelings.</u> ⑥<u>We recognize in crying a surplus of feeling over thinking</u>$_{(3)}$, and an overwhelming of our powers of verbal expression by the gestural language of tears.

Lesson7

①涙にはすぐに理解できるものがある。膝をすりむいたときの子供の涙，子供の死に際して親が流す涙がそれである。②このような涙を見るとき，我々はそれが何を意味するのかを理解している。③しかし，そういったときでさえ，他人の涙に対する我々の反応は前もって用意できるものではない部分がある。④例えば葬式のように，泣くことが予想されているような場合ですら，涙を流し悲しむ人に直接反応することを求められると，どうしていいかわからないといった人も多い。⑤しばしば涙が生じるのは，複雑な感情を十分に言葉にできない，多くの入り混じった感情を十分に表現できないといったまさにそうしたときである。⑥泣くとき，思考を上回るほどに感情が溢れ出すこと，そして言葉による表現力が涙という身振りの言語に圧倒されてしまうということを我々は認識している。

✓ Word Check

- □ scrape「こする，すりむく」
- □ comprehend「理解する」
- □ at a loss「困惑して，途方に暮れて」
- □ precisely「正確に，まさに」
- □ complex「複雑な」
- □ manifold「多様な」
- □ surplus「剰余」
- □ verbal「言葉の」
- □ knee「ひざ」
- □ (挿入的に)say「例えば」
- □ mourner「嘆き悲しむ[泣く]人」
- □ verbalize「言葉にする」
- □ articulate「明言する」
- □ mingled「混ざった」
- □ overwhelming「圧倒(的な)」

タテの流れ

① すぐに理解できる涙の存在。
② [①の 具体化]
③ その涙に対する反応はその場で決めるもの。[①の 逆接]
④ どう反応すべきか難しい。[③の 結果]
⑤ 涙=複雑な感情を言葉にできないときに生じる。
⑥ [⑤の 言い換え]

ヨコ16 Even in cases when crying is expected – at a funeral, say – many people feel at a loss when asked to respond …

■ case when… この when が関係副詞で when crying is expected が形容詞節として cases を修飾。→「泣くことが予想される場合でさえ」

ちなみに，この case に対しては関係副詞 where が使われることも多い。話し手が"場合(case)"を時(when)としてとらえるか，場(where)としてとらえるかだけの違い。

> 例 There are some cases where honesty doesn't pay.
> 「正直者が馬鹿をみる場合がある」

■ say は本文のように挿入的に用いて**「例えば」**の意味がある。
■ at a loss「困惑して，途方に暮れて」の意味。
■ when asked to respond …

この when は「〜とき」の意味の**従位接続詞**で，ここでは直後に **they(＝many people) are** が省略されている。

☞ ヨコ Point 18
（別冊 p.91）

ヨコ17 at precisely those times when we are least able to fully verbalize complex emotions, least able to fully articulate our manifold, mingled feelings.

■ この precisely は**「まさに」**の意味。
■ この when は関係副詞で when から最後までが形容詞節として times を修飾。
■ least able to fully verbalize complex emotions, least able to fully articulate our manifold, mingled feelings.

1つ目のカンマが**"言い換え"**（2つの least able to …の内容がほぼ等しいので）。

2つ目のカンマが**"並列"**（manifold と mingled という形容詞を並列して，これらがともに feelings という名詞を修飾）。

Lesson7

設問(Ⅲ)解説

下線部の構造は以下の通り。

We recognize (in crying) a surplus [of feeling] [over thinking].
　S　　　V　　　　副詞句　　　O　　形容詞句　　　形容詞句

■ a surplus of feeling over thinking は of feeling と over thinking がともに a surplus にかかる形容詞句(**2重限定** ☞ ヨコ **Point 29** 別冊 p.100)になっている。

→「感情の，思考に対する剰余」が直訳。(over は"優位・支配")

of に主格を込めれば，「**感情が思考を上回ること**」となる。

この文は，明らかに⑤の内容をまとめたもの(具体⇒抽象)で，feeling が「涙」を，thinking が「言葉に表すこと」を含意している。

第7段落

①If tears supplant words, the difficulty in comprehending them is exacerbated by crying's great variety of kinds and causes. ②Tears are sometimes considered pleasurable or profound, and sometimes dangerous, mysterious, or deceptive. ③The vast array of tears share some common threads. ④<u>Just as the infant's first tears signal</u> its desire for nourishment or comfort, tears usually signal a desire, a wish, or a plea. ⑤People suffering from certain kinds of clinical depression do not cry precisely because they have, by their own report, given up <u>all hope of their desires being answered</u>. ⑥<u>Fully detached and hopeless, they have lost</u> the impetus to cry, because without desire there are no tears. ⑦A severely neglected infant, like the depressed person, will stop crying altogether. ⑧<u>It is the infant who believes it will be picked up that wails, energized by its fear that</u> it will be left alone.

①涙が言葉に取って代わるものだとすれば，泣く行為には非常に多くの種類と理由があるために，涙を理解することはより一層難しいものとなる。②涙はうれしいものや深い意味をもつものと考えられることもあれば，危険とか神秘的とか人を欺くものと見なされることもある。③そんな非常に多くの涙にもいくつかの共通する糸がある。④ちょうど幼児がはじめて泣くのが食べ物や慰めを欲しているしるしであるのと同じように，涙は一般に欲望，願い，あるいは嘆願のしるしである。⑤ある種の臨床的鬱に苦しむ患者が泣くことがないのは，彼ら自身の報告によれば，自分の欲望に応えてもらいたいという願いをすべて捨ててしまったからに他ならない。⑥完全なまでに無感情で絶望し，彼らは泣くという衝動を失ってしまったのである。それは，欲望がなければ涙を流すこともないからである。⑦鬱の人と同様に，ひどく無視された幼児も完全に泣くのをやめてしまうものである。⑧抱き上げてもらえると信じる幼児だけが，1人にされるかもしれないと不安になって泣き叫ぶのである。

✓ Word Check

- supplant「とって代わる」
- pleasurable「楽しい」
- an array of〜「多くの〜」
- thread「糸」
- nourishment「栄養」
- plea「嘆願，懇願」
- depression「鬱，不景気」
- neglect「無視する」
- energize「エネルギーを与える，突き動かす」
- leave O alone「Oを放っておく」
- exacerbate「悪化させる」
- deceptive「人を欺く」
- share「共有する」
- infant「幼児」
- comfort「快適，慰め」
- clinical「臨床の」
- detached「離れた，客観的な，冷静な」
- wail「泣き叫ぶ」

Lesson7

タテの流れ

① 涙の理解は，それに様々な種類や理由があるからより一層難しい。
② [①の 具体例]
③ 涙には共通点がある。[①の 逆接]
④ 泣く＝欲求，願い，懇願の表れ。[③の 具体化]
⑤ 泣かない＝願いを捨てたから。[④の 言い換え]
⑥ [⑤の反復]
⑦ 泣かない子供と泣く子供の違い＝欲求の有無による。[④⑤の
⑧ 具体例]

> **Point** ②→③は明らかに"逆接"関係だがbutやhoweverといったそれを示す目印がない。逆接は文の展開を大きく変えるものなので，こうした**潜伏した逆接関係**には特に注意が必要。

ヨコ18 Just as the infant's first tears signal…

この as は**従位接続詞**で just as となると，「ちょうど〜のように」または「ちょうど〜のとき」の意味。ここは前者。　　☞ ヨコ Point ⑩
（別冊 p.80）

ヨコ19 all hope of their desires being answered
　　　　　　　　　　　　　S　　　　　V

being answered は動名詞の受身で「答えられること」が直訳。また，この動名詞部分の意味上の主語が their desires である。

「自らの欲求**が**応えられるという願い」
→「自らの欲求に応えてもらいたいという願い」

ヨコ20 Fully detached and hopeless, they have lost …

■ detached は形容詞で「離れて」のほかに，**「冷静な，客観的な」**の意味がある。ここでは⑤から「願望を失った」という意味での detached「冷静な」なので**「無感情(無感動)の」**くらいが適訳。

■ Fully の前に being が省略された**分詞構文**。
　→「完全に無感情で絶望し，彼らは…を失った」
　このように，**文頭形容詞…，SV** の展開は，思考や感情を表す形容詞に多くみられる。

　例 Fearful that he might be scolded, he stayed away from me.
　　「叱られるかもと思って，彼は私を避けていた」

ヨコ21 It is the infant who believes it will be picked up that wails, energized by its fear that …

■ It is ～ that の**強調構文**。
the infant [who believes it will be picked up] wails の下線部を強調したかたち。　　　　　　　　　　　　　　☞ ヨコ Point 14
　　　　　　　　　　　　　　　　　　　　　　　　　　　　（別冊 p.86)

■ 上記 [　] 部分は関係代名詞 who が導く形容詞節で infant を修飾。
■ it will be picked up の it は＝ the infant
　一般的な意味での"赤ん坊"(a baby)，"幼児 (an infant)"，"子供 (a child)"は he or she 以外に，it や they という代名詞を用いることがある。
■ energized …は**分詞構文**で，直前の wail という動詞を修飾。
　「…によって突き動かされて泣く」の意味。
■ its fear that …の that は**同格節**を導く。「～という恐怖」

　　　　　　　　　　　　　　　　　　　　　　　　　☞ ヨコ Point 8 9
　　　　　　　　　　　　　　　　　　　　　　　　　（別冊 p.78, 80)

Lesson 7

第8段落

①Tears express complex, contradictory desires, and we cry at least in part because it makes us feel better. ②A theory of cathartic tears has been with us since before Aristotle*, suggesting that we feel better because of the "release" that tears afford. ③It may be more correct to say that rather than releasing them, tears direct our emotions. ④By encouraging us to shift our attention from our thoughts to our bodies, crying can wash away the psychic pain we feel, simply by averting our attention from it. ⑤Like the teardrops that the shrinking Alice in Wonderland* cries and then floats away on, our tears can be our deliverance even as they express our distress. ⑥Many cultures, from ancient Babylonia to fourteenth-century Japan to eighteenth-century Europe, have known this well. ⑦And now we are in the process of returning to an understanding of tears.

①涙は複雑で矛盾した欲望を表し，我々が泣くのは，少なくとも1つにはそれによって我々の気持ちが晴れるからである。②カタルシスの涙という理論はアリストテレス以前からずっと存在するものであり，我々の気持ちが晴れるのは，涙によってもたらされる「解放」のおかげであるということを示唆している。③涙は感情を解放するというよりも，それに方向性を与えると言ったほうがより正しいかもしれない。④泣くことは，注意を思考から身体へと移すよう促すことで，我々の感じる苦痛を洗い流すことができるが，それは単に苦痛から我々の注意をそらすことによるものである。⑤小さくなっていく不思議の国のアリスは涙を流し，その涙に浮かんで流されるのだが，そんな彼女の涙と同様に，我々の涙もそれが苦悩を表すときでさえ救いとなり得る。⑥古代バビロニアから14世紀の日本，さらには18世紀のヨーロッパに至るまで，多くの文化がこのことをよく知っていた。⑦そして今，我々は涙の理解に再び至ろうとしている。

✓ Word Check

- contradictory「矛盾した」
- at least「少なくとも」
- in part = partly「部分的に，ひとつには，ある程度」
- cathartic「カタルシスの，浄化作用のある」
- correct「正しい，訂正する」
- wash away「洗い流す」
- psychic「精神的な」
- avert「逸らす」
- shrink「縮む」
- deliverance「救い，解放」

タテの流れ

① 涙は複雑な願望の表れで，泣くのは1つには気分が晴れるから。
② 涙のもたらす「解放」。[①の 原因]
③ 涙＝感情の方向付け [②の 言い換え]
④ 涙＝我々の注意を苦痛から逸らす。[③の 具体化]
⑤ [④の 言い換え]
⑥
⑦ 先人と同様に，涙を理解しようとする現代の私たち。

ヨコ22 complex, contradictory desires, and we …in part because …

■ complex, contradictory のカンマは 2 つの形容詞を並べている。ともに desires という名詞を修飾。→「**複雑で，矛盾した願望**」

■ **in part** because … = **partly** because …「ひとつには…の理由で」の意味。

ヨコ23 A theory of cathartic tears has been with us since …, suggesting that …

■ **be with us** は「我々とともにある」が直訳だが，「**存在する**」や「**馴染みがある**」ということを伝える表現。

　例 Television has been with us for a long time.
　　「テレビが世に登場して久しい」

■ **suggesting that** …の suggesting は**分詞構文**で，この意味上の主語は a

Lesson7

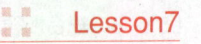

theory of cathartic tears。　　　　　　　　☞ ヨコ **Point 20**
（別冊 p.92）

ヨコ 24 **It may be more correct <u>to</u> say that raher than releasing them, tears direct our emotions.**

■ It が仮主語で to 以下を指している。
■ この that は「～ということ」の意味の**接続詞**で，ここでは say の目的語として名詞節をつくっている。rather than releasing them （＝our emotions）は副詞句で，後の tears direct our emotions を修飾。

☞ ヨコ **Point 9**
（別冊 p.80）

ヨコ 25 **Like the teardrops that the shrinking Alice… cries and then floats away on, our tears can be our deliverance even as they …**

■ like は「～と同様」の意味の前置詞。
■ that は teardrops を先行詞とする関係代名詞で，この teardrops が動詞 cries の目的語と同時に，前置詞 on の目的語としても機能している。
　→ Alice cries **teardrops** and then floats away on **them(＝ teardrops)**
■ even as の as は**従位接続詞**で，ここは「～とき」の意味。

☞ ヨコ **Point 10**
（別冊 p.80）

設問Ⅶ解説

※この問題には，音声による解説はありません。英作文については，Lesson10 で，詳しい解説を行います（→ p.246 参照）。

> 次の日本語を英語に訳しなさい。
> 　携帯電話は，私たちの日常生活においてとても便利だと言われているが，そう言っているのは，頻繁に使っている人たちだけである。

英作文は与えられた和文を逐語訳する必要はなく，いかに解釈してシンプル

に書くかが大切。
- 「Sは〜だと言われている」→ It is said that S V また S be said to V
- ここで言う「便利な」は「役立つ」と解釈して helpful 。
- 「頻繁に使っている人」は people[those] who use cell phones frequently または the frequent users of cell phones など。

設問(Ⅷ)解説

> 著者は，人間が流す様々な涙にどのような機能や効用があると述べているか。主要なものを2つ挙げ，100字以上120字以内の日本語でまとめなさい。

各段落で確認した"タテの流れ"の中から，作者が最も言いたいことを，改めて以下にまとめてみる。

《第1段落》涙＝人間の普遍的行為
《第2段落》涙＝人間のみ
《第3段落》涙について知っていることは驚くほど少ない。
《第4段落》涙には多くの謎が依然として残る。
《第5段落》涙は解釈を拒むと同時に，反応を求める。
《第6段落》涙＝複雑な感情を言葉にできないときに生じる。
《第7段落》涙には共通点(＝欲求，願い，懇願の表れ)がある。
《第8段落》涙は気分を晴らす，つまり「解放」をもたらす。

上記の中で，「涙の機能や効用」に触れている2箇所はどこか？→(5と)7と8である。→よって，設問に対する解答は，「涙は，自らの願望を周囲へ伝える働きや自らの気分を晴らすといった効用がある(37字)」となる。→ただし，これは各段落のまとめ(抽象)から導いた解答なので，これを具体例や因果関係といった道具を使って，**字数制限に合わせて具体化**していく必要がある。
100字を超えるような記述問題は，このように**最初に抽象的にまとめてからそれを具体化**していくのもひとつの方法である。

Lesson7

問題 解答

(Ⅰ)(Ⅱ)(Ⅲ) 全文訳内の下線部参照。
(Ⅳ) emotional tears
(Ⅴ) 4
(Ⅵ) 相手の涙にあえて反応しないこと。(16字)
　[別解]相手の涙にあえて気づかぬふりをすること。(20字)
(Ⅶ) Cell phones are said to be of great help to us in our daily lives, but the people who say so are only those who use them frequently.
(Ⅷ) 栄養や安心感を求めて泣く赤ん坊に見られるように、涙にはそれを流す人の願望や欲求などを周囲に伝える機能がある。また、涙は、それが流れることで心理的な苦痛から身体の方向へと注意が逸れることになり、結果的に気分を晴らすといった効用もある。(116字)

問題全文訳

　泣くことは人間の普遍的行為である。歴史を通じて、そしてすべての文化において、感情的な涙が流される。どこにいようと、誰であれ、泣くことがある。ほとんどすべての文化で、人々は葬儀で涙を流す。世界中で、幼児は空腹や苦痛を感じて泣き、子供たちは不満や失望を感じて泣く。時代や場所によって感情表現を支配する原則がどんなに変化しようとも、大人は数多くの理由で涙を流すし、中には理由もなく泣くと言う人も少数ながらいる。(1)アメリカの文化において、自分は決して泣かないと言い張る稀な人たち（たいていの場合男性）でさえ、子供の頃の泣いたことがあるのを思い出すことができる。

　また泣くのは専ら人間に限る。我々の知る限り、感情的な涙を流す動物は人間以外にない。象は、例えば飼育係に再会したり、あるいは怒られたりしたあとに涙を流しながら泣くと主張してきた人もいる。しかし、こういった稀で、例外的とも言える涙は、これまで独立したかたちで立証された試しはない。例えば、象の調教師であるジョージ・ルイスは、自らの自伝の中で罰を受けて涙

を流した若い象のサディに関する話に触れている。以来このサディが，人間以外の動物も感情的な涙を流す証拠として提示されてきたが，彼女は証拠の提示としては不十分である。ルイスは，象を調教した生涯のうちのわずか1例にしか触れておらず，サディは2度目に泣くことはなかったのだから，ルイス自身も自分の目にしたものが実際に感情的な涙だったと完全に確信しているわけではない。プードルに関しても，泣くということが報告されてきたが，それは飼い主自身による報告でしかない。アザラシ，ビーバー，イルカに対しても同様の主張がなされてきたが，これらすべてが立証されてはいない。ダーウィンが言ったように，涙を流すことは「人間の特別な表現手段」の1つであって，泣くことは人間特有のものである。

　だがしかし，我々がそのことについて知っていることは驚くほど少ない。我々は，泣くことに関係する基本的な生理学的プロセスに関してのいくらかを，つまり使われる腺や管とそれに伴うホルモン作用についての僅かながらのことは知っている。我々は刺激される主要な神経のいくらか，また活性化される脳組織のいくらかを知っている。生理学者たちは感情的な涙の化学的成分について研究し，それらが基礎的あるいは継続的な涙と呼ばれる，泣いていないときに眼を潤す涙とは異なることを明らかにしてきた。一般に女性の方が男性よりもよく泣くということ，そして幼児はそのどちらよりもよく泣くことを我々は知っている。しかし，これ以外のこととなると，我々はほとんど知らない。

　涙に関して我々が最もよく理解しているものは，医学や心理学からもたらされるものではなく，泣くという人間的性質についての数えきれないほど多くの詩，小説，演劇，映画の描写によってもたらされるものである。こういった文化的な記録は広範囲に及ぶが，依然として多くの疑問が残っている。なぜ我々は泣くのだろうか。幸福を感じるときの涙，嬉しいときの涙，親の誇らしげな涙，哀悼や不満や敗北の涙，これらの共通点は何なのだろうか。勝利，成功，愛，再会，祝福のときに，我々の内面感情をおもてに表すものが，最も深い喪失の経験をおもてに表すものと同じであるというのは何を意味しているのだろうか。ある種の感情によってなぜ我々は涙を流すのだろうか。そしてなぜ泣くことが実際あのように感じられるのだろうか。どのようにして我々は他人の涙を

Lesson7

理解するのだろうか。なぜ，そしてどのようにして我々は泣きやむのだろうか。どんなときをもって泣くことをノイローゼや病と言えるのだろうか。正確には泣くことは何を表現しているのだろうか。

　涙はしばしば解釈されることを拒み，また泣いている人にとっては明らかな説明も，その涙に肩を貸している人にはまったくわからないことがある。逆に，(2) <u>傍らで見ている人にははっきりと見て取れることも，泣いている本人の涙でにじんだ目には気づかれないままであることがしばしばある</u>。我々は皆，感情的な手がかりを誤解したり，あるいはそれに困惑させられることがある。そしてまた感情表現をただ無視したり，それが解釈されないままでよしとすることもある。しかし，涙がそこにあって意味をもち，また激しい感情を伝えようとしているのはとても明らかであるがゆえに，我々は少なくともそれを理解しようとする。幼児が泣くとき，あるいは友人が激しい議論の最中に泣くときには，とりわけそれがこちらの注意を必死に求めていることを我々は知っている。涙は反応してもらうことを求めているし，たとえ反応が慰めや同情の仕草というより，わざと気づかないでいるといった反応だったとしても，我々はほとんどいつも涙に反応している。

　涙にはすぐに理解できるものがある。膝をすりむいたときの子供の涙，子供の死に際して親が流す涙がそれである。このような涙を見るとき，我々はそれが何を意味するのかを理解している。しかし，そういったときでさえ，他人の涙に対する我々の反応は前もって用意できるものではない部分がある。例えば葬式のように，泣くことが予想されているような場合ですら，涙を流し悲しむ人に直接反応することを求められると，どうしていいかわからないといった人も多い。しばしば涙が生じるのは，複雑な感情を十分に言葉にできない，多くの入り混じった感情を十分に表現できないといったまさにそうしたときである。(3) <u>泣くとき，思考を上回るほどに感情が溢れ出すこと</u>，そして言葉による表現力が涙という身振りの言語に圧倒されてしまうということを<u>我々は認識している</u>。

　涙が言葉に取って代わるものだとすれば，泣く行為には非常に多くの種類と理由があるために，涙を理解することはより一層難しいものとなる。涙はうれ

しいものや深い意味をもつものと考えられることもあれば，危険とか神秘的とか人を欺くものと見なされることもある。そんな非常に多くの涙にもいくつかの共通する糸がある。ちょうど幼児がはじめて泣くのが食べ物や慰めを欲しているしるしであるのと同じように，涙は一般に欲望，願い，あるいは嘆願のしるしである。ある種の臨床的鬱に苦しむ患者が泣くことがないのは，彼ら自身の報告によれば，自分の欲望に応えてもらいたいという願いをすべて捨ててしまったからに他ならない。完全なまでに無感情で絶望し，彼らは泣くという衝動を失ってしまったのである。それは，欲望がなければ涙を流すこともないからである。鬱の人と同様に，ひどく無視された幼児も完全に泣くのをやめてしまうものである。抱き上げてもらえると信じる幼児だけが，1人にされるかもしれないと不安になって泣き叫ぶのである。

　涙は複雑で矛盾した欲望を表し，我々が泣くのは，少なくとも1つにはそれによって我々の気持ちが晴れるからである。カタルシスの涙という理論はアリストテレス以前からずっと存在するものであり，我々の気持ちが晴れるのは，涙によってもたらされる「解放」のおかげであるということを示唆している。涙は感情を解放するというよりも，それに方向性を与えると言ったほうがより正しいかもしれない。泣くことは，注意を思考から身体へと移すよう促すことで，我々の感じる苦痛を洗い流すことができるが，それは単に苦痛から我々の注意をそらすことによるものである。小さくなっていく不思議の国のアリスは涙を流し，その涙に浮かんで流されるのだが，そんな彼女の涙と同様に，我々の涙もそれが苦悩を表すときでさえ救いとなり得る。古代バビロニアから14世紀の日本，さらには18世紀のヨーロッパに至るまで，多くの文化がこのことをよく知っていた。そして今，我々は涙の理解に再び至ろうとしている。

Lesson8

会話問題

会話問題の攻略ポイント

①登場人物になりきって可能であれば**空所に記述の解答を考える**。ただし，あくまで前後の発言等から客観的に判断する。
②選択肢に**文法的**に働きの違うものがある場合には，そこから**選択肢を絞る**。
③接続詞，接続副詞などの**論理展開の目印となる語(句)**をマスターする。
④口語表現を可能な限り数多くマスターする。とりわけ，**賛成or反対，話題の転換などに用いられるフレーズ**は重要。

問題 解説
(別冊p.51参照)

[A] Questions (1) – (5)

0. just now	1. how's it doing	2. it can't last
3. now	4. how it goes	5. how come
6. not so bad	7. how do you do	8. not badly
9. how's it going		

設問(1)-(5)解説

(1) David: Hello, Yoko. (**How's it going**)?

「元気？」「調子はどう」といった友人同士での**くだけた表現**を選択肢から選ぶ。ちなみに 7. how do you do? は「はじめまして」という意味の表現で，Nice to meet you. に同じ。

(2) Yoko: Hi, David. Well thanks. How about you?

David: (**Not so bad**).

「あなたはどう？」というヨーコの発言に対して**自然な流れ**ができあがるものを選ぶ。この空所の後では，話題が天気の話に移っているのもヒントとなる。

(3) Yoko: It's lovely weather again today, isn't it?

David: Yes, but (**it can't last**)! Say, have you cut and dyed your hair?

「いい天気ね」というヨーコの発言に対して，「**しかし**」とこの後に逆接が出てくるので天気に対する否定的な発言を選ぶ。

(4) David: Well, honestly, I almost didn't recognize you (**just now**).

空所の位置的に副詞を入れたい箇所。時制が didn't と**過去形**になっているのもヒント。

(5) Yoko: Really, it's fairly common for final-year university students to have their hair cut and to dye it black again when starting to look for work.

David: (**How come**) you do it soon? You've only just begun your final year.

「就職活動を始めるにあたって髪を切って黒く染めた」というヨーコに対して「なぜ，そんなにはやくそうするのか？」と理由を尋ねている。ここはイディオムの問題。→ **How come SV?**「なぜ（どうして）〜か」

Lesson8

問題 解説
（別冊p.51参照）

[B] Questions (6) – (10)
0. require completing
1. many of
2. for one thing
3. much of
4. on the other hand
5. are required to complete
6. almost
7. majority of
8. for another
9. initially

設問(6)-(10)解説

(6)(7)　Yoko: Yes, but in Japan (**much of**) the final year of university is devoted to securing a job.

　David: Doesn't that interfere with your final-year studies and exams?

　Yoko: No, not really. You see, we complete (**many of**) our academic requirements by the end of the third year.

　「〜の多く」という場合，**many of**，**much of**，**majority of** の3つを文法的に正しく処理できるかを問う問題。

(8)　David: So is the entire fourth year spent looking for work?

　Yoko: No, in many universities students (**are required to complete**) a graduation thesis.

　「学生は卒業論文を**書かねばならない**」というセリフが先に類推可能。

(9)(10)　Yoko: Yes. You sound surprised. Isn't it the same in Britain?

　David: Not really. (**For one thing**), most undergraduate courses in Britain are only three years long, so students don't have enough time to search for jobs.

　Yoko: Is that so?

　David: Yes, and (**for another**), British students generally begin their job seeking later than Japanese students do.

　「イギリスの学生の就職活動が日本と同じではない」ということに対して，「ひとつには〜」「さらには〜」と"理由を列挙"している場面。

問題 解説
（別冊p.51参照）

TRACK*36

[C] Questions (11) – (15)
0. to stay
1. admittedly
2. get a move
3. respectively
4. get going
5. run to
6. to go
7. whereas
8. to bump
9. conversely

設問(11)-(15)解説

(11) David: Well, perhaps it's because (**whereas**) in Japan you have life-long employment, in Britain people tend to change jobs more often. Consequently, they don't feel the need to make the right choice of job the first time round.

　in Japan you(S) have(V)…, in Britain people(S) tend(V)…という2つの文章を**"対比"するかたちで連結できるものを選ぶ**という文法問題。

(12) David: Going back to your new look, do companies in Japan still really care if your hair is black or not?
　Yoko: Frankly, I'm not sure. But my thinking is, "Why take the risk?"
　David: That's (**admittedly**) the safest way…

　「どうして危険なんて冒せるかしら（冒せない）」というヨーコに対して，デイビッドがいったん**"譲歩"**しているのを見抜く。

(13) Yoko: And safety is important when it comes to such things as getting a good job, isn't it?
　David: Yes, but (**conversely**), playing it safe only perpetuates the practice.

　皆がそうしているから（慣習だから）自分も髪を切り黒くするといった無難な行動に出ているヨーコに対して，空所の後では「無難な行動はそういった慣習を永続させるだけだ」とデイビッドが**反論**している。

(14) David: So it looks like black, shoulder-length hair is here (**to**

227

Lesson8

stay) then.

「黒くて肩までの長さの髪が<u>ここ日本では一般的</u>なんだね」とセリフを類推することが可能。→ **here to stay「定着している」**のイディオム。ちなみに空所の後の then は「そのとき，それから」という意味ではなく，ここでは「**ということは…，だから（それで）…**」といった**順接の論理展開**を表す表現。

(15) Yoko: Anyway, look at the time! I should (**get going**).

時間を気にしているところから，**「そろそろ行かなきゃ」**というセリフが先に類推可能。→「そろそろ行かないと。そろそろ失礼させていただきます」という決まり文句。

問題 解答

(1) 9　　(2) 6　　(3) 2　　(4) 0　　(5) 5　　(6) 3　　(7) 1　　(8) 5
(9) 2　　(10) 8　　(11) 7　　(12) 1　　(13) 9　　(14) 0　　(15) 4

問題全文訳

デイビッド：やあ，ヨーコ。元気？

ヨーコ：はい，デイビッド。元気よ。あなたはどう？

デイビッド：まずまずだよ。

ヨーコ：今日もいい天気ね。

デイビッド：そうだね，でも長くは続かないんじゃないかな。そういえば，髪の毛切って染めたのかい。

ヨーコ：あら，これ？

デイビッド：うん，実を言うと，さっき君だとわからなかったんだ。

ヨーコ：本当？最終学年の大学生が就職活動を始めるにあたって，髪の毛を切って黒く染め直すのはごく普通のことよ。

デイビッド：どうして，そんなに早くからそうするの？最終学年は始まったばかりだよ。

ヨーコ：そうよ，でも日本では，大学の最終学年の多くは就職活動に充てられるのよ。
デイビッド：それって，最終学年の勉強や試験の妨げにならないのかい？
ヨーコ：いえ，そうでもないわ。3年生までに必要科目の多くを終えているのよ。
デイビッド：それじゃ，4年生の1年間はすべて就職活動に充てられるってこと？
ヨーコ：そうじゃないわ，多くの大学では学生は卒業論文を書き上げることを求められているわ。
デイビッド：なるほど。じゃあ，それは例外として，その1年は大部分が就職活動に充てられるということだね。
ヨーコ：そうよ。驚いているみたいだけど。イギリスでも同じじゃないの？
デイビッド：いや，まさか。ひとつには，イギリスでは学部は3年間しかないから，学生たちは就職活動をする十分な時間はないんだ。
ヨーコ：そうなの？
デイビッド：そうなんだ。そしてもうひとつには，イギリスの学生は一般的に日本人の学生に比べてもっと遅くに就職活動を始めるんだ。
ヨーコ：それはなぜ？
デイビッド：うーん，たぶんそれは日本には終身雇用制がある一方で，イギリスではもっと頻繁に転職するからだよ。結果として，最初の一回で自分にふさわしい仕事の選択をする必要性を感じてないんだ。
ヨーコ：なるほど。
デイビッド：君のあたらしい髪型の話に戻るけど，日本の会社はいまだに髪の毛が黒いかどうかを本当に気にしているのかい？
ヨーコ：正直なところ，わからないわ。でも「どうして危険を冒せる？」って私は思うの。
デイビッド：それは，確かに最も無難な方法…
ヨーコ：そして無難というのは就職活動のようなこととなると大切なことよね。
デイビッド：うん，でも逆に，無難な行動に出ても慣習を永続させるだけだよ。
ヨーコ：何が言いたいの？

デイビッド：誰一人としてその慣習に異論を唱えなければ，誰もがその同じ「無難な」ことをやり続けるってことさ。
ヨーコ：確かにその通りね。でも誰が自分からまず最初にその危険を冒そうとするかしら。
デイビッド：それで黒い肩までの長さの髪の毛が定着してるってわけだ。
ヨーコ：そうだと思うわ。イギリスではどうなの？
デイビッド：もう少し自由だと思うよ。つまり，一般的に言って，自分の髪型はその人個人の問題なんだ。もちろん理性の範囲内でね。
ヨーコ：じゃ，どこまでが理性の範囲内かは誰が決めるの？全部がちょっとあいまいに聞こえるわ。むしろ，「これは許容可能かそうじゃないか」を決めようとしなきゃいけないんじゃないの。
デイビッド：そんな風に考えてみたことはないなあ。
ヨーコ：あら，時間を見て。そろそろ行かなきゃ。
デイビッド：僕もだ。でも君にまた会えてよかったよ。じゃ，またね。

Lesson 9

文法問題

正誤問題の攻略ポイント

(1) 文意をしっかりと捉える。
(2) 頻出箇所のチェック
　①主語と動詞の一致　　②態（準動詞部分も含む）
　③時制と法　　　　　　④動詞の語法（自動詞か他動詞か？など）
　⑤品詞理解　　　　　　⑥接続詞，関係詞，疑問詞の用法
　⑦名詞・代名詞用法　　⑧前置詞の用法
　⑨形容詞の用法　　　　⑩比較関連

問題 1　解説&全文訳
（別冊p.55参照）

(1) The committee's advice was to postpone to make an early reservation.
　　　　　　1　　　　　2　　　　3　　　　④　　　　5

to make → **making**　動詞の語法

※ postpone は to 不定詞を目的語にとれない。
　「委員会の助言は早めに予約をすることを延期するといったものだった」

(2) We had better cut it out before it started raining.
　　　　1　　　　2　3　　4　　⑤　　　6

started → **starts**　時制

※ We had better cut it out「私たちはそれをやめた方がよい」と未来のこと

231

Lesson9

を言っているので before 以下の時制が問題文のままでは不適切。→時や条件の副詞節では未来形の代わりに現在形を用いる。

「雨が降り始める前にそれをやめにした方がいい」

---

(3) It was eager to discuss the progress whenever he had a chance.
　　①　　 2　　　 3　　　　　　 4　　　　　 5

It → **He** 形容詞の用法

※ eager は人の形容に用いて「熱心な」の意味。→ 人 (S) be eager to do「～することを切望する」

「彼は機会があればいつもその進歩について議論したがった」

---

(4) I missed the English class yesterday. May I borrow your notes?
　　 1　　 2　　　　　　　　　　　　　 3　　 4　　　 5

9(誤りなし)

「昨日英語の授業を休んでしまった。ノートを貸してもらえるかな」

---

(5) The doctor was running to the direction of the accident.
　　 1　　　 2　　　　 ③　　　　　　 4　　 5

to → **in** 名詞と前置詞の相性

※ in the direction of ～「～の方向へ」の意味。

「医者は事故の方向へと駆けて行った」

---

(6) Since Kim is good at English, she always writes right English.
　　 1　　　 2　　　　　　　 3　　 4　　 5　　 ⑥

right → **correct** 形容詞の用法

※ right の「正しい」は道徳的(社会規範的)な正しさの場合に用いる。単なる"誤りがない(ミスがない)"という意味での「正しい」は correct を用いる。

「キムは英語が得意だから，いつも正しい英語を書く」

(7) He promised <u>me</u> not <u>forgetting</u> <u>to buy</u> <u>me</u> <u>a loaf of</u> bread.
　　　　　　　　1　　　②　　　　3　　　4　　　5

forgetting → **to forget** 動詞の語法

※ promise O to do で「Oに〜することを約束する」の意味。
「彼は私に忘れずにパンをひとつ買ってくれることを約束した」

問題1 解答

(1) 4　　(2) 5　　(3) 1　　(4) 9　　(5) 3　　(6) 6　　(7) 2

Lesson 9

問題 2 解説&全文訳
(別冊p.56参照)

TRACK 39

(1) Experts warn that the virtual world ①inhabiting among Japanese youth ₂ has caused many to become too comfortable with the idea ₃ of seeing dead characters ₄ return to life.

1. inhabiting among → **inhabited by** 態

※ヴァーチャルな世界は若者によって住ま**れる**側なので inhabited と態を受身にする。

「日本の若者によって住まれている(日本の若者が住む)ヴァーチャルな世界によって，多くの若者が死んだキャラクターが生き返るという考えにあまりに心地よさを感じすぎるようになると専門家は指摘する」

(2) I believe that biology teachers should not ₁ give in to pressure ②to be included nonscientific ideas that dispute Darwin's Theory of Evolution in their courses. His theory, ₃ which states that life developed through natural selection, ₄ is founded on strict scientific observation and evidence.

2. to be included → **to include** 態

※ included の直後に nonscientific という目的語が続いているので，include と能動態にする。

「ダーウィンの進化論に異を唱える非科学的な考えを授業に取り入れるべきだという圧力に教師は屈するべきではないと私は考える。生命は自然淘汰を通じて進化したとする彼の理論は，厳格な科学の観察と証拠に基づいている」

(3) As Europeans ₁became better off, they began to spend their vacations abroad. ₂The possibility that their mostly "package tours" could act as forms of cultural exchange was rather small, but the new tourist destinations soon ₃became dependent on visitors and were in this way ₄integrated from the global economy.

4. integrated from 〜 → **integrated into 〜** 動詞と前置詞の相性

※ integrate A into B で「AをBに統合する」の意味なので，from を into とする。ちなみに but 以下の文構造は以下の通り。

<u>the new tourist destinations</u>　soon became dependent on visitors and
　　　　S　　　　　　　　　　　　　　　　V₁

were (in this way) integrated into the global economy.
V₂

「ヨーロッパの人々はより豊かになるにつれて，海外で休暇を過ごし始めた。大半の『パッケージツアー』が一種の文化的交流として機能した可能性は極めて低いが，まもなく新たな旅行先は旅行者本人に依存するようになり（旅行者自身が決めるようになり），このようなかたちでグローバル経済へと統合された」

(4) Several years ago, the English historian Paul Johnson ₁came up with the clever idea of nearly doubling ₂the length of America's history ₃by declaring that the idea of the United States did not ₄begin upon the American Revolution in the 1770s but much earlier with the British settlement in Virginia.

4. begin upon 〜 → **begin with 〜** 動詞と前置詞の相性

※ the idea of the United States 以下は「アメリカ合衆国という概念は 1770 年代のアメリカ独立革命から始まったのではなく…」となる。「〜から始まる」

Lesson 9

は begin upon 〜ではなく begin with 〜とする。

「数年前，イギリスの歴史学者であるポール・ジョンソンは，アメリカの歴史の長さをおよそ二倍にするという賢明な考えを思いついたが，それはアメリカ合衆国という概念は1770年代のアメリカ独立革命から始まったのではなく，それよりはるか以前のイギリス人のバージニアへの入植から始まったと宣言することによるものだった」

---

(5) I ₁have always believed that a wise traveler should ₂never try to visit every place in a country, but should always ③remain something – ₄be it a museum, a landscape, or a restaurant – for the next trip.

---

3. remain something → **leave something** 動詞の語法

※ remain something では something が remain の補語となり，「何かのままである」の意味になるので文意が通らない。ここでは「何か(どこか)を残す」とすることで something を目的語にしたい。ちなみに be it 〜 restaurant は命令譲歩。

☞ ヨコ **Point 10**
（別冊 p.80）

「賢明な旅行者は，ある国ですべての場所を決して訪れるべきではなく，博物館であれ，自然であれ，レストランであれ，常にどこかの場所を次の旅行のために残しておくべきだと私はいつも考えてきた」

---

(6) The president is a member of a political party. ₁As the highest elected official, the president is seen as the leader of that party. ₂As the head of state, though, the president ₃stands for national unity ④who overshadows differences between the political parties.

---

4. who → **which**（また **that**）関係代名詞の用法

※ overshadows 以下は national unity の説明なので，関係代名詞は who ではなく which または that とする。

「大統領は政党の一員である。1番に選出された者として，大統領はその政党の指導者とみなされる。しかし国家の長として，大統領は政党間の違いを弱める（政党間の違いにまさる）国家の統一を象徴している」

問題2 解答

(1) 1　　(2) 2　　(3) 4　　(4) 4　　(5) 3　　(6) 4

Lesson9

問題3 解説&訳
(別冊p.57参照)

(1) 接続詞・関係詞の用法

> 1. That he is honest is clear.
> 2. It is clear that he is honest.
> ③. The fact of ~~which~~ he is honest is clear.
> 4. His honesty is clear.

3. The fact **that** he is honest is clear.

※ **of which** を同格を導く **that** に換える。

1. 「彼が正直者であるということは明白だ」このthatは名詞節をつくる接続詞で，「～ということ」の意味。
2. 「彼が正直であるということは明白だ」このItは仮主語でthat以下を指す。
3. 「彼が正直者だという事実は明白だ」
4. 「彼の正直さ（彼が正直であること）は明白だ」

(2) 接続詞・関係詞・疑問詞の用法

> 1. The question over which there has been such a lot of controversy is still being discussed.
> ②. The question as to ~~whom~~ should speak first is still being discussed.
> 3. The way in which the question has been discussed is severely criticized.
> 4. The way the question is being handled is above criticism.

2. The question as to **who** should speak first is still being discussed.

※ **as to** は後に名詞(句・節)を伴って，「～について，～に関して」の意味。**whom** を主格の疑問代名詞 **who** とすることで，who should speak first「最初に誰が発言すべきか」とする。

1. 「これまで多くの論争がなされてきたその問題は今なお議論されている最

238

中である」over which は前置詞＋関係代名詞で，この over は「～に関して」の意味。
2.「最初に誰が発言すべきかに関する問題は今なお議論されている最中である」
3.「その問題の議論のされ方は大いに非難されている」
the way in which S V ＝ the way (that) SV「SがVするその方法，どのようにSがVするか」
4.「その問題の扱い方は非難の余地がない」この above criticism で「非難を受けない，非難の余地がない」の意味。

(3) 時制・動詞の語法

> 1. We had been talking about him before he came.
> 2. He had had an idea of the topic of our conversation.
> ③. He ~~had been belonging~~ to a different class last week.
> 4. He had to have an idea of what we have said.

3. He **belonged to** a different class last week.

※ **had been belonging to** を **belonged to** とする。belong to ～は「～に所属する」の意味で，**状態を表す動詞なので進行形にはできない**。なお，文末に last week と明らかに過去の時点を表す語句があるので単純な過去形にする。

1.「私たちは彼が来るまで彼のことを話題にしていた」
2.「彼は私たちの会話の話題を知っていた」
3.「先週彼は違うクラスに属していた」
4.「彼は私たちがこれまで話してきたことを知っていたはずである」

　この文では主節が had と過去形なので，what 節内は have said ではなく had said と過去完了形になるのが一般的（時制の一致）だが，ここでは，what we have said「これまで語ってきたこと」を had to have an idea「（**過去の時点ですでに**）知っていたはずだ」という意味でこのような時制が使われている。

Lesson9

(4) 形容詞の用法

1. ~~A little~~ number of students are present.
2. All students are the same in general.
3. Every student thinks students are individuals.
4. Generally, neither student studies hard.

1. **Small** number of students are present.

※ **little** を **small** とする。number は多少を表すのに large, small を用いる。

1. 「出席している生徒はごくわずかだった」
2. 「学生は皆総じて同じである」
3. 「学生にはそれぞれ個性があるとすべての学生が考えている」
4. 「総じて，どちらの生徒も一生懸命勉強していない」

問題3 解答

(1) 3　　(2) 2　　(3) 3　　(4) 1

問題 4 解説&訳
（別冊p.58参照）

> (1) As humans we enjoy not only the privilege of existence but also the ability to appreciate it and even, in a multitude of ways, _____ better.
>   1 has made it   ②make it   3 have made it   4 makes it

※以下の and のバランスをとらえているかを問う問題。

☞ヨコ **Point 1**
（別冊 p.67）

to appreciate it and [even], [in a ～ ways], (　) better.
　　V'₁　　　　　　　　　　　　　　　　　　　V₂

「人間として，我々は生きるという特権を享受しているだけではなく，それに感謝する，さらには多様なかたちで**それをよりよいものにする**能力を享受している」

> (2) Without mysteries, life would be very dull indeed because what _____ to strive for if everything were known?
>   1 would leave   ②would be left
>   3 has left   4 was leaving

※ if everything were known という表現から，ここは仮定法過去の帰結節の時制を用いると共に"態"にも注意する。

☞ヨコ **Point 13**
（別冊 p.83）

「謎がなければ，人生はとても退屈なものになるだろう。というのもすべてがわかっていたら，奮闘しながらも生きる目的の何が後に残されるだろうかと考えるからである」

● 241

Lesson9

(3) Being good-looking is not as important as having a sense of humor, and a sense of humor doesn't work _____ that rare balance of truth and heart.
　①without　　2 except　　3 apart　　4 unless

※空所の位置に注目すれば，3.apart（副詞，形容詞）4. unless（接続詞）は機能的に不適切なことがわかる。2. except は「〜を除いて」の意味で，ここでは文意が通じないのと同時に，この前置詞は，一般に all, every, any, no など 100％ を表す語が先行するかたちで用いる。
「見た目がよいということはユーモアのセンスがあるということほど重要なことではなく，ユーモアのセンスは真実と心の絶妙なバランス**なくして**機能することはない」

(4) Bill Gates has decreased his shareholdings over the last two years to fund charitable causes that include improving health care _____ regions of the world.
　1 to more developing　　2 about more developed
　3 on less developing　　④in less developed

※文意をとらえて，「世界のより発展していない地域（＝途上国）で」とする。
「ビル・ゲイツはここ 2 年で自らの持ち株を減らし，世界の途上国の保健医療を改善するといった慈善活動に資金を提供してきた」

(5) When turtles began to crawl across the airport runway, delaying landings and halting takeoffs, it reminded us that the animal kingdom is full of neighbors who often drop by _____.
　①unannounced　　　　2 not announcing
　3 no announcement　　4 no announcing

※ drop by が「ふと立ち寄る」の意味のイディオム(この by は副詞)。un-anounced は「予期しない，公表されない」の意味の形容詞。
　→ who(S) drop(V) by(M) (C)
「カメが空港の滑走路を横断し始め，着陸を遅らせ離陸を妨げたときに，我々は動物の世界はしばしば予期せず姿を現す隣人で一杯であるということを思い起こした」

(6) Real classic filmmaking is ＿＿＿ in Japan, in the movies of director Yasujiro Ozu, where emotions and space are in perfect balance.
　1 finding　　2 to be finding　　③ to be found　　4 to found

※ "態" を問う問題。映画製作は「見られる」と受け身にする必要がある。
「本物のクラシックの映画製作は日本の，小津安二郎という監督の映画の中に見られる。そこでは感情と空間が完璧なかたちで調和している」

(7) Canada has a constitution that has formally incorporated multiculturalism. ＿＿＿ , it was also in Canada that the term "multiculrutal society" was coined.
　1 Without hesitation　　② Not surprisingly
　3 To the contrary　　　　4 Instead

※文と文の意味的なつながりを問う問題。第1文目が第2文目の"理由"になっているのを見抜く必要がある。選択肢はそれぞれ，1.「躊躇せず」2.「驚くべきことではないが(当然だが)」3.「逆の趣旨で(の)」4.「その代わりに」の意味。
「カナダは公式に多文化主義を取り入れた憲法を持つ。(したがって)『多文化主義社会』という言葉がカナダで作られたのも驚くべきことではない」

Lesson9

(8) The students come from a country that is monolingual and monocultural, and they are like children lost in the woods when it _____ trying to deal with this multi-ethnic society.
　1 goes on　　2 does with　　3 takes in　　④ comes to

※単なるイディオムの問題。「〜ということになると」→ when it comes to 〜

「学生たちは単一言語で単一文化の国の出身であり，彼らは多民族社会に対処していこうとなると，森で迷子になった子供たちのようである」

(9) I've never met him but _____ I've heard, he's supposed to be as charming as he is deceptive.
　1 from which　　　② from what
　3 on which　　　　4 about how

※前後の文意をとらえて，「私が聞いたこと（噂）によれば」という意味になるものを選ぶ。

「私は彼に一度も会ったことはないが，私が耳にしたことから判断すると，彼はきっと人を惑わすほど魅力的な人物だ」

(10) Everything he talked about regarding theoretical models _____ interest to today's audience.
　1 are of no　　2 are no　　③ is of no　　4 is no

※ Everything（3人称単数）が主語で，それを受ける動詞部分が空所になっているので1と2は不適切だとわかる。また of ＋抽象名詞が形容詞の働きを担うことがあるのをふまえて解答を考える。

「理論モデルについて彼が語ったすべてが，今日の学生にとっては興味のないことである」

> (11) Very few people, if _____ , live in a foreign country without picking up at least some expressions of the local language.
> ①any 2 only 3 ever 4 not

※単なるイディオムの問題。few や little に続けて「仮にいる(ある)としても」という意味になるものを選ぶ。

「その土地の言葉の表現を多少なりとも身につけずして外国に暮らしているという人は，たとえいたとしても極めて少ない」

> (12) The term "geek" used to mean a loser and outcast but now refers to someone who is smart and likes computers. What once _____ an insult _____ now a point of pride.
>   1 being … becomes   2 was considering … has become
>   ③was … is   4 regarded … might be

※以下の文構造をとらえているかがポイント。

<u>What once (　) an insult</u> (　) now a point of pride.
　　　　S　　　　　　　　V　　C

この what は関係代名詞で「～こと・もの」の意味。この what は節をつくるので，1 の being は不可。さらに 2. was considering と 4.regarded では能動態になるために文意が成立しない。「侮辱と考え**られて**いたもの」と受身ならば OK。つまりこの時点で正解がすでに絞り込める。

「geek という言葉はかつては敗者で落第者を意味したが，今日では賢くてコンピュータ好きの人を表している。かつては侮辱的であったものが，今では誇らしげなものになっている」

問題4 解答

(1) 2   (2) 2   (3) 1   (4) 4   (5) 1   (6) 3
(7) 2   (8) 4   (9) 2   (10) 3   (11) 1   (12) 3

Lesson 10

英作文

英作文の基本ポイント

①逐語訳にこだわらず，解釈をほどこし，自分が正確に表現できる英語を用いる。例「彼は服に無頓着である」
  → He is indifferent to clothes. （逐語訳）
  ➡ He is not interested in what he wears. （解釈）
  （単語で表現が難しければ，疑問詞などを利用して節で書くのも有効）

②主語に変化をつけることで，様々な表現が可能となる。
  例「彼が助けてくれたおかげでその仕事を終わらせることができた」
    I was able to complete the task because he helped me. （人を主語）
    His help enabled me to complete the task. （無生物主語）
  例「私たちの間に大きな違いが生じるだろう」
    A big difference among us will arise. （無生物主語）
    There will be [arise] a big difference among us. （there を主語）
  例「次に何が起こるかは誰にもわからない」
    Nobody tells what will happen next. （人を主語）
    It is impossible to tell what will happen next. （仮主語 It を主語）

③時制や法に誤りがないかを Check する。
  例「携帯電話がなければ私たちの生活は大きく変化するだろう」
    Without cell phones, our life will change a lot. ×
    Without cell phones, our life would change a lot. ○
  ※「携帯電話がなければ」というのは事実に反する仮定なので仮定法を用いる。

問題 1 解答例

> (1) 私にもう少し経験と知識があれば、誰もが難しいと思うその仕事をどうにか成し遂げられるだろう。

解答例①

With a little more experience and knowledge, I would manage to complete the task which everybody thinks is difficult.

解答例②

If I had a little more experience and knowledge, I would be able to complete the task, even though anyone else might think it's difficult.

解答例③

If I were a little more experienced and informed, I would be able to complete the task, even though anyone else might think it's difficult.

> (2) 心理学者は、人々が直接会う代わりに、Eメールやインターネットを使って本物の友人関係を築けるかどうかは疑わしい、と考えている。

解答例①

Psychologists doubt that people can develop true friendships through e-mails or the Internet, instead of by meeting face to face.

解答例②

Psychologists argue that, if you always depend on indirect communication styles such as e-mails or the Internet, you'll be likely to have no close friend.

解答例③

Can e-mails or the Internet, not face-to-face communication, help us to develop true friendships? Many psychologists would answer this question negatively.

Lesson10

自由英作文の"流れ"の一例

Introduction（序論）
　現状の把握・分析と主張，賛否の意見の表明，（問題提起）など
Body（本論）
　（問題提起），主張の理由，（改善案の提起）など
Conclusion（結論）
　まとめ，未来への展望など

※自らの主張を先に明確にした上で，その根拠（理由）を後から述べるかたちで具体化してゆく。
※難しい内容を書く必要はないので，論理的に破綻のない正しい英語を書くように心がける。
※"譲歩"を入れる場合にはそれが単なる"矛盾"にならないよう注意する。
※論理展開の目印となるようなマーカーを有効に活用する。

論理マーカーやよく用いられるフレーズの例

(Introduction)

Today…, Nowadays…, Recently…, According to …, We often hear it said that …, I agree with …, I disagree with…, I support[oppose] the idea[the statement] that …, I think[believe], In my opinion…

(Body)

◆理由の列挙

First, Second, Third, Last, for one thing, for another, in the first place, in the second place, First of all, To start[start] with, Furthermore, Moreover, In addition など

◆具体例(化)

for example, for instance, (more) specifically, such as...,(挿入的に) say, など

◆対比

while, by[in] comparison, on the other hand, by contrast, however, (un)like, instead など

◆譲歩⇒逆接⇒主張

Of course[It's true that, No doubt, You might think that, admittedly など] … but 〜

[Conclusion]

thus, therefore, in conclusion, consequently, for the reasons above, for these reasons, as I have stated above, in short, to sum up など

Lesson10

問題2 解答例
（別冊p.62参照）

TRACK 43

> Do you believe S. Kaane is right to claim that governments spend too much money and effort protecting secrets? Why or why not?

①Yes, I strongly believe that he is right and that time and effort is wasted. ②For one thing, as Kaane points out, most, if not all, of the secrets governments keep are likely to end up coming out, however much money and effort they spend protecting them. ③This is especially true in today's Internet society, where there appear more and more whistle-blowing websites such as Wikileaks. ④For another, democratic governments, by their nature, should serve their citizens, which means that their information must not be used only by government officials or politicians to their advantage as mentioned in the essay by Kaane. ⑤Instead, it must be open and accessible to the public. ⑥Of course, there are some exceptional cases, like nuclear weapon designs, where secrecy is needed. ⑦But the problem is that there are now too many "exceptions". ⑧Governments should bear in mind that they basically shouldn't be allowed to keep their information to themselves, ignoring the public they serve.

⑨Thus, if they try to create a truly democratic society, governments should review their waste of time and money in keeping secrets and consider how they can use them more effectively – for the benefits of their citizens.

(192字)

⑨の別解

If governments review their waste of time and money in keeping secrets and consider how they can use them more effectively for the benefits of their citizens, our society will be democratic in the true meaning of the word.

西川彰一
Shoichi NISHIKAWA

　鹿児島県出身。代々木ゼミナール，YSAPIX 英語講師。故郷の桜島のように雄大な男になるのが夢。好きな言葉は Smell the rose! 生徒には単に受験のためだから勉強するのでなく，"今，学べる（知る）幸せ"を味わってもらいたいと日々教壇に立つ。

　　　　　　　　　　＊　　　＊　　　＊

　慶應大学英語をはじめとして難関大対策講座を数多く担当。首都圏を中心に出講している対面授業以外にも，サテライン放映により全国の受験生に幅広く支持され，毎年数多くの難関大合格者を送り出す。

実況中継CD-ROMブックス
西川彰一のトークで攻略
慶大への英語塾

問題編・ヨコPoint集

〈とりはずしてお使いください〉

CONTENTS...

慶大への英語塾 問題編

Lesson1-(1)	空所補充問題（思考系）【全学部共通】	4
Lesson1-(2)	空所補充問題（接続系）【全学部共通】	7
Lesson1-(3)	空所補充問題（知識系）【全学部共通】	9
Lesson2-(1)	下線部同義問題（語義類推等）【全学部共通】	12
Lesson2-(2)	下線部同義問題（文の含意）【全学部共通】	16
Lesson3-(1)	内容一致問題（記述解答可）【全学部共通】	19
Lesson3-(2)	内容一致問題（記述解答不可）【全学部共通】	24
Lesson4	L1〜L3の総合問題	29
Lesson5	記述（英文和訳問題）【文・医・看護・薬】	37
Lesson6	記述（説明問題等）【文・医・看護・薬】	41
Lesson7	L5〜L6の総合問題	44
Lesson8	会話問題	51
Lesson9	文法問題【全学部共通】	55
Lesson10	英作文【経済・文・医・看護】	61

トークで攻略：ヨコPoint集

ヨコPoint ⓪	英文の基本構造と基本用語の確認	64
ヨコPoint ❶	等位接続詞について	67

ヨコ Point ❷	倒置	70
ヨコ Point ❸	動詞の名詞形の訳出	72
ヨコ Point ❹	名詞 of 名詞	73
ヨコ Point ❺	準動詞＝動名詞・不定詞・分詞	73
ヨコ Point ❻	文頭の of	75
ヨコ Point ❼	that の用法	76
ヨコ Point ❽	同格・言い換え	78
ヨコ Point ❾	接続詞・関係詞・疑問詞の後の M (S) V	80
ヨコ Point ❿	as の用法	80
ヨコ Point ⓫	what の用法	82
ヨコ Point ⓬	one の用法	83
ヨコ Point ⓭	仮定法	83
ヨコ Point ⓮	強調構文	86
ヨコ Point ⓯	関係代名詞のさまざまな連結	86
ヨコ Point ⓰	接続語句	87
ヨコ Point ⓱	仮主語 It を受ける真主語の句や節	90
ヨコ Point ⓲	従位接続詞の後の S ＋ be動詞の省略	91
ヨコ Point ⓳	疑問詞について	91
ヨコ Point ⓴	文末の分詞構文	92
ヨコ Point ㉑	V 名詞＋前置詞句	93
ヨコ Point ㉒	the way SV	93
ヨコ Point ㉓	無生物主語（因果関係の潜伏）	94
ヨコ Point ㉔	連鎖関係詞	94
ヨコ Point ㉕	主節の挿入	95
ヨコ Point ㉖	名詞を含むイディオムの注意点	95
ヨコ Point ㉗	比較について	96
ヨコ Point ㉘	関係形容詞 which	99
ヨコ Point ㉙	二重限定	100
ヨコ Point ㉚	命令譲歩	101

慶大への英語塾

問題編

Lesson1-(1)

空所補充問題（思考系）

問題 1 Read the following and choose the appropriate expression for (1) and (2). （経済）

When information and communication technology (ICT), in particular the Internet, arrived on the scene in the 1990s, genuine excitement arose about the positive benefits it could bring to people all over the world.（中略）

Indeed, since those early predictions were made, access to and use of the Internet has spread widely in a relatively short period of time. Globally, the number of Internet users stood at around 4.4 million in 1991. By 1995, the number of users had （ 1 ） 40 million. By 1999, the number of Internet users was as many as 502 million, and that number increased steadily to 600 million by 2002.（中略）

But while the raw number of users has increased dramatically, there is reason to believe that the ICT 'revolution' has not （ 2 ） many of the changes that were expected early on. Of particular concern is the fact that not everyone has been able to gain access to the Internet and its benefits, a situation that has been labeled the 'digital divide'.

(1) 1. dropped by   2. grown to   3. moved on
    4. remained as   5. stopped at

(2) 1. brought about 2. called out   3. spread out
    4. turned to   5. weighed up

問題 2 Choose the most appropriate expression to fill in the blank. (商)

Brands don't just fail. There are no examples of successful brands that one day suddenly became unsuccessful. Rather, (　　). And as with murder, a brand is most likely to be killed by someone close. It is true that competitors are always trying to undermine their rivals and consumers are constantly changing their minds, but a brand almost never dies without its own management pushing the knife.

1. they always survive
2. they die naturally
3. someone kills them
4. something restores them

Lesson1-(1)

問題3

次の英文を読み，空所（a）～（e）に入る最も適切な形容詞を記入しなさい。ただし，下記の名詞群の形容詞形のみを使用すること。また，同じ語を二回以上使ってはいけない。**同じ語を二回以上使った場合，正解が含まれていてもその正解は得点にならない。** (商)

例：honesty → honest

| legend access risk hostility simplicity |

Companies must review their successes and failures, assess them systematically, and record the lessons in a form that employees find open and fully (a). Unfortunately, too many managers today are indifferent, even (b), to the past, and by failing to reflect on it, they let valuable knowledge escape.

A study of more than 150 new products concluded that "the knowledge gained from failures is often instrumental in achieving subsequent successes. In (c) terms, failure is the ultimate teacher." IBM's 360 computer series, for example, one of the most popular and profitable ever built, was based on the technology of the failed "Stretch" computer that preceded it. IBM's (d) founder, Thomas Watson apparently understood the distinction between a productive failure and an unproductive success well. Company lore has it that a young manager, after losing $10 million in a (e) venture, was called into Watson's office. The young man, thoroughly intimidated, began by saying, "I guess you want my resignation." Watson replied, "You can't be serious. We just spent $10 million educating you."

[Adapted from *Harvard Business Review on Knowledge Management*, 1998]

Lesson1-(2)
空所補充問題（接続系）

問題 1 次の英文を読み，空所（1）〜（5）に入る最も適切な接続表現を，選択肢（1）〜（7）の中から1つずつ選びなさい。ただし同じものを2回以上選んではいけません。なお選択肢はすべて小文字にしてあります。（理工）

It is curious that children are usually satisfied with a rough approximation to what an adult would say and do not try to perfect any single utterance before moving on to the next. One might expect children to practice a few phrases （ 1 ） they could say them as well as most adults, and then move to mastery of a few more phrases. （ 2 ） it is fairly obvious why this does not happen. If children concentrated on only a few utterances, they would be limited in the topics they could talk about. As it is, parents soon become fairly expert in interpreting what it is that their child has said, （ 3 ） they may not always get it right. Children do differ, （ 4 ）, in the accuracy with which they produce the sounds of the language they are learning. Some children seem happy with very rough approximations to the sounds in the adult language, （ 5 ） others come much closer to the adult model.

1. however　　2. if　　3. until　　4. though
5. whereas　　6. therefore　　7. but

Lesson1-(2)

問題 2 Read the text and choose the most appropriate of the following answers(1-7) to fill the blank spaces marked(a-c). Each number can only be used once; initial capital letters have been ignored. (法)

My friend in Britain was recently asked by lawyers working for an American company to be a witness for a case. They wanted to fly the lead attorney and two assistants to London. "Wouldn't it be cheaper if I flew to New York?" he suggested. "Yes," he was told without hesitation, "but we can bill the client for the cost."

And there you have the American legal mind at work. I have no doubt that a large number of American lawyers do wonderfully worthwhile things that fully justify charging their clients $150 an hour. (a) the trouble is that there are too many of them. (b), the United States has more lawyers than all the rest of the world put together: almost 800,000 of them.

(c), lawyers need work. Most states allow lawyers to advertise, and many of them enthusiastically do. You cannot watch TV without encountering a commercial showing a lawyer who might say: "Hi, I'm Vinny Slick of Bent and Oily Law Associates. If you've suffered an injury at work, or been in a traffic accident, or just feel like having some extra money, come to me and we'll find someone to sue."

1. eventually   2. of course   3. meanwhile   4. therefore
5. in fact   6. for example 7. but

Lesson 1-(3) 空所補充問題（知識系）

問題 1 次の英文を読んで，本文中の（あ）〜（え）に入れるのにふさわしい語(句)をそれぞれ選択肢 1 〜 4 の中から 1 つ選びなさい。(医)

Lucky people appreciate the value of their knowledge and their network, and tap* into these gold mines as needed. Here's a powerful example from 2005 commencement* address that Steve Jobs （ あ ） at Stanford. In short, he'd dropped out of college after six months because he wasn't sure why he was there, and the （ い ） was much more than his parents could afford. Here's how Steve tells it:

After six months, I couldn't see the value in college. I had no idea （ う ） I wanted to do with my life and no idea how college was going to help me figure it out. And here I was spending all of the money my parents had saved their entire life. So I decided to drop out and trust that it would all work out OK. It was pretty scary at the time, but looking back it was one of the best decisions I ever made. The （ え ） I dropped out I could stop taking the required classes that didn't interest me, and begin dropping in on the ones that looked interesting.

*tap (into) something: to make use of a source of energy, knowledge, etc. that already exists
*commencement: a ceremony at which students receive their academic degrees; SYNONYM graduation

（あ）1. entered　　2. changed　　3. delivered　　4. registered
（い）1. diploma　　2. income　　　3. tuition　　　4. wage
（う）1. that　　　　2. what　　　　3. whether　　　4. which
（え）1. instance　　2. minute　　　3. reason　　　4. way

Lesson1-(3)

問題2 それぞれの空所を埋めるのに最も適切な語を1から3の中から選びなさい。

(1) Art museums, in short, will be able to survive as mission-driven educational institutions only if they can continue to (1. provoke 2. convince 3. question) the public that they discharge their responsibilities with integrity and diligence.

(総合政策)

(2) HIV/AIDS has (1. robbed 2. attacked 3. downgraded) many developing countries of valuable labor, leading to poverty and hunger.

(総合政策)

(3) Latin Americans, for example, are among the happiest people in the world, according to study after study. (中略) To those who (1. evaluate 2. count 3. equate) happiness with digital cable and ice-cube-dispensing refrigerator doors, these results may be surprising.

(総合政策)

(4) Villages adjoining thick mangrove forests were saved from the fury of the tsunami because of the wave-breaking (1. impact 2. role 3. force) played by the mangroves.

(総合政策)

(5) The use of hypothesis in scientific investigation is similar to playing a game of chance. The rules of the game are [1] (1. held forth 2. set up 3. taken over), and bets are made, in advance. One cannot change the rules after an outcome, [2] (1. seldom 2. never 3. nor) can one change one's bet after making it. (総合政策)

(6) At the beginning of his career, Erasmus had been a teacher at Cambridge and some of his most popular writings were textbooks concerned (1. for 2. about 3. with) using classical knowledge to train students to act correctly – with modesty, kindness and wisdom towards all in society, high and low. (環境情報)

Lesson2-(1)
下線部同義問題（語義類推等）

問題 1　次の英文を読んで後の設問について最も適切なものを選択肢1〜4から選びなさい。　　　　　　　　　　　　　　　　（商）

　The growth in telecommunications is having a profound effect on the developing world struggling with poor infrastructure. A mobile phone can't pave a dirt road but it can help decide whether you need to travel down it in the first place. The rapid expansion in the use of mobile phones is even helping developing countries (1)leapfrog industrialized countries in the adoption and use of newer mobile technologies. Mobile banking, for example, represents a tiny fraction of usage in the US and the UK, where people are generally cautious about using their phones to access their bank accounts and prefer conventional methods of payment. In the Philippines, however, more than 4 million people use their mobile phones as virtual wallets to buy goods or transfer cash.

（中略）

　Another example of innovation involves buying railway tickets. In India, trains are for many the only economical way to travel. But before 2002, ticketing clerks used to keep long-distance tickets back and sell them at a profit to those who knew how to get them. Then the system was put online. The India Center for Media Studies reported in 2005 that "computerization of tickets issued for rail journeys has ensured that the ordinary citizen does not have to offer bribes for rail tickets." So while people in industrialized countries may curse automated online systems, they are proving to be (2)a boon for India.

(1) What does (1)"leapfrog" mean?
   1. to surpass   2. to exclude
   3. to prevent   4. to compensate

(2) What does (2)"a boon" mean?
   1. an inflation   2. an obstacle
   3. a benefit   4. a challenge

問題 2

Read the text and answer the questions that follow. (Note: the "Watergate Scandal" refers to the consequence of a politically motivated burglary in Washington, D.C., in 1972. An investigation of this crime by journalists led finally to the resignation of President Nixon in 1974.)　　　　　　　　　　　　　　　　　　　　　(法)

Many journalists prominent today were high school or college students during the Watergate investigations and were inspired to enter the profession by following these investigations. They, too, would fight to expose government lies. One famous reporter, (1), recalls (2)being glued to the radio during the Watergate hearings while studying at Harvard. Fascinated by the inside view of goings-on at the White House, she determined to pursue a career in journalism as a public service – and (3)cut her teeth as a reporter on the student newspaper, pursuing wrongdoings in the Harvard administration. She notes that modern journalists are seeking another Watergate-like scandal – in her words, the way surfers lust for the perfect wave. They believe that personal ambition and public zeal can go together; that you can expose evil and (4)make a name for yourself at the same time.

But today, when there is no Watergate to expose, journalists seem able to get job satisfaction only by adopting the "attack dog" approach. The press thus elevates commonplace misconduct by public officials, such as hiring domestic employees without paying Social Security tax for them, into a national issue. This has created a kind of (5)scandal inflation; which merely makes citizens cynical about all politics and all politicians.

(1) Choose the most appropriate of the following answers to fill the blank space marked(1).
   1. however   2. of course   3. for example
   4. but   5. more or less

(2) Choose the answer(1-4) that most appropriately indicates the meaning of the underlined phrase "being glued to" in this context.
   1. pushing her ear directly against
   2. keeping her eyes eagerly upon
   3. being physically attracted by
   4. giving her attention entirely to

(3) Choose the answer(1-4) that most appropriately indicates the meaning of the underlined phrase "cut her teeth as a reporter" in this context.
   1 . recognized her talent for journalism
   2. endured much suffering as a journalist
   3. worked part time as a journalist
   4. began her journalistic career

(4) Choose the answer(1-4) that most appropriately indicates the meaning of the underlined phrase "make a name for yourself" in this context.
   1. earn a famous salary
   2. achieve a significant reputation
   3. launch a notorious attack
   4. establish a new identity

(5) Choose the answer(1-4) that most appropriately indicates the meaning of the underlined phrase "scandal inflation" in this context.
   1. the neglect of trivial scandals by over-ambitious journalists
   2. the creation of ever bigger scandals from ever more trivial circumstances
   3. a "bubble economy" caused by scandalous tax evasion by public officials
   4. price inflation caused by sensational rumors spread by the press

Lesson2-(2)

下線部同義問題（文の含意）

問題 1

次の英文を読み，以下の問に答えなさい。

（薬）

The problem isn't just that animals don't talk. Animals also hide their pain. In the wild any animal who's injured is likely to be finished off by a predator, so animals probably evolved a natural tendency to act as if [ア]. Small, vulnerable prey animals like sheep, goats, and antelope are especially stoic, whereas predator animals can be big babies. Cats can yowl their heads off when they get hurt, and dogs scream bloody murder if you happen to step on their paws. That's probably because cats and dogs don't have to worry about getting killed and eaten, so [イ].

（中略）

Sheep are the ultimate stoics. I once observed a sheep who'd just had excruciating bone surgery. I would have had no way of knowing how much pain that animal was in based on the way she was acting, and <u>a hungry wolf would have had no reason to pick her out of a flock</u>. An injured animal in terrible pain will actually eat food – something all our theories of stress tell us shouldn't happen.

（問１）[ア][イ]に入る文章を次の中から選びなさい。
　1. nothing's wrong
　2. they're in agony
　3. they can make all the noise they want
　4. they can't voice any sounds because of the pain

(問2)下線部と同じ内容になるものを次の中から選びなさい。
1. a hungry wolf would eat the sheep
2. a hungry wolf would pick the sheep
3. a hungry wolf never intended to eat any of the sheep
4. a hungry wolf wouldn't purposefully choose the sheep
5. a hungry wolf would be encouraged by other wolves to choose the sheep

問題 2 Read the following article and answer as indicated. (経済)

It is not difficult to understand why supermarkets are so popular. They are well designed and well lit. They display a wide range of different products, including ready-made meals alongside fresh food, and even many different brands of the same product. (A)They promise guaranteed quality at reasonable prices. Consumers are attracted by the idea that they can save money by buying extra quantities of special offers or by "earning" points according to the amount that they spend. They appreciate the time they can save by buying everything they need under one roof and at one cash register, rather than having to make a series of small purchases at different specialist shops.

(B)Of course, supermarkets have their critics. A frequent argument is that they drive out the independent family-run shops that provide a focus for local communities. (C)Supermarkets are anonymous spaces, but in small shops both staff and customers tend to talk to each other. Reference is also made to the excessive use of packaging and to the increase in the use of cars for shopping, which worsens traffic congestion

Lesson2-(2)

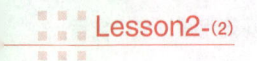

and air pollution.

(1) Choose the sentence in which the word "reasonable" has the meaning closest to the way it is used in the underlined sentence(A).
1. It is reasonable to expect that land prices will keep rising.
2. This department store has a reasonable variety of fashionable clothing.
3. Under the circumstances, the police officer's action was reasonable.
4. What the hotel charged was quite reasonable considering the service.

(2) Which of the following best explains the meaning of the underlined sentence(B)?
1. It goes without saying that supermarkets encourage experts to attack competitors.
2. It is no wonder that some shoppers never shop at supermarkets.
3. It is only natural for some people to find fault with supermarkets.
4. It is true that supermarkets employ people to reject low quality products.

(3) Which of the following is closest to the meaning of the word "anonymous" in the underlined clause [C]?
1. empty   2. impersonal   3. nameless   4. quiet

Lesson3-(1)
内容一致問題（記述解答可）

問題 1 Read the following article and answer as indicated. （経済）

To understand the situation of the hungry, we need to realize that, for one reason or another, they simply lack access to world food markets. Most of them live in nations where the government struggles with civil conflict or has massive external debts. Such poor countries can import little or no food. Food costs hard cash – dollars and euros. For example, in sub-Saharan Africa as a whole, only 16 percent of total grain consumption (1) the world market, and less than 10 percent of total calorie consumption. Far too many nations in Africa lack the financial or diplomatic resources to correct this situation.

(1) Which is the following would best fill the gap(1)?
　1. came from　　　　　2. can be exported to
　3. is imported from　　4. is strengthened for

(2) What does the author believe is the main reason why hungry people cannot get enough food?
　1. Their governments have massive external debts, because civil conflicts have increased the import of food.
　2. They all live in sub-Saharan Africa, where only 16 percent of grain consumption comes from the world market.
　3. Their nations can't pay for food imports because they are poor, so they do not have access to the world food markets.
　4. They don't want access to world food markets; and even if they did, they would need diplomacy to succeed.

Lesson3-(1)

問題 2 次の文章に関して，空欄補充問題と読解問題の二つがあります。まず[1]〜[4]の空所を埋めるのに，文脈的に最も適切な語を1から3の中から選びなさい。次に，内容に関する[5]の設問には，1から4の選択肢が付されています。そのうち，文章の内容からみて最も適切なものを選びなさい。

(総合政策)

Two key economic issues in the debate are the following: firstly, whether poverty and inequality are increasing or decreasing along with economic globalization; and secondly, whether integration into the global economy is good for growth.

(中略)

As regards the second issue, the big challenge is poverty, and the surest way to sustained poverty [1](1. situation 2. reduction 3. problem) is economic growth. Growth requires good economic policies. The evidence strongly supports the conclusion that growth requires a policy framework that prominently includes an orientation toward integration into global economy. The bulk of evidence shows that the most spectacular growth stories all involve rapid increases in both exports and imports. Almost all of the outstanding cases – Singapore, Malaysia, China, India since the early 1980's – involve gradual [2](1. spreading out 2. opening up 3. breaking down) of domestic markets to imports and foreign investment. The success of this kind of outward-oriented policies should persuade us that openness to the global economy is a necessary, though not [3](1. controllable 2. ideal 3. sufficient), condition for sustained growth. There is no way of [4](1. lifting 2. counting 3. increasing) the populations of poor countries out of poverty without sustained growth. The overall challenge to economic globalization is to make the global system deliver economic growth more consistently and more equitably, as the best way to further reduce global poverty and inequality.

[5] The cases of Singapore, Malaysia, China and India are mentioned in order to illustrate that
  1. these are the cases in which economic growth was achieved but inequality was not reduced.
  2. these are the cases in which the national governments were persuaded by international organizations to open domestic markets.
  3. policies to open domestic markets are necessary for overall national economic growth.
  4. policies to open domestic markets to foreigners are insufficient to reduce poverty.

Lesson3-(1)

問題 3 Read the text below and answer the questions that follow. (法)

[A] Suppose you believe that a central aim of public policy in a democratic society should be improving the welfare of its citizens. Even when resources are plentiful, this is a challenging task because of the difficulty of determining what "welfare" consists in. Beyond basic necessities, there is great variation in what people want out of life. This is true with respect to material goods and also true with respect to what people want from their work, their medical care, their educational opportunities and just about everything else. So any specific use of public resources is likely to please some people and displease others.

[B] The way to solve this problem, we are often told, is to provide a wide range of opportunities and let people choose for themselves whatever promotes their personal welfare. Since each individual is in the best position to judge his or her welfare, putting decisions into the hands of individuals is a solution to the social welfare problem that can't be improved on. To improve welfare, you must increase freedom of choice, not because increased choice is necessarily good in itself, but because it increases the chances that each individual will be able to find something that serves his or her interests.

(中略)

[C] The importance of choice also casts light on the emphasis that developed societies place on increasing the material wealth of their citizens. It is roughly true that the wealthier people are, the freer they are to live the kind of life they want and to make the choices they want. GDP per head is a decent indicator of the amount of freedom enjoyed by individuals in a society. It is an admittedly imperfect measure: civil rights don't require wealth, and wealth don't buy freedom of speech or assembly. But even with civil rights, if you have to struggle to exhaustion every day just to meet your basic needs, freedom of speech or assembly becomes the kind of luxury you rarely get to enjoy.

(1) Which of the following statements can best be derived from paragraph(A)?
 1. Welfare is a hard concept to define.
 2. People who believe in welfare also believe in democracy.
 3. Welfare means providing people with the basic necessities.
 4. Most people agree on what welfare consists in.

(2) Which of the following best summarizes paragraph[B]?
 1. Given freedom of choice, people will always make the right decisions.
 2. Freedom of choice is the best way to improve welfare.
 3. Freedom of choice is a moral good.
 4. Freedom of choice is a moral evil.

(3) Which of the following best summarizes the overall point being made in paragraph[C]?
 1. In order to enjoy civil rights, you first need a basic minimum of wealth.
 2. Few poor countries have civil rights.
 3. Civil rights are something that cannot be bought.
 4. In order to enjoy civil rights, you have to work very hard.

Lesson3-(2)
内容一致問題(記述解答不可)

問題 1 Read the article below and answer the question that follows. (法)

[A] What makes a good doctor? Physicians like to think of themselves as members of a profession. But definitions of profession and professionalism change. A century ago, a doctor was considered to be part of a social elite. He – and medicine was then very much a masculine endeavor – had a unique mastery of a special body of knowledge.

(中略)

[B] Doctors are no longer masters of their own knowledge. For a start, in many Western countries the number of women at medical schools now exceeds that of men. The public is also far more educated than it was a century ago. Patients have access to the same information as doctors. They may know more than most doctors about their own condition. Meanwhile, doctors increasingly work in teams. Their responsibilities are shared with many other professionals – nurses, therapists, and pharmacists, for instance. The medical hierarchy might still favor the doctor. And it is true that the doctor still takes final responsibility for a patient's care. But the notions of absolute mastery and control no longer hold.

(問) Which of the following is NOT being given in paragraph [B] as a reason for asserting that "doctors are no longer masters of their own knowledge"?
1. Many of them are women.

2. They are not the only professionals involved in medical cases.
3. The amount of medical knowledge has grown too great.
4. Patients rival them in understanding medical issues.

問題 2

次の英文を読み，(1)～(6)の設問について最も適切なものを選択肢 1 ～ 4 から選びなさい。　　　　　　　　　　（商）

Everyone knows someone who can walk into a room full of people and, within minutes, give an accurate description about the relationships between those people and what they are feeling. The ability to read a person's attitudes and thoughts by their behavior was the original communication system used by humans before spoken language evolved.

Before radio was invented, most communication was done in writing through books, letters and newspapers, which meant that ugly politicians and poor speakers, such as Abraham Lincoln, could be successful if they persisted long enough and wrote good print copy. The radio era gave openings to people who had a good command of the spoken word, like Winston Churchill, who spoke wonderfully but may have struggled to achieve as much in today's more visual era.

Today's politicians understand that politics is about image and appearance, and most high-profile politicians now have personal body language consultants to help them come across as being sincere, caring and honest, especially when they're not.

It seems almost incredible that, over the thousands of years of our evolution, body language has been actively studied on any scale only since the 1960s and that most of the public has become aware of its existence only since our book *Body*

Lesson3-(2)

Language was published in 1978. Yet most people believe that speech is still our main form of communication. Speech has been part of our communication *repertoire only in recent times in evolutionary terms, and is mainly used to convey facts and data. Speech probably first developed between 2,000,000 and 500,000 years ago, during which time our brain tripled its size. Before then, body language and sounds made in the throat were the main forms of conveying emotions and feelings, and that is still the case today. But because we focus on the words people speak, most of us are largely uninformed about body language, let alone its importance in our lives.

注) repertoire:レパートリー

(1) According to the passage, which of the following statements is TRUE?
The answer is: (1).
1. Radio had few advantages for good speakers
2. Print media had many advantages for good speakers
3. Humans use nonverbal communication primarily to convey facts
4. Humans used nonverbal communication before verbal language

(2) Which of the following does the passage suggest? The answer is: (2).
1. Abraham Lincoln was a great speaker
2. Winston Churchill was a good-looking man
3. Politicians can influence their voters through nonverbal communication

4. Historically, politicians have always been careful about their image and appearance

(3) Why do the authors think that it is "almost incredible that, over the thousands of years of our evolution, body language has been actively studied on any scale only since the 1960s"? The answer is: (3).
1. Because ancient philosophers used to study nonverbal communication
2. Because body language is such an important form of communication
3. Because speech is still viewed as our main form of communication
4. Because body language plays only a minor role in our communication

(4) According to the authors, why are most people not very knowledgeable about nonverbal communication? The answer is: (4).
1. Because nonverbal communication is not as powerful as verbal communication
2. Because most people focus on the words spoken, not the speaker
3. Because humans did not start using nonverbal communication until very recently
4. Because human brains are not sufficiently developed to understand nonverbal communication

Lesson3-(2)

(5) Which of the following statements does the passage suggest?
The answer is: (5).
1. Politicians today aspire to be like Abraham Lincoln and Winston Churchill
2. Politicians today do not have to pay attention to nonverbal communication
3. Politicians today are more sincere than politicians in the past
4. Politicians today must pay attention to their looks and way of speaking

(6) According to the passage, which of the following is TRUE?
The answer is: (6).
1. Although humans today still convey most of their emotions through nonverbal communication, they are not good at reading nonverbal communication
2. Humans today have stopped expressing their emotions through nonverbal communication
3. Most people today are aware that nonverbal communication is more important than verbal communication
4. Most people today have become experts at reading nonverbal communication due to the influence of television

Lesson4

L1～3の総合問題

問題 1 Read the following article, and answer the questions as indicated.   (経済)

"Making Sense of Secrecy" by S. Kaane (2007)

① Nearly 2500 years ago, Sophocles urged his fellow citizens, "Do nothing secretly; for Time sees and hears all things, and reveals all." [1] For secrecy is just as much a part of our lives as it was in ancient Athens.

② Why do most humans want to conceal information from certain other individuals or groups? At root, such behavior might be genetic – that is, inherited from long ago. [2], animals hide the location of their dens or nests from enemies. Dogs, for example, bury bones to keep them safe, and try to remember their locations later.

③ However, most explanations of secrecy [3] its social origins. One such explanation arises from people's wish to conceal aspects of themselves from others due to shame or from fear. This is usually referred to as the desire for privacy. Individuals may not wish for details about their religion, sexual preferences, political views, family history or personal activities to be revealed. People desire privacy because disclosure might result in violence, unemployment, or loss of acceptance. Families can also maintain "family secrets", [4] family members refrain from discussing unpleasant problems.

④ Even though it is difficult to define them clearly, secrecy and privacy should not be confused. For example, depending on who you are and where you live, you might have very different ideas about [5] privacy a person has a right to expect. What might be considered reasonable protection of privacy in one situation might be considered very secretive behavior in another. Nor can we rely on technology to clarify the distinction between secrecy and privacy. Technology plays little part in either area. In fact, [6] its relationship with secrecy and privacy.

⑤ Privacy seems somehow connected to us – both to our physical selves and to our identity in society. Thus, most people desire to hide information [7] their finances, since this is important [8] the avoidance of crimes such as identity theft. Similarly, people also want to keep their medical records [9] being revealed to others.

⑥ Unlike privacy, however, secrecy is often problematic. Clearly, some groups or individuals choose secrecy in order to deceive. For example, someone might take advantage of secrecy to obtain a benefit illegally, or to avoid punishment for something they did. When this happens, secrecy becomes a way of gaining power over others. That is quite different from privacy, which involves neither harm to others, nor selfish gain.

⑦ The desire to keep secrets is very powerful. Certain clubs and societies use secrecy to attract members by [10] a sense of mystery and importance. Groups of bullies keep their bullying secret at school, and criminal gangs make secrecy seem honorable. Moreover, both private and public companies make use of secrecy. Keeping secrets thus gives a wide range of organizations, from multinational corporations to nonprofit charities, an advantage over their rivals. It helps them to remain legal or sometimes to conceal crimes.

⑧ Nevertheless, government secrecy causes more controversy than any other type. Governments often attempt to turn certain types of information into "state" secrets, which are hidden from other governments and from the public. State secrets can include weapon designs, military plans, or the tactics being used in diplomatic negotiations. The information is purposely hidden from potential enemies; thus, it is not hard to see why most nations have laws that justify state secrecy. This seems to me to be rather unfortunate. The result has been an international "secrecy race," in which large amounts of taxpayer money has been wasted. Wasted, because as a result of spying, most governments' secrets come out anyway. Moreover, citizens' access to government information has often been reduced.

⑨ To what degree is state secrecy really needed? Opinions vary. Even the people most outspoken [11] state secrecy do not question the necessity of keeping nuclear weapon designs secret for national security reasons, but many ask whether government secrecy has not expanded too far in recent years. Governments can, and too often do, keep secrets for political reasons. To prevent this, many countries have laws to limit government secrecy. The Freedom of Information Act is a well-known American one. Wikileaks has made public many official secrets, some of which appear to have been hidden merely to protect the honor of individual politicians, rather than to protect the state itself. In a truly open democracy, such secrecy in government would be a contradiction. This same problem was recognized long ago by the English philosopher Jeremy Bentham. He denounced all government secrecy as extremely undemocratic and immoral, claiming that, "secrecy [12] accepted by citizens who want a good government." In an age which knew no nuclear weapons, that assertion was admirable; today, however, it appears naïve.

⑩ Indeed, the extent to which secrecy should be permitted or encouraged by a state has become increasingly controversial. Modern technologies have forced states to invest more and more effort towards keeping things secret. Over the course of the twentieth century the range of information which required protection expanded. However, the effort required to keep so many state secrets has consumed large amounts of time, labor and trust – and thus distracted officials from the job of governing itself. Moreover, trying to keep state secrets has necessitated further secrecy, creating an endless chain of deception.

⑪ Decisions about whether or not to make something secret are rarely easy, either for societies and organizations or individuals. Like transparency, its opposite, secrecy can offer both advantages and disadvantages in personal and group relations, depending on the circumstances. In the short term, secrecy gives those with knowledge an advantage, by allowing them to gain power as a result of what they alone know. The disadvantage is that those who lose power because they have been deprived of knowledge will be full of anger and distrust. By contrast, transparency has the short-term disadvantage of weakening those who make everything public. This is because they may be criticized or betrayed by those who keep secrets. Yet in the long term, transparency has the advantage in that it fosters trust and cooperation. <u>Thus, secrecy presents a conundrum.</u>

⑫ In the end, secrets, as Sophocles said, usually come out. Keeping secrets undoubtedly can bring rewards. That explains why secrets are part of the modern world. However, many secrets are costly to maintain, and if they become revealed, all that effort is wasted. Transparency, by contrast, requires no extra effort to keep facts hidden, and is much less bothersome. In that sense, I believe that secrets become like many other burdens in life; and to quote the historical Buddha: "Three things cannot long stay hidden: the sun, the moon and the truth".

Lesson4

Answer the questions [1]-[17] as indicated.
1. Which sentence would best fill the gap at [1]?
   1. Today, his wisdom has been fully understood.
   2. His words seem today to have been in vain.
   3. Modern societies have clearly followed Sophocles' advice.

2. Which of the following would best fill the gap at [2]?
   1. After all   2. Afterwards   3. Although   4. Altogether

3. Which of the following would best fill the gap at [3]?
   1. derive   2. derive on
   3. emphasize   4. emphasize on

4. Which of the following would best fill the gap at [4]?
   1. however   2. whatever   3. whenever   4. whoever

5. Which of the following would best fill the gap at [5]?
   1. how far   2. how few   3. how many   4. how much

6. Which of the following would best fill the gap at [6]?
   1. as technology evolves, so does
   2. since technology evolved, as well did
   3. to make technology evolve, it also makes
   4. the more technology evolves, the more goes

7,8,9. From the group of words below, choose the best word to fill each of the gaps [7], [8], and [9].
   1. about   2. because   3. by   4. for   5. from   6. with

10. Which of the following would best fill the gap at [10]?
   1. created   2. creating   3. creation   4. creativities

11. Which of the following would best fill the gap at [11]?
   1. in opposition to   2. on behalf of

12. Which of the following would best fill the gap at [12]?
   1. could preferably be   2. ought hardly to be
   3. should always be   4. would necessarily be

13. Which of the following sentences is closest in meaning to the underlined sentence at Z?
   1. Therefore, it is difficult to decide secrecy levels, because secrecy both harms and helps.
   2. Therefore, secrecy levels are usually inversely proportional to transparency levels.
   3. Therefore, secrecy makes it possible to choose who will receive the advantage.
   4. Therefore, secrecy usually creates problems, while transparency helps to solve them.

14. Which of the following sentences best describes what the author says about the relationship between secrecy and privacy in paragraph ⑥?
   1. Secrecy differs from privacy because of its use by groups.
   2. Secrecy is based on lies, whereas privacy asserts honesty.
   3. Secrecy often aims for undeserved gains, but privacy does not.
   4. Secrecy, unlike privacy, rarely involves unlawful behavior.

Lesson4

15. Based on paragraphs ⑧ and ⑨, which of the following statements most accurately describes S. Kaane's opinion about the "secrecy race"?
   1. It is understandable, but the results have been largely negative.
   2. It is unjustifiable for governments to keep any secrets.
   3. It succeeded in most respects apart from its costs to taxpayers.
   4. It was mainly used by governments to exclude their own citizens.

16. Does S. Kaane offer a clear personal opinion on secrecy in his article?
   1. No   2. Yes

17. Does S. Kaane assert that state secrecy has changed over time?
   1. No   2. Yes

Lesson5

記述(英文和訳問題)

問題 1 次の英文は，ILO(International Labour Organization：国際労働機関)が運営するプログラムIPEC(International Programme on the Elimination of Child Labour：児童労働撤廃国際計画)が発表している「児童労働」についての定義です。これを読んで，下線部(1)(2)を和訳しなさい。　　　　　　　　　　　　　　　　　　　　　　(薬)

　Considerable differences exist between the many kinds of work children do. Some are difficult and demanding, others are more hazardous and even morally reprehensible. Children carry out a very wide range of tasks and activities when they work. (中略)

　(1)The term "child labour" is often defined as work that deprives children of their childhood, their potential and their dignity, and that is harmful to physical and mental development. (中略)

(1) _____

Lesson5

In its most extreme forms, child labour involves children being enslaved, separated from their families, exposed to serious hazards and illnesses and / or left to fend for themselves on the streets of large cities – often at a very early age. (2)<u>Whether or not particular forms of "work" can be called "child labour" depends on the child's age, the type and hours of work performed, the conditions under which it is performed and the objectives pursued by individual countries.</u> The answer varies from country to country, as well as among sectors within countries.

(2) _____

_____

_____

_____

記述（英文和訳問題）

問題 2 以下の "Ten languages die out every year" と題する文章を読み，設問に答えなさい。　　（看護）

<u>Languages, like so many other forms of human expression, come and go, and thousands have done exactly that without leaving any trace of ever having existed.</u> Only a very few – Basque*, Greek, Hebrew, Latin among them – have lasted more than 2000 years. But it seems that the pace of their disappearance is becoming ever quicker. UNESCO claims that the rate of language extinction has now reached ten every year.

　*Basque バスク語

（問）下線部を，"thousands" と "that" が指すものをそれぞれ明確にしながら，日本語に訳しなさい。

Lesson5

問題3 以下の英文は K. David Harrison の著書 *When Languages Die* (2007)からの抜粋に基づいている。これを読んで，下線部を日本語に訳しなさい。[辞書使用可]

(文)

Due to our long engagement with writing, <u>it is hard for us even to imagine how our day-to-day life would change in the complete absence of writing.</u> Our use of language would have to be much different if we became a purely oral society. What would be different in the domains of information flow, small-talk, conversation, grocery shopping, even grammatical structures? Would our memory be up to the task? How might we adapt?

問題4 下の英文を読んで，下線部を日本語に訳しなさい。

(文)

The world is becoming more and more homogeneous for many complex reasons but chiefly because of increased communications and machine-driven standardization. <u>We have to look hard for manners that will shock us these days</u>, not only because we have seen or heard of most of them already, but because there are fewer and fewer varieties to view.

Lesson 6

記述（説明問題等）

問題 1

次の英文を読んで，以下の設問に答えなさい。

（医）

"I approve of your magazine and what it stands for," writes a subscriber, "but I am shocked by references (ア) computers and the internet. I thought you were (イ) books and reading. Please remain old-fashioned."

That sums up a misunderstanding – and a fear – common among many book lovers (and old-fashioned people). (1)<u>The same confusion</u> was behind an invitation I received to speak at a gathering of librarians on "The rise of the computer, the death of the book." But books are not dead, or dying, or even a bit poorly, they have never been in better fettle*.

Computers have not killed off the book and will not. What they can do is to co-exist peacefully alongside books, because they are two very different things, with very different functions. (2)<u>Indeed, among the first people to embrace the internet wholeheartedly were members of the world-wide community of antiquarian booksellers</u>.

I run a small publishing company and produce this magazine virtually single-handed, and that is only possible because of the computer. （以下略）

***fettle**/noun **IDIOMS** *in fine/good fettle*: (old-fashioned, informal) healthy; in good condition

Lesson6

1. ①下線部(1)the same confusion を，著者はどことどこに見出したのか，本文の第1段落と第2段落に基づいて，2点をそれぞれ15字程度の日本語で答えなさい。

   ②下線部(1)the same confusion の内容を30字程度の日本語で述べなさい。

2. 下線部(2)を和訳しなさい。

3. 本文中の(ア)，(イ)に入れるのにふさわしい語をそれぞれ選択肢1〜3から1つ選びなさい。

   (ア) 1 as　　　　2 of　　　　3 to
   (イ) 1 against　　2 for　　　　3 off

問題 2

次の英文は Michael Tomasello による *Why we Cooperate* (2009)からの抜粋に基づいている。これを読んで以下の設問に答えなさい。　　　　　　　　　　　　　　　　　　　　　　(文)

One of the great debates in Western civilization is whether humans are born cooperative and helpful and society later corrupts them, or whether they are born selfish and unhelpful and society teaches them better. As with all great debates, both arguments undoubtedly have some truth on their side. Here I defend a thesis that mainly sides with the former view.

From around their first birthdays – when they first begin to walk and talk and become truly cultural beings – human children are already cooperative and helpful in many, though obviously not all, situations. And they do not learn this from adults; it comes naturally. But later in the process of growing up, children's relatively indiscriminate cooperativeness becomes moderated by such influences as their judgments of likely mutual benefit and their concern for how others in the group judge them. And they begin to understand many social norms for how we do things, how one ought to do things if one is to be a member of this group.

(問)下線部をわかりやすい日本語で説明しなさい。30字以内で答えよ。

Lesson 7

L5〜6の総合問題

問題 1 以下の英文は，Tom Lutz の著書 *Crying: The Natural and Cultural History of Tears*(1999)からの抜粋である。これを読んで，次の問題に答えなさい。〔星印*のついた語句には脚注がある。〕（文）

　Weeping is a human universal. Throughout history, and in every culture, emotional tears are shed — everyone, everywhere, cries at some time. People weep during funeral rituals in almost every culture. Around the globe, infants cry in hunger and pain, and children in frustration and disappointment. However much the rules governing emotional display may vary from time to time and place to place, adults weep for myriad reasons and sometimes, a few claim, for no reason at all. <u>In American culture, even those rare people (usually male) who claim they never cry can remember doing so as children.</u>(1)

　And weeping is exclusively human. As far as we know, no other animal produces emotional tears. Some people have claimed that elephants cry, weeping at being reunited with their handlers, for instance, or after being scolded. But no independent confirmation of these rare and anomalous tears has ever been made. In his autobiography, the elephant trainer George Lewis*, for instance, tells the story of Sadie, a young elephant who wept when she was punished. Sadie has since been offered as evidence that emotional tears occur in other species, but she is a poor offering. Lewis mentions only one case in a lifetime of elephant handling, and since Sadie never cried a second time, Lewis is not entirely sure that what he saw was actual emotional weeping. Poodles have been reported to weep, but only by their owners. Arguments have been made for seals, beavers, and dolphins, all of them unsubstantiated. Weeping is, as Darwin* said, one of the "special expressions of a man," crying a human peculiarity.

And yet we know surprisingly little about it. We know some of the basic physiological processes involved, a bit about the glands and ducts used and the hormonal activity that accompanies it. We know some of the major nerves that fire, and some of the brain systems that are activated. Physiologists have studied the chemical content of emotional tears and shown that they$_{(a)}$ differ from the tears, called basal or continuous tears, that lubricate our eyes when we are not crying. We know that women usually cry more often than men, and that infants cry more than either. But beyond this we know very little.

Our best understandings of tears come not from the medical and psychological sciences but from innumerable poetic, fictional, dramatic, and cinematic representations of the human proclivity$_{(b)}$ to weep. Although this cultural record is extensive, many questions remain. Why do we cry? Tears of happiness, tears of joy, the proud tears of a parent, tears of mourning, frustration, defeat — what have they in common? What does it mean that at times of victory, success, love, reunion, and celebration, the outward signs of our emotional interiority are identical to those of our most profound experiences of loss? Why do certain feelings make us cry and why does crying feel the way it does? How do we understand other people's weeping? Why and how do we stop crying? When is crying neurotic or pathological? What, exactly, do tears express?

Tears often resist interpretation, and an explanation that is

Lesson 7

obvious to the crier may be lost on the person whose shoulder is getting wet. Conversely, <u>what an observer might find patently obvious often passes unrecognized by the blurred eyes of the crier</u>$_{(2)}$. We all at times misread or are stumped by emotional cues, and sometimes we just ignore emotional displays, or allow them to go uninterpreted. But tears are so obviously there, and often so obviously significant, so clearly meant to communicate intense emotion, that we at least try to understand them. When an infant cries, or when a friend cries in the course of an intense conversation, we know among other things that a serious demand is being placed upon our attention: tears demand a reaction. And we almost always give one, even if that sometimes means <u>studied inattention</u>$_{(c)}$ rather than gestures of comfort or sympathy.

Some tears are instantly understandable: a child's tears at a scraped knee, a parent weeping at the death of a child. When we see such tears, we comprehend what they mean. But even then, our reactions to other people's tears are to some extent improvised. Even in cases when crying is expected— at a funeral, say— many people feel at a loss when asked to respond directly to a weeping mourner. Weeping often occurs at precisely those times when we are least able to fully verbalize complex emotions, least able to fully articulate our manifold, mingled feelings. <u>We recognize in crying a surplus of feeling over thinking</u>$_{(3)}$, and an overwhelming of our powers of verbal expression by the gestural language of tears.

If tears supplant words, the difficulty in comprehending them is exacerbated by crying's great variety of kinds and causes. Tears are sometimes considered pleasurable or profound, and sometimes dangerous, mysterious, or deceptive. The vast array of tears share some common threads. Just as the infant's first tears signal its desire for nourishment or comfort, tears usually signal a desire, a wish, or a plea. People suffering from certain kinds of clinical depression do not cry precisely because they have, by their own report, given up all hope of their desires being answered. Fully detached and hopeless, they have lost the impetus to cry, because without desire there are no tears. A severely neglected infant, like the depressed person, will stop crying altogether. It is the infant who believes it will be picked up that wails, energized by its fear that it will be left alone.

Tears express complex, contradictory desires, and we cry at least in part because it makes us feel better. A theory of cathartic tears has been with us since before Aristotle*, suggesting that we feel better because of the "release" that tears afford. It may be more correct to say that rather than releasing them, tears direct our emotions. By encouraging us to shift our attention from our thoughts to our bodies, crying can wash away the psychic pain we feel, simply by averting our attention from it. Like the teardrops that the shrinking Alice in Wonderland* cries and then floats away on, our tears can be our deliverance even as they express our distress. Many cultures, from ancient Babylonia to fourteenth-century Japan to eighteenth-century Europe, have known this well. And now we are in the process of returning to an understanding of tears.

George Lewis (1911-):Elephant trainer. He is famous for his autobiography, *Elephant Tramp* (1955).
Charles Darwin (1809-82): English natural historian who advanced the theory of the evolution of species by natural selection in *On the Origin of Species* (1859) Aristotle (384-322 B.C.): Greek philosopher.
Alice in Wonderland: Alice is the heroine of a fantasy novel, *Alice's Adventures in Wonderland* (1865), by Lewis Carroll.

Lesson7

(Ⅰ) 下線部(1)を日本語に訳しなさい。

(Ⅱ) 下線部(2)を日本語に訳しなさい。

(Ⅲ) 下線部(3)を日本語に訳しなさい。

(Ⅳ) 下線部(a)は何を指すか。本文中の英語で答えなさい。

(Ⅴ) 下線部(b)を別の単語で表す場合，最もふさわしいものを以下のうちから選び，その番号を答えなさい。
　　1. habit　　2. weakness　　3. peculiarity
　　4. tendency　　5. desire

(Ⅵ) 下線部(c)のstudied inattentionとは，具体的にどのようなことか。20字以内の日本語で説明しなさい。

(Ⅶ) 次の日本語を英語に訳しなさい。

　携帯電話は，私たちの日常生活においてとても便利だと言われているが，そう言っているのは，頻繁に使っている人たちだけである。

Lesson7

(Ⅷ) 著者は，人間が流す様々な涙にどのような機能や効用があると述べているか。主要なものを2つ挙げ，100字以上120字以内の日本語でまとめなさい。

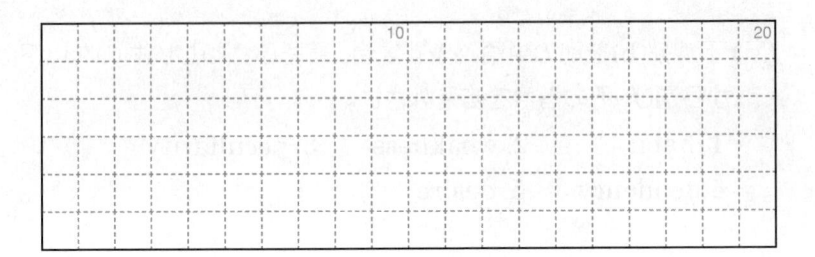

Lesson8

会話問題

問題 In the dialogue that follows, certain words or phrases have been removed and replaced by spaces numbered (1)-(15). From the boxed lists [A], [B], and [C] below, choose the most appropriate word or phrase(0 - 9) to fill each of the numbered spaces. In each list, each choice can only be used once. (Note that initial capitals have been ignored.) (法)

[A] Questions (1) – (5)		
0. just now	1. how's it doing	2. it can't last
3. now	4. how it goes	5. how come
6. not so bad	7. how do you do	8. not badly
9. how's it going		
[B] Questions (6) – (10)		
0. require completing	1. many of	2. for one thing
3. much of	4. on the other hand	
5. are required to complete		6. almost
7. majority of	8. for another	9. initially
[C] Questions (11) – (15)		
0. to stay	1. admittedly	2. get a move
3. respectively	4. get going	5. run to
6. to go	7. whereas	8. to bump
9. conversely		

Lesson8

David: Hello, Yoko. (1).
Yoko: Hi, David. Well thanks. How about you?
David: (2).
Yoko: It's lovely weather again today, isn't it?
David: Yes, but (3)! Say, have you cut and dyed your hair?
Yoko: What, this?
David: Well, honestly, I almost didn't recognize you (4).
Yoko: Really, It's fairly common for final-year university students to have their hair cut and to dye it black again when starting to look for work.
David: (5) you do it soon? You've only just begun your final year.
Yoko: Yes, but in Japan (6) the final year of university is devoted to securing a job.
David: Doesn't that interfere with your final-year studies and exams?
Yoko: No, not really. You see, we complete (7) our academic requirements by the end of the third year.
David: So is the entire fourth year spent looking for work?
Yoko: No, in many universities students (8) a graduation thesis.
David: I see. So, with the exception of that, the fourth year is largely spent searching for a job?
Yoko: Yes. You sound surprised. Isn't it the same in Britain?
David: Not really. (9), most undergraduate courses in Britain are only three years long, so students don't have enough time to search for jobs.
Yoko: Is that so?
David: Yes, and (10), British students generally begin their

52

job seeking later than Japanese students do.

Yoko: Why is that?

David: Well, perhaps it's because (11) in Japan you have life-long employment, in Britain people tend to change jobs more often. Consequently, they don't feel the need to make the right choice of job the first time round.

Yoko: I see.

David: Going back to your new look, do companies in Japan still really care if your hair is black or not?

Yoko: Frankly, I'm not sure. But my thinking is, "Why take the risk?"

David: That's (12) the safest way...

Yoko: And safety is important when it comes to such things as getting a good job, isn't it?

David: Yes, but (13), playing it safe only perpetuates the practice.

Yoko: How do you mean?

David: Well, if no one challenges the practice, everyone will keep on doing the same "safe" thing.

Yoko: True, but who wants to be the first to risk it?

David: So it looks like black, shoulder-length hair is here (14) then.

Yoko: I guess so. What about in Britain?

David: Well, I think it is a little bit more relaxed. I mean, generally, your own hairstyle is your own personal affair, within reason of course.

Yoko: So who decides what's within reason? It all sounds a bit ambiguous. Isn't it rather an effort to have to decide "will this be acceptable or not?"

Lesson8

David: I've never really thought about it like that.
Yoko: Anyway, look at the time! I should (15).
David: Me, too! It was nice to run into you again though. Bye.

Lesson9

文法問題

問題 1 次の(1)～(7)の文法上の誤りがあれば，その箇所の番号を，また誤りがなければ 9 を記しなさい。 (理工)

(1) The committee's advice was to postpone to make an early reservation.
         1   2   3   4   5

(2) We had better cut it out before it started raining.
         1   2   3   4   5   6

(3) It was eager to discuss the progress whenever he had a chance.
    1   2   3   4   5

(4) I missed the English class yesterday. May I borrow your notes?
     1   2   3   4   5

(5) The doctor was running to the direction of the accident.
    1   2   3   4   5

(6) Since Kim is good at English, she always writes right English.
     1   2   3   4   5   6

(7) He promised me not forgetting to buy me a loaf of bread.
              1   2   3   4   5

Lesson9

問題2

次の英文の(1)〜(6)には下線部1〜4のいずれか一つに誤りがある。その誤りを含む部分の番号を答えなさい。　　（商）

(1) Experts warn that the virtual world ₁<u>inhabiting among</u> Japanese youth ₂<u>has caused many to</u> become too comfortable with the idea ₃<u>of seeing</u> dead characters ₄<u>return to life</u>.

(2) I believe that biology teachers should not ₁<u>give in to</u> pressure ₂<u>to be included</u> nonscientific ideas that dispute Darwin's Theory of Evolution in their courses. His theory, ₃<u>which states that</u> life developed through natural selection, ₄<u>is founded on</u> strict scientific observation and evidence.

(3) As Europeans ₁<u>became better off</u>, they began to spend their vacations abroad. ₂<u>The possibility that</u> their mostly "package tours" could act as forms of cultural exchange was rather small, but the new tourist destinations soon ₃<u>became dependent on</u> visitors and were in this way ₄<u>integrated from the global economy</u>.

(4) Several years ago, the English historian Paul Johnson ₁<u>came up with</u> the clever idea of nearly doubling ₂<u>the length of</u> America's history ₃<u>by declaring that</u> the idea of the United States did not ₄<u>begin upon the American Revolution</u> in the 1770s but much earlier with the British settlement in Virginia.

(5) I ₁<u>have always believed</u> that a wise traveler should ₂<u>never try to visit</u> every place in a country, but should always ₃<u>remain something</u> – ₄<u>be it a museum, a landscape, or a

restaurant – for the next trip.

(6) The president is a member of a political party. ₁<u>As the highest elected official</u>, the president is seen as the leader of that party. ₂<u>As the head of state</u>, though, the president ₃<u>stands for</u> national unity ₄<u>who overshadows</u> differences between the political parties.

問題 3

Each of the following groups(1)-(4) contains a sentence which is NOT correct in English. Choose that sentence and mark the appropriate number (1-4) on your answer sheet. (法)

(1) 1. That he is honest is clear.
   2. It is clear that he is honest.
   3. The fact of which he is honest is clear.
   4. His honesty is clear

(2) 1. The question over which there has been such a lot of controversy is still being discussed.
   2. The question as to whom should speak first is still being discussed.
   3. The way in which the question has been discussed is severely criticized.
   4. The way the question is being handled is above criticism.

(3) 1. We had been talking about him before he came.
   2. He had had an idea of the topic of our conversation.
   3. He had been belonging to a different calss last week.
   4. He had to have an idea of what we have said.

Lesson9

(4) 1. A little number of students are present.
2. All students are the same in general.
3. Every student thinks students are individuals.
4. Generally, neither student studies hard.

問題4 次の英文の空所に入る最も適切なものを選択肢1〜4から選び、その番号を記しなさい。　　　　　　　　　　　　（商）

(1) As humans we enjoy not only the privilege of existence but also the ability to appreciate it and even, in a multitude of ways, ___ better.
1 has made it　　2 make it　　3 have made it　　4 makes it

(2) Without mysteries, life would be very dull indeed because what ___ to strive for if everything were known?
1 would leave　　　　　　2 would be left
3 has left　　　　　　　　4 was leaving

(3) Being good-looking is not as important as having a sense of humor, and a sense of humor doesn't work ___ that rare balance of truth and heart.
1 without　　2 except　　3 apart　　4 unless

(4) Bill Gates has decreased his shareholdings over the last two years to fund charitable causes that include improving health care ___ regions of the world.
1 to more developing　　　　2 about more developed
3 on less developing　　　　　4 in less developed

(5) When turtles began to crawl across the airport runway, delaying landings and halting takeoffs, it reminded us that the animal kingdom is full of neighbors who often drop by ____.
1 unannounced   2 not announcing
3 no announcement   4 no announcing

(6) Real classic filmmaking is ____ in Japan, in the movies of director Yasujiro Ozu, where emotions and space are in perfect balance.
1 finding   2 to be finding
3 to be found   4 to found

(7) Canada has a constitution that has formally incorporated multiculturalism. ____, it was also in Canada that the term "multiculrutal society" was coined.
1 Without hesitation   2 Not surprisingly
3 To the contrary   4 Instead

(8) The students come from a country that is monolingual and monocultural, and they are like children lost in the woods when it ____ trying to deal with this multi-ethnic society.
1 goes on   2 does with   3 takes in   4 comes to

(9) I've never met him but ____ I've heard, he's supposed to be as charming as he is deceptive.
1 from which   2 from what   3 on which   4 about how

Lesson9

(10) Everything he talked about regarding theoretical models ____ interest to today's audience.

1 are of no   2 are no   3 is of no   4 is no

(11) Very few people, if ____, live in a foreign country without picking up at least some expressions of the local language.

1 any   2 only   3 ever   4 not

(12) The term "geek" used to mean a loser and outcast but now refers to someone who is smart and likes computers. What once ____ an insult ____ now a point of pride.

1 being ... becomes   2 was considering ... has become
3 was ... is   4 regarded ... might be

Lesson 10

英作文

問題 1　各文を英訳せよ。

(1) 私にもう少し経験と知識があれば，誰もが難しいと思うその仕事をどうにか成し遂げられるだろう。　　　　　　　　　　　　　　　　（文）

(2) 心理学者は，人々が直接会う代わりに，Ｅメールやインターネットを使って本物の友人関係を築けるかどうかは疑わしい，と考えている。
　　　　　　　　　　　　　　　　　　　　　　　　　　　　　　　（文）

Lesson 10

問題 2

以下の設問に対して、Lesson 4 の英文(→別冊 p.29)をもとに、自分の意見を解答欄に収まるように書きなさい。注意点をよく読んでから書きましょう。

（経済　一部改）

　　Do you believe S. Kaane is right to claim that governments spend too much money and effort protecting secrets? Why or why not?

注意点：
(1) 箇条書きは不可。
(2) Lesson4 の英文で言及されている意見やことがらを最低一つ引用して、自分の意見にまとめること。
(3) 引用する際には、下の例を参考にすること。

引用例：
・In his 2007 article "Makig Sense of Secretary", S. Kaane writes, "Privacy... ." However, I strongly disagree with that statement, because...

(参考資料) 実際の入試問題では、別に出題された英文からの引用例として以下のような引用例も掲載されていました。

・I agree to a certain extent with Devon Suzuki, who says, "Schools..." in the essay by S. M. A. Foane(2010).
・According to Foane, many schools.... In my opinion, ...

トークで攻略：
ヨコPoint集

ヨコPoint集

ヨコ Point ⓪ 英文の基本構造と基本用語の確認

1：基本的な英文の構造理解

（第1文型）The man whom I respected died in a hospital near my house yesterday.（SV）
（第2文型）The man became a teacher at a school near my house because he liked children.（SVC）
（第3文型）The man found the book written by her.（SVO）
（第4文型）The man found him the book.（SVOO）
（第5文型）The man found the book interesting.（SVOC）

S: 主語＝名詞 ／ V: 動詞 ／ C: 補語＝名詞または形容詞（叙述用法）／ O: 目的語＝名詞

（上記以外に名詞を 直接修飾する形容詞（限定用法） と 名詞以外を修飾する副詞 がある）

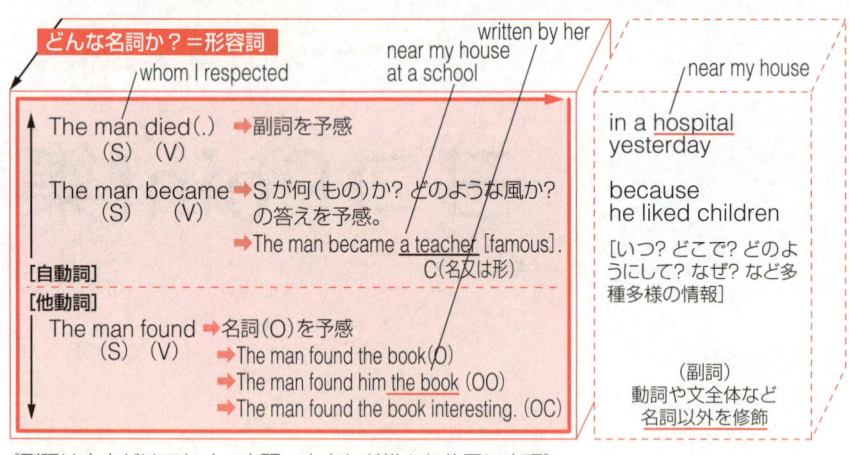

どんな名詞か？＝形容詞

whom I respected
near my house
at a school
written by her

- The man died(.) ⇒ 副詞を予感
  (S)　(V)
- The man became ⇒ Sが何(もの)か？どのような風か？の答えを予感。
  (S)　(V)
  ⇒ The man became a teacher [famous].
  　　　　　　　　　C(名又は形)

[自動詞]
[他動詞]

- The man found ⇒ 名詞(O)を予感
  (S)　(V)
  ⇒ The man found the book(O)
  ⇒ The man found him the book (OO)
  ⇒ The man found the book interesting. (OC)

near my house
in a hospital
yesterday

because
he liked children

[いつ？ どこで？ どのようにして？ なぜ？ など多種多様の情報]

（副詞）
動詞や文全体など名詞以外を修飾

《副詞は文末だけでなく，文頭・文中など様々な位置に出現》

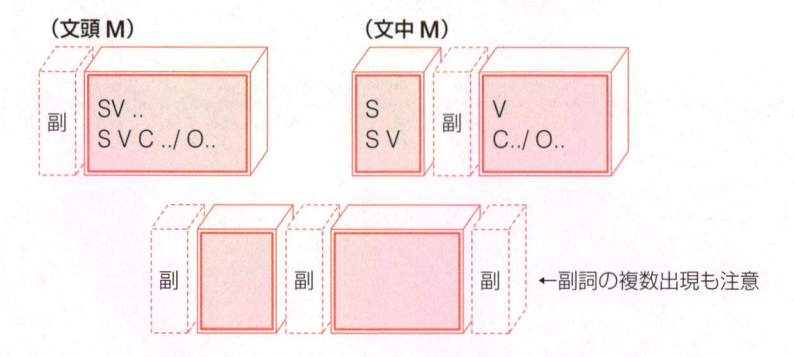

（文頭 M）
副 | SV ..
　　 SVC ../O..

（文中 M）
S　　　V
SV　副　C../O..

副　　副　　副　←副詞の複数出現も注意

2：品詞を"カタマリ"でとらえる

> 名詞………［位置に注目］S, O,(C), 前置詞の直後（前置詞の O）
>
> 形容詞……名詞を直接修飾（限定用法）したり，Cとして名詞（叙述用法）を説明
> 副詞………名詞以外を修飾（このテキストではMと表記）

※これらの各要素は単語1語から成るとは限らず，カタマリでとらえる必要があることが多い。

【練習】下線部をひとかたまりと考えた場合のその品詞を《　》内に記し，（　）に文全体の文型を答えなさい。※節はSVを含み，句はSVを含まない集まり。

1) I know <u>that he is very kind</u>.　　　　《　節　》（　）
2) The boys <u>playing soccer together</u> look happy.　《　句　》（　）
3) <u>That he told a lie</u> was certain.　　　　《　節　》（　）
4) <u>To study English</u> is very important.　　《　句　》（　）
5) I'll tell you the best way <u>to study English</u>.　《　句　》（　）
6) I like <u>watching television</u>.　　　　　《　句　》（　）
7) <u>Watching television</u> is a lot of fun.　　《　句　》（　）
8) My hobby is <u>walking in the street</u>.　　《　句　》（　）
9) <u>Walking in the street</u>, I met an old friend of mine. 《　句　》（　）
10) The boy <u>who is walking there</u> is my brother.　《　節　》（　）
11) She asked me <u>who had broken the door</u>.　《　節　》（　）
12) <u>When I was a boy</u>, I liked swimming in the sea.　《　節　》（　）
13) <u>When he will leave Japan</u> is not clear.　《　節　》（　）
14) I don't know <u>when he will come</u>.　　　《　節　》（　）
15) The girl <u>painting a picture over there</u> is my sister.《　句　》（　）
16) I felt <u>that there was someone outside in the dark</u>.《　節　》（　）
17) I received a letter <u>written in English</u>.　《　句　》（　）
18) <u>To learn a new language</u> is difficult.　　《　句　》（　）
19) He promised <u>to come again the next day</u>.　《　句　》（　）
20) I go there <u>to teach English</u>.　　　　　《　句　》（　）

ヨコ Point 集

(解答・解説)

1) 名詞節[O の位置]③ 2) 形容詞句② 3) 名詞節[S の位置]② 4) 名詞句[S の位置]②
5) 形容詞句④ 6) 名詞句[O の位置]③ 7) 名詞句[S の位置]② 8) 名詞句[C の位置]②
9) 副詞句[「通りを歩いていると…」の意味で後の文全体にかかる]③
10) 形容詞節② 11) 名詞句[O の位置]④
12) 副詞節[「〜時」の意味で後の文全体にかかる]③ 13) 名詞節[S の位置]②
14) 名詞節[O の位置]③ 15) 形容詞句② 16) 名詞節[O の位置]③ 17) 形容詞句③
18) 名詞句[S の位置]② 19) 名詞句[O の位置]③
20) 副詞句[「英語を教えるために」の意味で go to 〜にかかる，there も M]①

カタマリの先導役と品詞の関係

先導役→	to do ※1	doing	done	前置詞+名詞	疑問詞	従位接続詞	関係詞	疑問詞+ever
名詞	○	○			○	○ ※2	what	
形容詞	○	○	○	○		△ ※3	○	
副詞	○	○	○	○		○		○

※1 ———部分は「準動詞」と言われ本来動詞だったものが他品詞(名・形・副)で使われたもの。
※2 従位接続詞の中で名詞節を作れるのは that「〜ということ」, whether「〜かどうか」, if「〜かどうか」の 3 種のみ。
※3 従位接続詞の中で形容詞のカタマリをつくれるのは as や when などごくまれ。

ヨコPoint ❶ 等位接続詞について

①「等位接続詞」とは？

　等位接続詞とは原則として**「文法的に対等な資格をもつ文，節，句，語を結び付ける接続詞」**のことをいい，and，but，or，so，yet，for，nor がこれにあたりますが，ここではとりわけ頻出の **and，but，or** の3つについて詳しく学習します。

(1) She yelled in anger <u>but</u> we kept silent. （文と文）
(2) This shows that he is intelligent <u>or</u> that we are foolish. （節と節）
(3) His action might take a turn for the better <u>or</u> for the worse.
　　　　　　　　　　　　　　　　　　　　　　　　　　　（句と句）
(4) I like soccer <u>and</u> tennis. （語と語）

　上記はそれぞれ(1)文と文，(2)節と節，(3)句と句，(4)語と語，を等位接続詞が結んでいます。この程度の文であればほぼ無意識に「何と何を結んでいるか」を判断して読める人がほとんどでしょう。では次の例はどうでしょうか。

例題 1 ■ 和訳せよ。

　Many people went there because they wanted to help her or possibly just out of curiosity.

---

　or が結ぶものを確認します。

Many people went there ｛ because they ～ **or** (possibly just) out of curiosity ｝

　「多くの人がそこへ行ったのは彼女を助けたかったからか，ひょっとすると単なる野次馬根性からであった」が正解（possibly just に関しては③を参照）。
　等位接続詞が例文(2)〜(4)のように文の一要素同士を結ぶ場合，それが結ぶ**「文法的に対等なもの」**とは，節と節，句と句など単位（カタチ）の問題ではなくむしろほとんどの場合には**品詞の上で対等なもの**であることを認識する必要があります。この問題ではカタマリの種類こそ違います（節 or 句）が**副詞**節と**副詞**句という**品詞が対等**であるために，これらを or が結ぶことが可能なのです。要するに，**等位接続詞を正しく読み解くには品詞理解が不可欠である**ということです。

ヨコ Point 集

because という**従位接続詞が原則として副詞節**をつくり，out of curiosity という(群)**前置詞＋名詞は副詞句**をつくれるということを知っておく必要があります。

つまり，A and [but, or] B ときたら常に A，B の**カタチだけでなく品詞を意識しながら何と何を結んでいるかを考える**よう心がけます。

② 何と何を結んでいるか → 何が共有されているか

例題2 ■ 和訳せよ。

I looked at but lacked the courage to buy a cigarette.

この例題では前置詞 at の直後に本来あるべきはずの前置詞の目的語(名詞)がない点が気になった人もいるかもしれませんが，それは but が結んでいるものを考えると自然と解決されます。

$$
I \begin{bmatrix} \underline{\text{looked at}} \\ \text{but} \\ \underline{\text{lacked} \sim \text{buy}} \end{bmatrix} \text{a cigarette.}
$$

A but B の A，B 部分の長さにかなりの違いがあるので違和感を覚える人もいるでしょうが A，B 共に動詞(＋α)が来ている点で確かに but は文法的に対等な資格を持つものを結んでいます。そしてこの文で大切なのは，**結果的に buy の目的語である a cigarette が at の目的語としても共有されている**という点です(もちろん looked，lacked という動詞の主語も I で共有されています)。以上を踏まえると，訳は「私は煙草に目を向けたがそれを買う勇気はなかった」となります。**「何と何を結んでいるか？」を考えることは結果的に「何が共有されているか？」を考えることにもつながります。**

③ A and (M) B

例題3 ■ 和訳せよ。

Every language borrows words from other languages, making them its own, and in the process often changing them.

and が結ぶものを確認します。

$$
\text{Every language borrow} \sim, \begin{bmatrix} \underline{\text{making them its own}} \\ \text{and} \\ (\text{in the process})(\text{often}) \underline{\text{changing them}} \end{bmatrix}
$$

訳は,「すべての言語は他の言語から言葉を借入し,それらを自分自身の言葉とすると共にその過程でしばしばそれらをつくり変えている」となります。

この問題のポイントは making～と changing～という分詞がつくる副詞句(分詞構文)が and で結ばれているのを見抜くことですが,そのためには,A and B の and の後にいったん副詞(句)の in the process と often が割り込んでいることに気づく必要があります。この副詞(M)の存在によって and が結ぶものが発見しづらくなっているのです。

ちなみに,この **A and M B** のかたちでは **M は B のみを修飾します**。

④ 共通要素の省略

例題4 ■ 下線部を和訳せよ。

There has been a good deal of theory on the origin of language. <u>Several guesses have been made and different proofs given</u>.

この問題は and の右側の different proofs given を「与えられたさまざまな証拠」と訳してしまっては台無しです。several guesses : different proofs,さらに made : given という対応を意識することで,proofs の後に have been が省略されているのを見抜くことがポイントとなります。そうすることで Several guesses have been made and different proofs (have been) given. と2つの文を and がバランスよくつないだ形ができあがります。ということで下線部の訳は「いくつかの推測がなされ,さまざまな証拠が提示されてきた」と訳すのが正解。

このように等位接続詞の **and, but, or では左側に出現した要素が右側で共通に出現する場合に省略されることがある**ことを知っておく必要があります。

⑤ 追加情報提示のための等位接続詞

例題5 ■ 和訳せよ。

He got the job done and all on his own.

この文では,「文法的に対等なもの」がないと,ある種の違和感を感じる人も多いのではないでしょうか。and の右側には all on his own「完全に自力で」という副詞的要素が置かれていますが and の左側にはこれと対等な副詞は見当たりません。この and は明らかにこれまで見てきたような文法的に対等なものを結ぶ働

● 69

きをしているのではなく，「さらなる情報追加」の働きをもって使われているものです。以下の3つの文を比べるとよくわかるかと思います。

　(A) He got the job done all on his own.
　(B) He got the job done – all on his own.
　(C) He got the job done and all on his own.

この3つの文はすべて同じことを言っています。つまり例題 5 に示した and は「彼が仕事を自力で終えた」という情報のうち「仕事を終えた」という情報を先に示した上で，それに追加する形で and の助けを借りて「しかも自力でだ」と情報を添えたものです。この and は左右に文法的に対等な要素が見当たらないという違和感から気づくことが可能です。

ヨコPoint ❷ 倒　置

以下，通常とは異なる語順（および注意すべき語順）です。正しい文法を理解していれば，特殊な形に遭遇した際に，"違和感"を覚えるはずです。その違和感を解消する際に必要な知識なので，ぜひマスターしてください。

① MVS（第 1 文型 SVM の倒置）

On the bench was lying a small cat.
　　M　　　　V　　　　S

「ベンチの上には子猫が横たわっていた」

② CVS（第 2 文型 SVC の倒置）

Happy is a man who has a sound mind in a sound body.
　C　　V　　S

「幸運なのは健全な肉体に健全な精神の宿る人である」

③ OSV（第 3 文型 SVO の倒置）

What made him angry we didn't know.
　　　　O　　　　　　S　　　V

「彼がなぜ怒っているか私たちにはわからなかった」

④ VMO（倒置ではないが，動詞と目的語の間に副詞が入った，注意すべき形）

I found from how he looked that he was unwilling to do the job.
　V　　　　M　　　　　　　　　O

「彼の表情から，彼がその仕事をしたがっていないのがわかった」

⑤ VCO（第5文型 VOC の倒置）

We often leave undone those things which we ought to have done.
　　　　　　V　　C　　　　O

「私たちはすべきだったものをしないままに放っておくことがよくある」

⑥ There VS

この There VS は，there is（are）構文と同様に，there は体裁を整えるための主語で訳出されず，V には"存在・出現"のニュアンスをもつ動詞が入ります。

(1) There arose a big difference in opinion among us.
　　　　　V　　　　S

　　「私たちの間で，大きな意見の相違が生じた」

(2) There has existed in the minds of men the longing for national
　　　　　　V　　　　　　　　　　　　　　　　S
　independence and for individual freedom.
　　「人々の精神には，国家の独立と個人の自由への憧れが常に存在してきた」

⑦ 否定の副詞（句・節）V' S

(1) Never have I seen such a nice boy.
　「そんな素敵な男の子を見たことない」

(2) By no means could you open the box.
　「いかなる方法でもその箱は開けられない（決して開けられない）だろう」

(3) Only when I talked to him in person did I find what he was like.
　「彼と直接話をしてみてはじめて彼がどんな人なのかわかった」

⑧ 仮定法 if の省略による Were S…/ Had S P.P./ Should SV

(1) Were I a bird, I could fly to you.
　「私が鳥だったら，あなたのところへ飛んでいけるのに」
＝ If I were a bird, …（現在の事実に反する仮定）

(2) Had I known him, I could have talked to him.

「彼と知り合いだったら，彼に話しかけられただろに」
= If I had known him, …（過去の事実に反する仮定）

(3) <u>Should it</u> rain tomorrow, we wouldn't go on a picnic.
「明日万が一雨だったら，ピクニックには行かないだろう」
= If it should rain tomorrow, …（未来の起こりそうにない仮定）

⑨ So (また Neither, Nor) V' S

肯定文に続けて so V'S，否定文に続けて neither(また nor)V'S で，「S も(は)また〜」という意味になります。

(1) She passed the exam and <u>did</u> <u>Ken</u>.
　　　　　　　　　　　　　　　 V'　S
「彼女は試験に合格し，ケンもまた合格した」

(2) She doesn't want to study abroad, and neither <u>does</u> <u>Ken</u>.
　　　　　　　　　　　　　　　　　　　　　　　　　 V'　　S
「彼女は留学したがっていないし，ケンもまたそうだ」

(3) I'm not rich, nor <u>do</u> <u>I</u> wish to be.
　　　　　　　　　　　V' S
「私は金持ちではないし，またそうなりたいとも思わない」

⑩ So 〜 V' S that …

so 〜 that …構文「とても〜なので…，…なほど〜」の so 〜部分が文頭へ来ると V'S と疑問文と同様の語順になります。

So tired <u>was</u> <u>he</u> of her complaints that he turned a deaf ear to her.
　　　　　 V'　 S
「彼は彼女の不満にとてもうんざりしていたので彼女の話にはまったく耳を貸さなかった」

ヨコPoint ❸ 動詞の名詞形の訳出

例えば destruction という名詞は「破壊」の意味ですが，これを訳出する際には動詞 destroy「破壊する」の訳を利用して訳出してもかまいません。この際に**時制と態は開放的**であり，**文脈によってさまざまな訳出が可能**となることを知っておきます。

destruction「破壊」
　　　⇒「破壊すること(破壊したこと)」
　　　　「破壊されること(されたこと)」

ヨコPoint 4　名詞 of 名詞

　名詞(A) of 名詞(B)のかたちではofに４つの"格"のいずれかを意識して訳出することが可能です。
(1) **主格**「Bが(は)〜」
　　the destruction of forests
　　「森林**が**破壊されること」
(2) **目的格**「Bを(に)〜，Bに対する〜」
　　the destruction of forests
　　「森林**を**破壊すること」
(3) **所有格**「Bが持つ〜」
　　the influence of television on children
　　「テレビ**が持つ**子供たちへの影響力」
(4) **同格**「Bという〜」
　　the news of his death
　　「彼が死んだ**という**ニュース」

ヨコPoint 5　準動詞 = 動名詞・不定詞・分詞

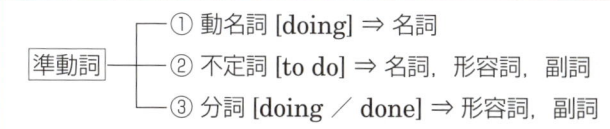

　準動詞 ── ① 動名詞 [doing] ⇒ 名詞
　　　　　── ② 不定詞 [to do] ⇒ 名詞，形容詞，副詞
　　　　　── ③ 分詞 [doing／done] ⇒ 形容詞，副詞

　準動詞は，動詞を他の品詞に変換する装置だが，「他動詞なら目的語をとる」など動詞が本来持つ機能も失わない。

ヨコ Point 集

① 動名詞がつくる名詞(句)

<u>Collecting stamps</u> is a lot of fun.
　　　S

My hobby is <u>collecting stamps</u>.
　　　　　　　　C

I like <u>collecting stamps</u>.
　　　　　　O

I am interested in <u>collecting stamps</u>. [前置詞の後]

②-1 不定詞がつくる名詞句

<u>To read the book</u> is difficult.
　　　S

My dream is <u>to go around the world</u>.
　　　　　　　　　　　C

I decided <u>to go abroad alone</u>.
　　　　　　　　O

②-2 不定詞がつくる形容詞句

I have a lot of things <u>to do today</u>.「今日するべきこと」

②-3 不定詞がつくる副詞句

She studied hard <u>to pass the exam</u>.（目的：ために）

I was surprised <u>to hear the news</u>.（原因・理由：～して）

He must be crazy <u>to talk like that</u>.（判断の根拠：～するなんて）

This water is good <u>to drink</u>.（形容詞の限定：～するには）

I woke up <u>to find myself in the hospital</u>.（結果：そして，しかし～）

③-1 分詞がつくる形容詞(句)（直接名詞を修飾）

I know the girl <u>walking along the street</u>.「通りを歩く少女」

The book <u>written by him</u> is easy to read.「彼によって書かれた本」

③-2 分詞による形容詞(句)（C として）

Don't leave the water <u>running</u>.
　　　　V　　　O　　　C

「水が流れているのを放っておくな」
(水を出しっぱなしにするな)

I saw him <u>scolded</u> by his father.
　V　O　　C
「彼が先生に叱られるのを見た」

補足①

本来形容詞には2通りの使い方がある。

限定用法：直接名詞を修飾。

Look at the <u>beautiful</u> girl.

叙述用法：補語として動詞の助けを借りて名詞を説明。

She is <u>beautiful</u>.
S　V　　C

He made her <u>beautiful</u>.
S　V　　O　　C

補足②

第5文型(**SVOC**)は，この形をとれる動詞をある程度覚えておこう。

make, have, get, leave, keep, find, think, 知覚動詞など。

---

③-3 分詞がつくる<u>副詞句</u>：分詞構文とも呼ぶ。「〜して，〜すると，〜しながら，そして〜」

<u>Walking along the street</u>, I met his father.
「通りを歩いていて，私は彼の父親にあった」

<u>Scolded by his father</u>, he began to cry.
「父親に叱られて，彼は泣き出した」

They came home, <u>singing a song merrily</u>.
「陽気に歌を歌いながら彼らは家路についた」

The train left there at five, <u>arriving here at seven</u>.
「その電車はそこを5時に出発し，（そして）ここに7時についた」

ヨコPoint 6　文頭の of

文頭が of で始まる文は，以下の2例がその代表的なもの。

① of が"部分"を表し、「〜の中で」と処理する

例 Of those boys, Tom is the cleverest.
  (= Tom is the cleverest of those boys.)
  「そうした少年の中で、トムが最も賢い」

② Of ＋抽象名詞＝形容詞で、CVS の倒置

<u>Of equal importance</u> <u>is</u> <u>how hard you work now to make your dream come true</u>.
　　　　C　　　　　　　V　　　　　　　　　　　S

「等しく重要なのは、夢を実現させるために今どのくらい一生懸命勉強しているかということである」

  (= How hard you work now to make your dream come true is equally important.)

ヨコPoint 7 that の用法

① 名詞節をつくる that：S / O / C の位置で文をくくる「…ということ」

■ 主語として文をくくるケース

<u>That he stole the ring</u> is clear.
　　　　S

It's a pity <u>that he stole the ring</u>. [仮主語を受ける名詞節 that]
　　　　　　　　　S

■ 目的語として文をくくるケース

I know <u>that he stole the ring</u>.
　　　　　　　O

I'm sure <u>that he stole the ring</u>. [一部の形容詞（思考系等）は、that 節を
　　　　　　　　O　　　　　　　　　　　目的語にとる]

■ 補語として文をくくるケース

The fact is <u>that he stole the ring</u>.
　　　　　　　　　C

※前置詞の目的語 (O) としてこの that 節が使われるのは、in that S V「S が V するという点において」、except that SV「S が V するということを除いて」の2つのみ。

② 関係代名詞：名詞（先行詞）＋ that (S) V…「…名詞」

The question that worries me most is how to live up to his expectation. [that ＝ S]
This is the bag that I bought for her yesterday. [that ＝ O]
The boy that she is talking with now is Ken's brother.
[that ＝ 前置詞の目的語 (O)]
He isn't the man that he was ten years ago. [that ＝ C]

③ 同格：名詞 ＋ that S V「…という（内容の）名詞」

The idea that he was self-centered occurred to me.
「彼が自己中心的だという考えが私の頭に浮かんだ」
※この同格 that は和文の上では"形容詞節"のようなので②の関係代名詞と似ているが，文法上は，前の名詞を that 節で言い換えたものなので①の"名詞節"を作る that の部類。

④ 強調構文 It is ～ that…の一部

It is Ken that must get the work done right now.
It was in the beautiful park that I met her for the first time.
Why was it that he got so angry?

⑤ so that 構文

■ so ～ that …「…ほど～ / とても～なので…」（程度・結果）
I was so tired that I went to bed the moment I got home.

> 補足①
> so の後には形容詞または副詞が，such の後には名詞が続く。
> It is such a nice movie that you cannot see it too often.

■ ～ so that S can(may, will) …「…するために（するように）～」（目的）
She studied hard so that she could pass the exam.
■ ～ so that S V …「～その結果…」（結果）
She studied hard, so that she was able to pass the exam.

ヨコ Point 集

> **補足②**
> so P.P. ～ that …の形で「…であるように～」の意味の"様態"を表すことがある。
> This machine is <u>so</u> designed <u>that</u> the left-handed can handle it with ease.「この機械は左利きの人でも簡単に使えるよう設計されている」

⑥ その他

■指示代名詞「それ」
　<u>That</u> is my book.
■指示形容詞「その」
　<u>That</u> book is mine.
■感情の後の原因・理由「～して」
　I'm glad <u>that</u> you came to our party.
■判断の根拠「～するなんて」
　You must be crazy <u>that</u> you should say such a thing to her.
■副詞「そんなに，それほど」（= so）
　Don't go <u>that</u> far.
■関係副詞の代用
　The reason <u>that</u> he got angry was obvious.

ヨコPoint ❽ 同格・言い換え

　ある名詞（節・句）が他の名詞（節・句）の説明として並列関係をなしているものを，同格と言います。ここでは，その同格の代表的なものを紹介します。

① 名詞と名詞

(1) Historians are very cautious about using <u>the word</u> <u>revolution</u>.
　「歴史家は<u>革命という言葉</u>を使うのにとても慎重である」
(2) His attitude was very surprising to <u>us</u> <u>foreigners</u>.
　「彼の態度は<u>私たち外国人</u>にとってとても驚くべきものであった」
(3) These basic particles he called <u>atoms</u>, <u>something</u> which could not

be cut or divided.
「これらの基本的な粒子を彼は原子と呼んだ。それは切ったり，分割したりすることのできないものであった」

② 名詞と that 節

(1) The idea that someone might be looking occurred to him.
「誰かが見ているかもしれないという考えが彼の頭に浮かんだ」
(2) The fact that he murdered his wife was dreadful.
「彼が妻を殺害したという事実はぞっとするものである」

③ 名詞と疑問詞節（句）

The problem who should do the job arose.
「誰がその仕事をするべきかという問題が生じた」
※上記のように主語に同格節が続く場合には，主語と動詞が離れることを嫌って，The problem arose who should do the job. と同格節を後ろに回すことも多い。

④ 名詞 of 名詞

There is no possibility of your father's approval of your plan.
「あなたの父親があなたの計画を認めてくれるという可能性は全くない」

⑤ 名詞 to 不定詞

His hope to study abroad was realized.
「留学するという彼の希望がかなった」

⑥ 文と名詞

He solved all the problems on the spot, an amazing feat.
「彼はその場ですぐにすべての問題を解決した。これは驚くべき偉業である」
※これは前文の内容全体を名詞で言い換えるという特殊なかたちで，以下のようにダッシュ（－）の助けを借りて表現することも多い。

He solved all the problems on the spot – an amazing feat.

ヨコPoint ⑨ 接続詞・関係詞・疑問詞の後の M(S)V

接続詞・関係詞・疑問詞は，一般に節をつくるために，これらが出現した瞬間に後に (S) + V を予感しますが，その際，以下の例のように副詞(句・節)から入って (S) + V と続くこともあるので注意が必要です。なお，この場合 M は後続の (S) + V を修飾します。

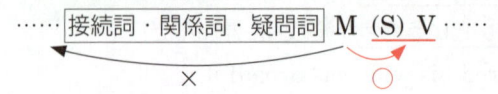

…… 接続詞・関係詞・疑問詞 M (S) V ……

You should remember that <u>if you are to succeed</u>, you must never give up.
　　　　　　　　　　　　接続詞　　　M　　　　　S　　　　　　　V
「成功したいと思うなら，諦めてはいけないということを覚えておくべきです」

That was the task which, <u>had it not been for your help</u>, couldn't have been completed.
　　　　　　　　　関係詞　　　　　M　　　　　　　　　　　V
「それは，君の助けがなかったら完了することもなかったであろう作業だ」

It doesn't matter how, <u>in this case</u>, you react to our words.
　　　　　　　　　疑問詞　　M　　　S　V
「この場合にあなたがどのように私たちの言葉に反応するかは重要ではない」

ヨコPoint ⑩ as の用法

① 前置詞「〜として」

He is a child but never likes to be treated <u>as</u> such.
「彼は子供だが，そのようなもの<u>として</u>(子供として)扱われるのが好きではない」

② 副詞「同じくらい」

He is <u>as</u> busy as I am.
「彼は私と<u>同じくらい</u>忙しい」

③ 接続詞「～ので，～時，～ように，～つれて」など

(1) <u>As</u> I was very busy, I wasn't able to help him with his homework.
「私はとても忙しかった<u>ので</u>，彼の宿題を手伝ってあげられなかった」

(2) It began to rain just <u>as</u> I went out.
「ちょうど外へ出た<u>とき</u>に雨が降り出した」

(3) When in Rome, do <u>as</u> the Romans do.
「ローマにいるときは，ローマ人がする<u>ように</u>しなさい(郷に入っては郷に従え)」

(4) <u>As</u> in Japan, many workers have come to think it more important to cooperate with each other than to compete.
「日本におけるの場合<u>と同様</u>に，多くの労働者が競争するよりも互いに協力し合う方が大切だと考えるようになった」

※ as の後に文全体 (many ～ compete) が省略：as＋前置詞句では，この as は「(そうである)ように」と処理するとよい。

(5) Liking children <u>as</u> she does, she should be a teacher.
「彼女は実際子供が好きなのだから，教師になるべきだ」

(6) Scolded by his father <u>as</u> he was, he began to cry.
「実際父に叱られて，彼は泣き出した」

※ (5)(6) は分詞構文の強調 (doing ＋ as S do[does, did] ／ done ＋ as S be)

(7) <u>As</u> she grew older, she became more beautiful.
「彼女は年をとる<u>につれて</u>，ますます美しくなった」

(8) Rich <u>as</u> he is, I don't like him.
「彼は金持ちだけれども，私は彼が好きではない」

※ C as SV ＝ though SVC

(9) *Onsen* <u>as</u> we know it today is very good for the health.
「今日我々が知っている温泉は健康にとてもよい」

※ この it は *Onsen* を指し，as が形容詞節をつくる特殊なケースで，"限定の as"と呼ばれるもの。

④ 関係代名詞（such, the same, as と呼応）

(1) I want such a book <u>as</u> he has.
　「私は彼が持っているような本がほしい」
(2) I've been looking for the same book <u>as</u> he wants.
　「私は彼がほしがっているのと同じ本を探しています」
(3) As many people as came to the party were welcomed.
　「パーティーに来たのと同じ数の人が(パーティーに来た人は皆)歓迎された」

⑤ 関係代名詞（主節全体を指して「そのようなこと」の意味）

<u>As</u> is often the case with him, he arrived there so late.
「彼に関してはしばしば実情であるように(彼にはよくあることだが)，彼はそこにとても遅れて到着した」

ヨコ Point ⓫ what の用法

① 疑問代名詞

I don't know <u>what</u> you ate for lunch today.
「私は君が今日昼食に何を食べたか知っている」

② 疑問形容詞

I know <u>what</u> book you want to read.
「私は君がどんな本を読みたいのか知っている」

③ 関係代名詞

This is <u>what</u> I've been looking for.
「これは私がずっと探していたものです」
She entered <u>what</u> seemed to me to be a teachers' room.
「彼女は私には教員室のように思われる部屋へと入った」
※一般に「こと・もの」と訳出されるが，文脈によってはより具体化して訳出する。

④ 関係形容詞

I gave her <u>what</u> little money I had.
「私は持っていた<u>どんな</u>わずかなお金を<u>も</u>(少ないながら<u>もすべてのお金</u>)を彼女にあげた」

⑤ 感嘆

<u>What</u> a nice girl she is!
「彼女は<u>なんと</u>素敵な少女なのだろう」

ヨコPoint ⑫ one の用法

①「ひとつ, 1人」

One in five didn't want to participate in the project.
「5人に1人はそのプロジェクトに参加したくなかった」

②「人」

One should accomplish one's duty.
「人は自分の義務を遂行しなければならない」

③ つづりの反復を避けた代名詞

My car is not so expensive as your new one.
「私の車は君の新車ほど高くはない」(one = car)

ヨコPoint ⑬ 仮定法

　事実に反する仮定や起こりそうにない仮定と話し手の主観的な"想い"に用いられるのが仮定法で，これは現在のことは過去で，過去のことは過去完了でといった時制のズレによって表現されます。

ヨコ Point 集

① 基本形

	条件節（事実に反する仮定）	帰結節（話し手の想い）
現在の事実に反する仮定	過去形	助動詞過去＋原形
過去の事実に反する仮定	過去完了形	助動詞過去＋ have P.P.

● 仮定法の文においては was の代わりに were を用いるのが一般的。

- 仮定法過去
- 仮定法過去完了

> would 〜だろう，〜するのに
> could 〜できるだろう
> might 〜するかもしれない
> should 〜のはずなのに，〜すべきなのに

■ 直説法：起こりうる仮定（単純仮定）
　If it is fine tomorrow, we'll go on a picnic.
■ 仮定法1：現在の事実に反する仮定
　If I were a bird, I could fly to you.
■ 仮定法2：過去の事実に反する仮定
　If I had worked hard, I would have succeeded in the business.

② 未来の起こりそうにない仮定

（1）If S should 原形動詞, S 助動詞過去（または助動詞現在）＋原形動詞
（2）If S were to 原形動詞, S 助動詞過去＋原形動詞
　　(1)の場合は帰結節に直説法がくる場合もある。

If I should fail, I would(will) try again.
「万が一失敗したら（失敗しても），もう一度挑戦します」
If I were to die tomorrow, what would become of my children?
「万が一明日死んだとしたら，私の子供たちはどうなってしまうのだろう」

③ 達成しがたい願望 ⇒ wish

現在の事実に反する願望→ S wish S'＋仮定法過去

過去の事実に反する願望→ S wish S'＋仮定法過去完了

I wish I were a bird.
「私が鳥だったらなあ」

I wish I had studied hard when young.
「若い頃一生懸命勉強しておけばよかったなあ」

④ as if 〜 「あたかも〜である（であった）かのように」

She talks as if she were a boy. [仮定法過去]
「彼女は（実際には違うのに）まるで少年のように話をする」

She talks as if she had been abroad many times. [仮定法過去完了]
「彼女は（実際には行ってないのに）あたかも何度も海外へ行ったことがあるかのように話をする」

⑤ It is time S ＋仮定法過去 「〜する時間です」

It is time you went to bed.
「もう寝る時間ですよ」

⑥ 仮定法 if の省略

If I were a bird... → Were I a bird...
If I had studied hard... → Had I studied hard...
If I should go abroad... → Should I go abroad...

⑦ if 節（条件節）のない仮定法

　仮定法というのは①の基本形のように条件節と帰結節がいつもセットで使われるとは限らない。見た目が帰結節の形しか見当たらない場合もある。この場合，**主語や副詞句など文脈によって様々な場所に if が潜伏していることがある。**

I would go there alone.
「私は１人でそこへ行くだろう」

　上記の文章も，文脈によっては，以下のようにさまざまな場所に if を込めて訳出することが必要となることがある。

・I に if を込めて「私だったら１人でそこへ行くだろう」

- there に if を込めて「私はそこだったら1人で行くだろう」
- alone に if を込めて「私は1人だったらそこへ行くだろう」

ヨコPoint 14 強調構文

文の名詞(句・節)または副詞(句・節)を強調する場合に It is ～ that …で挟んだ形を強調構文といいます。

例 I bought <u>this book</u> <u>while I was staying in Japan</u>.
　　　　　　　1　　　　　　　　2

下線部1(名詞)を強調すると

It was <u>this book</u> that we bought while I was staying in Japan.

下線部2(副詞節)を強調すると

It was <u>while I was staying in Japan</u> that I bought this book.

※ちなみに，<u>It is ～ that</u> …の形は強調構文以外にも以下のようなものがあります。

(1) 仮主語 it を that 以下が受ける (この場合の that は名詞節をつくる that)

<u>It is</u> natural <u>that</u> she should get angry.

「彼女が怒るもの当然だ」

(2) It が前出の名詞(内容)を指す代名詞「それ」で that が関係代名詞

Human beings can speak and think. <u>It is</u> an ability <u>that</u> sets them apart from all the other animals.

「人間は言葉を話し思考することができる。それは人間と他のすべての動物とを区別する能力である」

ヨコPoint 15 関係代名詞のさまざまな連結

関係代名詞が指す名詞(先行詞)は必ずしも関係代名詞と隣接しているとは限らず，以下の②～④のように一定の距離が置かれていることがあるので注意が必要です。

① 先行詞＋関係代名詞

I am reading <u>a book</u> <u>which</u> was written by Shakespeare.

「私はシェイクスピアによって書かれた本を読んでいます」

② 先行詞＋前置詞＋関係代名詞

The woman with whom I was dancing stepped on my toe.
「一緒に踊っていた女性が私のつま先を踏んだ」

※ The woman stepped on my toe. と I was dancing with her. を連結した形。

③ 先行詞＋名詞＋前置詞＋関係代名詞

(1) This is a proverb the meaning of which I don't understand.
　　「これは私が意味を理解していない諺です」

※ This is a proverb. と I don't understand the meaning of the proverb. を連結した形。

(2) She lent me two books, neither of which I have read.
　　「彼女は私に2冊の本を貸してくれたが，私はまだそのどちらも読んでいない」

※ She lent me two books. I have read neither of them. を連結した形。

④ 先行詞＋前置詞＋名詞＋前置詞＋関係代名詞

We came to a hill at the foot of which stood a deserted factory.
「私たちは麓に寂れた工場のある丘へとやってきた」

※ We came to a hill. と At the foot of the hill stood a deserted factory. を連結した形。

ヨコPoint 16 接続語句

　ここでは，とりわけ論説文の論理展開には欠くことのできない接続語句を紹介しておきます。自分の知らない表現はないかチェックしてください。

① 接続詞（等位接続詞）

　文法上対等な語と語，句と句，節と節，文と文などを結びつける（時に品詞が対等であれば句と節など異なる単位のものもつなぐ）接続詞で以下が代表的なもの。

ヨコPoint集

> and「そして」, but「しかし」, or「あるいは」, so「だから」, yet「だが, しかし」, for「というのは〜だから」, nor「また〜ない」

注1 等位接続詞は文を違えて使われるケースもある。

She was selfish, but I loved her. ／ She was selfish. But I loved her.

注2 yet は副詞としても使われる。

She was selfish, yet I lover her. ／ She was selfish, and yet I loved her.

② 接続詞（従位接続詞）

一般には文と文を結びつけ，副詞節や名詞節をつくる（when や as など一部には形容詞節をつくるものもあるが，これらはまれ）。

例1 Because I was sick, I couldn't attend the meeting.

※ because が「〜なので」の意味の接続詞で副詞節（名詞以外を修飾する節）をつくっている。従位接続詞の多くはこのような副詞節をつくる。

例2 I know that he is selfish.

※ that が「〜ということ」の意味の接続詞で名詞節 [S,O,C の位置での文のカタマリ] をつくっている。名詞節を作れる接続詞は他に whether「〜かどうか」, if「〜かどうか」がある。

注1 名詞節を作る that は前置詞の目的語にはなれない（例外は in that …「という点で」, except that …「〜ということ以外」の2例のみ）。

I'm worried about that he is selfish.（×）

注2 名詞節を作る if は動詞の目的語の位置のみ。

I don't know if he can come. ←動詞の目的語

《主な従位接続詞》

> that, when, before*, after*, by the time, until*, till*, if, unless, as*「ので，とき，ように，つれて」, because, since*「〜以来，〜なので」, though, although, while「〜間，一方」, whereas「一方」, where「〜するところで，一方」, whether「〜かどうか，〜であろうと…であろうと」, once「いったん〜すると」, now that「今はもう〜なので」, provided「もし〜ならば[仮定では使用不可]」, as soon as, as[so] far as「〜限り[範囲]」, as long as「〜限り（期間・条件）」

* 印は前置詞としても使われる。ただし as は前置詞として用いる場合には意味が変わり「〜として」の意味。

注3 if と though は必ずしも後に S + V を従えるとは限らず，かなり自由度が高く，とりわけ"譲歩"を表す場合にはこの傾向が強い。

例 It is very difficult, if[though] not impossible, to get the job done.
「その仕事を終わらせるのは不可能ではないにせよ極めて難しい」

注4 though は文中や文尾では接続副詞としても使われる。
She was selfish. I loved her, though.

③ 接続副詞

接続詞のように**カタチの上では文と文を連結する力はない**が，「**因果関係，逆説**」など文と文の**意味の上での接続の関係を示す**(語・句)。

例 therefore →「それゆえ」という意味の接続副詞。
She was busy then, therefore she couldn't come. (×)
She was busy then. Therefore, she couldn't come. (○)

《主な接続副詞》

> therefore「それゆえ」, thus「このようにして」, hence「それゆえ」, consequently「結果として」, accordingly「それに応じて，したがって」, however「しかしながら」, nevertheless「それにもかかわらず」, nonetheless「それにもかかわらず」, yet「だが，しかし」, still「だがなお，まだなお」, though「それにもかかわらず」, also「また」, besides「加えて，その上」, furthermore「さらに」, moreover「さらに」, then「それから，その時」, likewise「同様に」, similarly「同様に」, meanwhile「一方で」, instead「そのかわり」, otherwise「さもなければ，違った形で」

補足 因果関係・逆説・追加を表す前置詞が絡んだ表現

■「～のために」[原因・理由]

  because of, owing to, on account of, due to,

■「～のおかげで」

  thanks to ～

■「～にもかかわらず」

  despite, in spite of, with all, for all,

■「～に加えて」

  besides, in addition to ～ , on top of ～

注 besides は否定的文脈では「〜を除いて」の意味。
※上で紹介した表現はすべて後に名詞が続く。

I couldn't go there due to I'm ill. (×)
I couldn't go there due to illness. (○)

ヨコPoint 17 仮主語 It を受ける真主語の句や節

仮主語 It を受ける真主語の句や節は以下の全6種類をおさえておく。

① to do

It is important <u>to study English</u>.
「英語を学ぶのは重要である」

② that SV

It is natural <u>that she should get angry</u>.
「彼女が怒るのは当然だ」

③ 疑問詞

It doesn't matter <u>who broke the window</u>.
「誰がその窓を壊したかは重要ではない」

④ whether「〜かどうか」

It doesn't matter <u>whether you are married or not</u>.
「君が既婚者であるかどうかは重要ではない」

⑤ doing

It is no use <u>crying over spilt milk</u>.
「こぼれたミルクを嘆くことは無駄である（覆水盆に返らず）」

⑥ if「〜なら」/ when「〜とき」

It will be a great pleasure <u>if you come</u>.
「あなたが来てくれたら大いにうれしいです」

ヨコPoint 18 従位接続詞の後のS＋be動詞の省略

　時や条件などの従位接続詞の後ではS＋be動詞が省略されることがあり，この場合省略されるSは主節のSに一致する。

例1 I happened to meet an old friend when in Kagoshima.
　「私は鹿児島にいるときに，たまたま古い友人に会った」
※ when in Kagoshima ＝ when I was in Kagoshima

例2 A bad habit, once formed, is very difficult to get out of.
　「悪い習慣はいったん形成されると抜け出すのが極めて難しい」
※ once formed ＝ once it is formed

ヨコPoint 19 疑問詞について

① 疑問詞はそれぞれの品詞をまずはしっかりとおさえる

　what ⇒名詞，形容詞
　who ⇒名詞
　whose ⇒名詞，形容詞
　which ⇒名詞，形容詞
　how, when, where, why ⇒副詞

注1 疑問詞が名詞の場合には，その名詞が後続の文のどこで機能しているかを意識するよう心がける。

　I don't know what you want to do in the future.
　「私は君が将来何をしたいのか知らない」
※ do の目的語が欠落しているのでここで what を意識（do what?）する。

注2 疑問詞が形容詞の場合には後に続く名詞とセット（疑問形容詞は後に続く名詞を修飾）で，それらがどこで機能しているかを意識するよう心がける。

　We talked about what measures we should take against the disaster.
　「その災害に対してどのような措置を講じるべきかを我々は話し合った」
※ take の目的語が欠落しているのでここで what measures を意識（take what measures?）する。

ヨコ Point 集

② what と how の用法

what と how はとりわけ用法が多岐に渡るので注意が必要。(what については**ヨコPoint 11**で確認)

■ how の用法

(1) how ＋ S ＋ V「どのように〜するか(手段，様子)，〜ということ(＝ that)」
She asked me earnestly <u>how I had solved the problem</u>.
「私がどのようにその問題を解いたのかを彼女は私に熱心に尋ねた」
I remember <u>how I would often go to church with my father</u>.
「私は父とよく教会へ行ったことを覚えている」

(2) how ＋形容詞(または副詞)＋ S ＋ V「どのくらい，いかに(程度・簡単)」
I was surprised to find <u>how kind he was to others</u>.
「私は彼が他人にいかに親切であるかを知って驚いた」
She asked me <u>how earnestly I had solved the problem</u>.
「私がどのくらい熱心にその問題を解いたのかを彼女は私に尋ねた」

ヨコ Point 20 文末の分詞構文

文末の分詞構文では，その**意味上の主語が主節(前文)の内容全体になっていることがある**ので注意が必要。

例1 We walked all the way to the station, singing a song.
「我々は歌を歌いながら，はるばる駅まで歩いた」
※この文では singing の意味上の主語は We で，主節の主語に一致。

例2 Computers can do certain types of work faster and more accurately than human beings can, making it necessary for them to learn new skills or take on other types of work.
「コンピュータはある特定の種類の作業を人間よりも速く正確に行うことができる。そして，<u>このことが</u>人間が新たな技術を身に付け他の種類の作業を引き受けることを必要とする(そしてこれにより，人間は新たな技術を身に付け他の種類の作業を引き受けることが必要となる)」
※この文では making の意味上の主語は主節(前文)の内容全体になっている。なお，このタイプの分詞構文ではほとんどの場合に，**主節と〜ing 以下に因果関係**

が潜んでいるのでそれを表に出して訳出するとよい。

ヨコPoint 21　V 名詞＋前置詞句

V＋名詞(O)＋前置詞句では，前置詞句が副詞句か形容詞句かを読み誤まらないように注意することが必要である。

例1 前置詞句が直前の名詞を修飾する形容詞句

We discussed the negative influences of media.
　　　V　　　　　名詞　　　　　　前置詞句

「我々はメディアのもつマイナスの影響について議論した」

例2 前置詞句が動詞を修飾する副詞句。

The disaster robbed the country of valuable resources.
　　　　　V　　　　名詞　　　　前置詞句

「災害がその国から貴重な資源を奪った」

※上記例2の rob A of B は「AからBを奪う」のイディオム。このように"動詞＋名詞＋前置詞句"のイディオムを覚えることは，その前置詞句が副詞句として処理されることを無意識に覚えることにつながるので，このタイプのイディオムを数多く覚えることは非常に重要である。

ヨコPoint 22　the way SV

the way ＋ S ＋ V は，それが全体として名詞節をつくるか副詞節をつくるかによって以下のように処理の仕方が異なるので注意が必要。

① the way ＋ S ＋ V が名詞節をつくっている場合

The way people talk to their seniors differs from country to country.

「人々の年上の人との話し方(年上の人とどのように話をするか)は国によって異なる」

※この the way は＝ how

② the way ＋ S ＋ V が副詞節をつくっている場合

I couldn't complete the job the way you did last month.

「私は君が先月やった(終わった)ようにはその仕事を終わらせることはできないだろう」
※この the way は＝ as

ヨコPoint 23 無生物主語(因果関係の潜伏)

無生物主語 (S) V …では，この**主語の部分とV以下に因果関係が潜む**ことがあるので，この場合それを表に出すなど工夫が必要。

Illness prevented me from attending the meeting.
「病気は私がその会議に出席するのを妨げた」
➡「病気のために私はその会議に出席することができなかった」

His reluctance to help us made it impossible to carry on the campaign as scheduled.
「彼が私たちを助けることに後ろ向きだったことが，私たちがその運動を予定通りに進めることを不可能にした」
➡「彼が私たちを助けることに後ろ向きだったせいで，私たちはその運動を予定通り進めることができなかった」

ヨコPoint 24 連鎖関係詞

関係詞節内が SV + (that) 節のかたちをとり，**先行詞がこの that 節内の一要素として機能**するものを連鎖関係詞と言います。

(1) This is the watch which she wants. [一般的な関係詞]
 「これは彼女がほしがっている時計です」
(2) This is the watch which she says she wants. [連鎖関係詞]
 「これは彼女がほしいと言っている時計です」
 (This is the watch ＋ she says (that) she wants it)
(3) She is the woman who I wish were my wife. [連鎖関係詞]
 「彼女は私が自分の妻だったらと思う女性です」
 (She is the woman ＋ I wish (that) she were my wife)

※(1)の文では先行詞 the watch は後続の第1節内 wants の目的語として機能しているのに対して，(2)(3)の文では第1節(she says, I wish)の目的語である

第2節 (she wants, were my wife) のそれぞれ目的語，主語として機能しています。ちなみに，この連鎖関係詞では主格であっても関係詞が省略されることがあります。

ヨコPoint 25　主節の挿入

　S＋Vがカンマで挿入される場合に，これを文頭へ出してthatで連結できるものを主節の挿入といいます。
（主節の挿入）
　　　──────, S＋V, ────── ＝ S＋V that ────── ──────

例1　Within the next six days, <u>it is rumored</u>, he will be forced to sell his house.
　「あと6日以内に彼は家の売却を余儀なくされるだろうと噂されている」
　＝ <u>It is rumored that</u> within the next six days he will be forced to sell his house.

例2　Giving anyone the right to sue for whatever they want, <u>we have been taught</u>, is our protection, but that idea is incorrect.
　「自分が望むどんなことに対しても訴訟を起こす権利を誰にでも与えることは我々の身を守ることだと教えられてきたが，この考えは間違っている」
　＝ <u>We have been taught that</u> giving anyone the right to sue for whatever they want, but that idea is incorrect.

ヨコPoint 26　名詞を含むイディオムの注意点

　名詞を含むイディオムの名詞部分がさまざまな理由で本来の位置から別の位置へと移動することがあり，この場合にイディオム自体の存在に気づかなくなってしまうことがあるので注意が必要です。
　例えば，make use of …「…を利用（活用）する」というイディオムを例にとって考えると，useという名詞（N）の移動は以下のようなものが考えられます。

ヨコ Point 集

① Nが主語となって受け身

Little use has been made of the theory.
「その理論はほとんど活用されてこなかった」

② N ＋ 関係代名詞のつくる形容詞節（Nが先行詞）

Your success depends on the use you'll make of this lesson.
「あなたの成功はあなたのこの授業の活用にかかっている」

③ N ＋ to 不定詞のつくる形容詞句

She didn't learn the use to make of her own knowledge.
「彼女は自分の知識の使い方を身につけていなかった」

④ the 比較級，the 比較級構文によるNの前置

The more use you make of this lesson, the better your chance of success will be.
「あなたがこの授業を活用すればするほど，その分一層あなたの成功の可能性は高くなるでしょう」

⑤ 疑問形容詞 what によるNの前置

Your success depends on what use you'll make of this lesson.
「あなたの成功はこの授業をどう活用するかにかかっている」

⑥ 疑問詞 how ＋ 形容詞 ＋Nによる前置

It is stunning how little use he has made of this lesson.
「彼がいかにこの授業を利用してこなかったかは驚くべきことである」

ヨコPoint 27 比較について

① 原級・比較級の基本

(1) She enjoyed the game as much as Tom enjoyed it.
(2) She enjoyed the game as much as Tom [did]. [代動詞，省略]

(3) She enjoyed the game as much as did Tom. [倒置]
　「彼女はトムと同じくらい大いにそのゲームを楽しんだ」
※ as 〜 as …の最初の as は「同じくらい」の意味の副詞で, 後の as は「ように」の意味の接続詞。接続詞 as の後には比較対象が明白な範囲で (2)(3) のように"省略・代動詞・倒置"が起こることが多い。

　(1') She enjoyed the game more than Tom enjoyed it.
　(2') She enjoyed the game more than Tom [did]. [代動詞, 省略]
　(3') She enjoyed the game more than did Tom. [倒置]
　「彼女はトムよりもそのゲームを楽しんだ」
※ than は「〜より, 〜に比べて」の接続詞で元来はその後に S + V が入るが, 比較対象が明白な範囲で than 以下に (2')(3') のように "省略・代動詞・倒置" が起こることが多い。

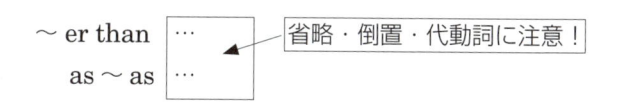

```
〜 er than   […]
as 〜 as     […]   省略・倒置・代動詞に注意！
```

注 文脈から比較の対象が明らかな場合は than 以下, as 以下の比較節対象自体が省略される場合もある。
　He has about 1,000 books, and his brother has as many.
　「彼はおよそ 1000 冊の本を持っているが, 彼の兄も同じくらい多くの本を持っている」(= his brother as many books as he)

②比較対象を考える

　比較の文では"何に関して？" "何と何を比較されているか？"を正確につかむことが大切です。

例1 名詞と名詞

　She likes soccer better than I do.
　「彼女は私よりもサッカーが好きだ」

例2 場所の比較

　In Japan the old is not so valued as in America.
　「日本ではアメリカほど古いものに価値が置かれていない」

ヨコ Point 集

例3 時の比較
I like soccer better than I did when young.
「私は若いときよりも(今)サッカーが好きだ」

例4 直接法と仮定法での比較
She was able to finish the job faster than she would have if she had been forced to.
「彼女は仮に強要されていたらと考えた場合よりも、実際には速くにその仕事を終わらせることができた」

③ 最上級相当表現

原級・比較級を用いて結果的には最上級と変わらぬ意味を伝える表現。
Nothing is more precious than time.
「時間ほど貴重なものはない」
There is nothing more important than love.
「愛ほど重要なものはない」
No experience gives me so (as) much pleasure as reading.
「読書ほど私に多くの喜びを与えてくれる経験などない」
I've never felt so happy as (I did) when I was with her.
「彼女と一緒のいたときほど幸せを感じたことはない」
She is cleverer than any other student in my class.
「彼女は私のクラスのほかのどんな生徒よりも賢い」

④ (all) the 比較級…「その分、一層…」

all the 比較級の the は「その分、一層」の意味。
I like him all the better because he has some faults.
「彼には欠点があるからその分、一層彼のことが好きだ」

⑤ the 比較級 〜, the 比較級…　〜すればするほどますます…》

The higher we go up, the colder the air becomes.
　　　従属節　　　　　　　　主節

「高く登れば登るほど空気は冷たくなる」
※ 1つ目の the が「〜につれて」の意味で接続詞のような機能を、2つ目の the

は all the 比較級の構文と同様に「その分，一層」の意味で副詞的な機能を担っている。

注1 この構文では比較部分の本来の位置を意識しながら読解する。

= As we go up <u>higher</u>, the air becomes <u>colder</u>.

注2 この構文では主従の節が入れ替わることが稀にあり，この場合主節のみ the 比較級部分が本来の位置に戻る。

= The air becomes the colder the higher we go up.

⑥ no more 〜 than…「…でないのと同様〜でない」

A whale is no more a fish than a horse is.
= A whale is not a fish any more than a horse is.
「馬が魚でないのと同様に鯨は魚ではない」
（鯨が魚だというのは馬が魚だと言うようなものである）

※この構文は A whale is a fish という命題を否定しようとする際に，明らかに偽りの別の命題(a horse is a fish)を持ち出してそれを行うものである。したがって作者が言いたいことは than 以下ではなく主節にあるということを知っておく。

なお，「…であるのと同様〜である」と肯定の命題には，no less 〜 than…が用いられる。

Love is no less important to our soul than the air is to our body.
「空気が肉体にとって重要であるのと同様に愛は精神にとって重要である」
（愛が精神にとって重要なのは，空気が肉体にとって重要なのと同じだ）

ヨコPoint 28 関係形容詞 which

先行詞に対して，後続の名詞が同格関係にあるときに関係代名詞 which が用いられ，これを関係形容詞と言います。

(1) She speaks English, (　　) structure I am not familiar with.
「彼女は英語を話すが，その構造に私は馴染みがない」

(2) She speaks English, (　　) language I am not familiar with.
「彼女は英語を話すが，その言語に私は馴染みがない」

(1) には whose が (2) には which が入ります。

(1) では English と structure の関係が「英語がもっている構造」という"所有"関係であるのに対して，(2) では「英語**という**言語」という"同格（言い換え）"関係であることがポイントです。

なお，この関係形容詞の先行詞は必ずしも名詞とは限らず，句・節・文などさまざまなケースがあります。

She told me not to ask him for help, which advice I didn't follow.

「彼女は私に彼に助けを求めてはいけないと言ったが，私はその忠告に従わなかった」

この文では which advice が not to ask ～ help という句の言い換えになっています。

ヨコPoint 29 二重限定

1つの名詞に対して2つの形容詞句（節）が続くものを二重限定といいます。この場合2つ目の形容詞句（節）と修飾される名詞との間に距離が生まれるので注意が必要です。

《2重限定》

名詞　形容詞1 形容詞2　「形容詞1（の名詞の中）で形容詞2の名詞」

例1　The jury is still out about how to curb the negative influence of television on children.

「テレビの持つ子供に対するマイナスの影響をどのようにして抑えたらよいかについては，まだ結論が出ていない」

※ of television と on children という形容詞がともに名詞 influence を修飾。

例2　I was surprised at the ability of those present to speak English fluently.

「私は出席者の英語を流暢に話す能力（出席者が英語を流暢に話せること）に驚いた」

※ of those present と to speak English fluently という形容詞句がともに名詞 ability を修飾。

例3　She is a woman I know who can get you out of trouble.

「彼女は私の知り合いで，あなたを苦難から救い出してくれることのできる女性です」

※ I know と who can 〜 trouble という形容詞節がともに名詞 a woman を修飾。

ヨコPoint 30 命令譲歩

① 2人称以外を主語とする命令文

Be quiet.「静かに」／ Come this way.「こっちに来なさい」
上記はいずれもいわゆる命令文ですが，これは一般に主語は2人称 (You) です。**では2人称以外を主語とする命令文**(現代英語では極めて稀とされますが)はどのように書くのでしょうか。

元来，2人称以外の命令文をつくる際には2通りの方法があります。例えば，Others say what they will.「他人が言いたいことを言う」という文を命令文にする場合(「他人よ，好きなことを言え」「他人には好きなことを言わせておけ」という感じ)，以下のようになります。

(1) 動詞を原形で文頭に出し，後に主語を残す。
→ Say others what they will.
(2) let の助けを借りて，直後に S + V を O + C [原形動詞] で示す。
→ Let others say what they will.

② 命令文であって命令文でない

例題1 以下の文章は，幼くして脳に障害をもった子 (Bob) を持つ親の心理を描いた英文です。これを読んで，下線部を和訳しなさい。

His parents took Bob to a number of doctors. When the baby was eighteen months old, the diagnosis seemed certain. Bob was suffering from severe brain damage. The doctors said that he would never be able to behave as anything but a baby.

His parents are middle-class people; they live on Chicago's Far North Side. They decided not to put Bob in a special hospital. He would live with them. <u>If he remained a baby forever, so be it.</u> He was theirs.

ヨコ Point 集

　下線部の主節に命令文が見てとれたでしょうか。so be it の部分は，ズバリ，it was so の命令文になっています。「彼がずっと赤ん坊のままだったとしたら（としても），それはそうあれ！」というのが，直訳です。では，この「それは，そうあれ」というのは両親の「それは大した事ではない」「それは，それで構わない」という気持ちが命令文のかたちで表されたものです。つまり，**かたちは命令文であっても意味の上では命令文ではなく**，「〜せよ，〜であれ」といった言葉の背後に「**そんなことは重要ではない**」といった気持ちが潜んでいるのです。以上を踏まえると，下線部の訳は「彼がずっと赤ん坊のままだったとしても，それはそれで構わない」となります。

③命令文→譲歩へ

例題2 ■ 和訳せよ。

I hear she has been arrested. Be it true or not, I will still be her friend.

　この文の It is true or not という文が命令文になったかたちですが，例題1の下線部と違うのは，**命令文が全体として副詞節で用いられている**点です。ただし，先に説明したとおり，言外に「そんな事は重要ではない」という含みをもっていることに変わりはなく「それが真実であるなら真実であれ，違うなら違え（それは重要ではない）。私はそれでも彼女の味方だ」といった感じです。つまり，「それが真実であろうとなかろうと…」と訳すとスムーズになります。別の言い方をすると Whether it's true or not と言えるかと思います。

　このように，**命令文は，それが副詞節で使われる**ことで，その言外に「そんなことは重要ではない」という含みを持ち，**「たとえ〜しようとも（〜であろうとも）」といった譲歩へと転化**することがあり得るのです。日本語で言う「いずれにせよ」といった命令文がもはや命令の意味を失い，譲歩で使われている（使用者である我々自身がもはや命令文だと意識していませんが）のとまったく同じ現象です。ここでは命令譲歩の例をいくつか紹介しておきます。

(1) Believe it or not, he has asked me to marry him.

　「（あなたが）信じようが信じまいが（信じられないかもしれないが），私は彼にプロポーズされた」

　= Whether you believe it or not, he…

(2) Let others say what they will, I will not change my mind.
「他人が何と言おうとも，私は決心を変えない」
= Whatever others may say, I …

(3) I will never give up my dream, be the prospect ever so bleak.
「展望がどんなに暗くとも，私は夢をあきらめない」
= I will never …, however bleak the prospect may be.

(4) Rain or shine, I'll come and see you.
「雨が降ろうが晴れようが(晴雨にかかわらず)，私は君に会いにいく」
= Whether it rains or not, I'll…
ちなみにこれは，Rain it or shine it の it が省略されたかたち。

(5) Come what may, I'll support him.
「何が起ころうと，私は彼を支える」
= Whatever may come, I'll …

(6) The Japanese usually scrutinize foreign imports, be they objects or ideas, very carefully before deciding whether or not they are worthy.
「日本人はたいてい，物体であれ思想であれ，外国から入ってきたものをとても注意深く調べてからそれが価値あるか否かを決定する」
= The Japanese … imports, whether they are objects or ideas, very …